Frl. Krise

GHETTO-OMA

Ein Leben mit dem Rücken zur Tafel

Rowohlt Taschenbuch Verlag

Originalausgabe

Veröffentlicht im Rowohlt Taschenbuch Verlag, Reinbek bei Hamburg, November 2012 **O** Copyright © 2012 by Rowohlt Verlag GmbH, Reinbek bei Hamburg **O** Umschlaggestaltung ZERO Werbeagentur, München (Foto: FinePic®, München; Superstock/Getty Images) **O** Satz Minion PostScript, PageOne, bei Dörlemann Satz, Lemförde **O** Druck und Bindung CPI – Clausen & Bosse, Leck **O** Printed in Germany **O** ISBN 978 3 499 62998 3

INHALT

Nach den Herbstferien

Im neuen Jahr

Ostern ist vorbei

In den Sommerferien

Glossar (Türkisch / Deutsch)

Danke

Achtes Schuljahr:
Wann gibt's endlich Sommerferien?

ÖMÜR

Es ist mörderisch heiß. Ich habe Hofaufsicht in der langen Mittagspause und schleiche lustlos am Schultor herum. Auf der Nase klebt meine fette Sonnenbrille. Warum haben wir eigentlich nicht hitzefrei? Dann könnte ich wenigstens mal gemütlich den Kunstraum aufräumen. Frau Freitag, meine Freundin, die Lehrerin in einem anderen Stadtbezirk ist, hatte natürlich schon gestern früher aus und heute garantiert auch, denn deren Schulleitung ist viel generöser! Ich seufze.

Ömür schlendert herbei. Er ist klein und dick und ein Problemkind.

«Huh, Frl. Krise!», sagt er. «Coole Sonnenbrille. Versace!»

«Hmm», sage ich. Dass die Jugendlichen immer so auf Markenartikel stehen!

«Heiß, wa?» Ömur sucht einen Gesprächsanknüpfungspunkt.

«Hmmm.» Mir ist zu heiß zum Reden.

«Kriegen wir heute hitzefrei?» Ömür ist hartnäckig. Er schlürft laut an seiner Limo.

«Ömür, woher soll ich das wissen? Nein, bestimmt nicht.» Zu trinken habe ich auch nichts.

«Wieso nicht?» Er sieht mich mit großen Augen an.

«Keine Ahnung!» Wie lange geht denn diese Pause noch?

«Sind Sie schlecht gelaunt, Frl. Krise?» Ömür lässt ein Bonbonpapier auf den Boden segeln.

«Ja! Nein …! Heb das Papier auf, Ömür!»

«Frl. Krise?»

«Ja?» Was denn noch?

«Fällt Ihnen was auf?»

«?????????»

Ömür breitet die Arme auseinander und dreht sich vor mir einmal um die eigene Achse.

Ich mustere ihn eingehend. Klein, dick, wie immer! Weißes T-Shirt, graue Bermudas.

«Warst du beim Friseur?»

«Nein! Frl. Krise!!!»

Er dreht sich noch einmal herum.

«Echt, Ömür, ich weiß nicht, was du meinst!»

«Frl. Krise! Ich habe keine Jacke an!» Er strahlt.

«Ja, Mensch, Ömur! Stimmt! Wie konnte ich das übersehen! Super!» Seit zwei Jahren sehe ich ihn zum ersten Mal ohne seine blaue Kapuzenjacke.

«Ja, wa? Ich habe drei Kilo abgenommen!» Er klopft sich stolz auf den Bauch.

Ich bin ganz gerührt. Wie süß! Und ich Trottel habe nichts gemerkt. Und dass er zu mir kommt, um mir das zu erzählen! Es gibt doch auch schöne Momente im Lehrerdasein.

Da klingelt es.

Ömür dreht sich um und saust davon, seine Getränkedose wirft er in hohem Bogen in die Büsche!

OH, MEIN GOTT!

Meine Kollegin Frau Herz sagt immer: «Was wir jeden Tag erleben dürfen! Dafür müssen andere bezahlen.»

Kunstunterricht. Freitagmorgen. Achter Jahrgang, meine Klasse. Es sind nur zwölf Schüler da, die anderen besuchen heute irgendein Projekt. Herrlich. Es ist friedlich und ruhig, die Schüler zeichnen mit Tusche leise vor sich hin – ein kleines Bild, auf dem Streichhölzer eine Rolle spielen.

Wir quatschen ein bisschen, doch nach einer halben Stunde beginne ich mich unterbeschäftigt zu fühlen. Es ist fast zu ruhig, so etwas bin nicht gewohnt, ja, mir wird direkt langweilig, und ich beginne mit den Hufen zu scharren. Ich könnte nebenbei aufräumen, ein Kunstsaal ist ja ein Ort des ständigen Kampfes gegen die Verwahrlosung. Aber dann fällt mir ein, dass ich die Akte von Nesrin noch in meiner Schultasche habe. Huch, die hätte ich schon gestern ins Sekretariat zurückbringen müssen!

«Wenn ich jetzt mal ganz kurz was ins Sekretariat bringe, dann bricht hier doch kein Chaos aus, oder?», frage ich rhetorisch.

«Nö, gehen Sie ruhig Seki, Frl. Krise», sagt Mustafa und lächelt mich an.

«Okay! Bin gleich zurück!» Ich schnappe mir die Akte und tänzele vier Stockwerke runter zum «Seki». Akte in den Aktenschrank, noch schnell eine Minikonversation mit unserer Sekretärin (so viel Zeit muss sein) und wieder rauf. Das riecht aber komisch, denke ich im zweiten Stock, irgendwie … verkokelt … nach Brand oder so?!

Die Streichhölzer! Auf meinem Platz lagen noch ein paar Päckchen. Mist! Ich beschleunige, so gut ich kann (die Treppe, die Treppe!), und brettere um die Ecke in den Kunstsaal.

Der Kunstsaal ist riesig, eine ehemalige Aula. Ganz hinten sehe ich Gülten, die hektisch versucht, ein Feuerchen auf ihrem Tisch zu löschen, indem sie es in Zeitungspapier einpackt.

Spinnt die?

Ich gebe richtig Gas, und als sie mich sieht, schmeißt sie das halb brennende Päckchen in den nächsten großen knallvollen Papierkorb.

Mit einem Handballersatz bin ich auch schon am Papierkorb und greife nach dem Päckchen, das jetzt richtig doll brennt. Wie eine Fackel! Aua, Schmerz, wohin damit?

Vor meinen Füßen liegt Gültens Schultasche, na ja, es ist mehr eine Handtasche, hellblaues Krokoimitat. Weit geöffnet liegt sie da, nur ein paar Kosmetikartikel bedecken den Boden der Tasche, mit Schulsachen belastet sich die Dame offensichtlich nicht.

Mit einem Aufschrei werfe ich die Fackel in die Tasche.

Uff!

Jetzt schreit Gülten: «Oh, mein Gott! Oh, mein Gott, oh, mein Gott!»

Aber kein Gott erscheint, bloß Emre springt auf, schnappt sich die Tasche und befördert ihren ganzen Inhalt plus Feuerchen ins Waschbecken.

«Oh, mein Gott, Frl. Krise, was haben Sie gemacht? Oh, mein Gott, meine Tasche!» Gülten kriegt sich gar nicht mehr ein.

Nach einer kurzen, aber knackigen Strafpredigt räume ich mit Getöse einen Schrank auf. Ehrlich gesagt habe ich auch ein schlechtes Gewissen, weil ich ja aus der Klasse rausgegangen bin. Ich muss mich bewegen, denke ich, das Adrenalin muss abgebaut werden, eines Tages bekomm ich hier noch einen Herzschlag! Gleichzeitig muss ich ein Gelächter unterdrücken. Feuer in der Handtasche! Und wie Gülten mich angeguckt hat!

Es ist mucksmäuschenstill.

«Frl. Krise, Sie sind aber …» Ömür grinst, dann schweigt er.

«Was meinst du, Ömür?»

«Ach, nichts!»

Es klingelt. Alle räumen wie der Blitz auf, legen ihre Bilder auf meinen Tisch und stürmen nach draußen. Nur Gülten bleibt da. Langsam legt sie ihr Bild auf den Tisch. Ich schaue sie nicht an, Strafe muss sein.

«Tschüüüüs, Frl. Krise, schönen Tag noch», sagt sie leise und tippt zart mit dem Zeigefinger auf meinen Arm.

Zwölf Stunden in zwölf Klassen

Der stellvertretende Schulleiter der Gesamtschule-Süd war begeistert. Vielleicht nicht direkt von mir – er kannte mich ja noch nicht –, aber von meinen Fächern.

«Kunst! Ah! Sie unterrichten Kunst!», sagte er und rieb sich die Hände. «Sehr schön!»

Die Schule, die im Zentrum einer mittelgroßen Stadt in Hessen lag, hätte, wie ich erfuhr, zurzeit nur einen einzigen Kunstlehrer, der in der gymnasialen Oberstufe eingesetzt sei. «Sie hat uns der Himmel geschickt, Frl. Krise! Und das ist ab heute Ihr Zeichen.» Er zeigte mir ein daumennagelgroßes weißgrundiges Plättchen mit einem braunen Gitter darauf, danach trat er an den wandgroßen Stundenplan. Alle Unterrichtsstunden wurden da durch solche Plättchen angezeigt, jeder Lehrer hatte ein anderes.

«Zwölf Stunden müssen Sie als Referendarin unterrichten», überlegte er laut. «Das heißt, Sie können gut und gerne in zwölf Klassen jeweils eine Stunde Kunst geben.» Und schon steckte er mit geübter Hand die Gitterplättchen in zwölf Klassen.

«Aber ...», stammelte ich. «Nein ... Nur Kunst, das geht nicht. Ich habe doch auch noch Biologie!»

«Später», sagte der stellvertretende Schulleiter und rückte meine Stundensymbole schön gerade. «Später, Frl. Krise.»

Wir schrieben das Jahr 1973, ich war fünfundzwanzig Jahre alt, seit einer Woche Referendarin, voller Tatendrang und pädagogisch völlig unbedarft. Aber ich glaubte zu wissen, was ich erreichen wollte: Ich war bereit, meine Schüler – so wie ich es im Studium gelernt hatte – zu kritikfähigen und selbstbestimmten Menschen zu erziehen. Dabei würde ich auf keinen Fall autoritär mit ihnen umgehen.

Autoritär! Das Schreckenswort jener Zeit. Ein moderner Lehrer durfte alles Mögliche sein, aber niemals und unter keinen Umständen autoritär. (Ich ahnte damals nicht, dass es für mich in den nächsten Monaten hauptsächlich darum gehen würde,

*mich auf kleine Inseln meiner eigenen Selbstbestimmung zu
retten.)*

*Unsere Professoren an der Uni hatten uns versichert, dass
Kinder freiwillig, freudig und selbständig arbeiten, wenn man
auf ihre Bedürfnisse eingeht und Kritik zulässt. Komischerweise
schienen aber meine Schüler, auf die ich wenige Tage später
stieß, bisher nichts von zeitgemäßer Erziehung gehört zu haben.
Ihnen war es egal, dass ich jung und modern war und spannende
neue Methoden einführen wollte. Sie nutzten vom ersten Mo-*
14 *ment an meine Unerfahrenheit gnadenlos aus, um im Unterricht herumzurennen, zu schreien, sich mit Wasser zu besprit-
zen, Farbe zu verkleckern, freche Widerworte zu geben und nicht
aufzuräumen. Ich verzweifelte langsam. Was waren das nur für
Kinder?*

*Bei meinen autoritären Kollegen schienen die Stunden ganz
anders abzulaufen. Ich wusste zwar nicht genau, wie, aber aus
ihren Räumen hörte ich, wenn ich hinter entflohenen Schülern
durch die Flure fegte, kaum einen Laut.*

*Frau Horn zog in der Pause gelassen an ihrer Ernte 23 –
damals rauchten noch fast alle Kollegen, und zwar im Lehrerzimmer – und sagte Sätze wie: «Frl. Krise, am Anfang die Zügel
anziehen! Locker lassen können Sie sie immer noch!» Das leuch-
tete mir irgendwie ein, obwohl ... Durfte man Kinder mit Pfer-
den vergleichen? Erziehung mit Dressur? War das nicht diese
verpönte Schwarze Pädagogik, die hauptsächlich mit Repres-
salien arbeitete? Was sollte das überhaupt heißen: Zügel anziehen? Welche Zügel? Und vor allem: wie?*

*Bei Frau Horn, einer resoluten älteren Lehrerin, traute sich
jedenfalls kein Schüler, im Hochparterre aus dem Fenster zu
klettern oder sie mit Gummiband und Büroklammern zu be-
schießen. Ich hätte zu gern gewusst, wie sie das machte ...*

*Vielleicht, so dachte ich, hat sie diese natürliche Autorität,
von der man in der Fachliteratur gelegentlich las. Vielleicht war
ich für diesen Beruf einfach nicht geeignet und hätte lieber Bi-
bliothekarin oder Restauratorin werden sollen. Bücher und Bil-*

der ... ach, schon nach wenigen Wochen sehnte ich mich nach Objekten, die nicht widersprachen.

Die wöchentlichen Sitzungen im Studienseminar, die uns Anfängern das schulpraktische Rüstzeug vermitteln sollten, erleuchteten mich auch nicht. Unsere Ausbilder pochten darauf, dass es in der Klasse absolut ruhig sein sollte, bevor man anfing zu sprechen (da konnte ich gleich zu Hause bleiben). Sie waren der Ansicht, dass Schüler im Unterricht nicht herumlaufen sollten (wo blieb das Bedürfnis des Kindes nach Bewegung?), und sie legten großen Wert darauf, dass gearbeitet werden sollte (das machte doch keiner bei mir!).

Die anderen Referendare waren im Großen und Ganzen ebenso mit den Nerven zu Fuß und klagten über die ungezogenen Kinder und viele fachliche Schwierigkeiten. Aber niemand arbeitete wie ich in zwölf Klassen. Das fiel nach zwei Monaten endlich auch meinen Ausbildern auf. Inzwischen weinte ich mich abends in den Schlaf und züchtete eine Schulphobie heran.

Nach einem Gespräch mit der Schulleitung kam die große Wende. Eine meiner Kolleginnen mit Burnout-Syndrom (den Begriff kannten wir damals noch nicht – ihre Krankheit hieß «Siekannsichnichtdurchsetzen») war frühpensioniert worden. Ich könnte doch ihre Klasse übernehmen, hieß es auf einmal. Eine reizende sechste Klasse! Diese Idee entwickelte mein Schulleiter. «Dann können Sie endlich mal Biologie unterrichten, zwei Stunden», lockte er mich. «Allerdings, Frl. Krise, trauen Sie sich zu, Deutsch zu geben?»

Ich nickte heftig. Deutsch! Das konnte doch jeder.

Ich hätte auch Hindi und Atomphysik unterrichtet, sogar gleichzeitig, nur um die vielen Klassen loszuwerden. Ich konnte die dreihundert Kinder, mit denen ich zu tun hatte, immer noch nicht unterscheiden, geschweige denn mir ihre Namen merken.

Zwei Stunden Bio, zwei Kunst, drei Deutsch in der neuen Klasse – das sind sieben Stunden, rechnete ich. Blieben nur zwei, höchstens drei andere Lerngruppen übrig.

Ich war gerettet.

SO TICKT SCHULE

Gleich wird es zur ersten Stunde klingeln. Nesrin aus meiner Klasse steht vor dem Lehrerzimmer und wartet auf mich.

«Frl. Krise, ich hab die abgeholt von Sekretariat, wie versprochen. Die neue Schülerin für unsere Klasse.» Nesrin ist ganz aufgeregt und zeigt auf das Mädchen, das neben ihr steht.

Die Neue! Gestern hatte mir Herr Fischer, unser Schulleiter, angekündigt, dass wir Zuwachs bekommen.

«Necla heißt sie! Spricht tipptopp Deutsch! Wäre allerdings jetzt sitzengeblieben im Gymnasium. Ist aus Bonn. Umzug.» Mein Chef liebt es, so abgehackt zu sprechen. Ich glaube, er ist der Meinung, das klingt besonders wichtig.

«Herzlich willkommen! Ich bin Frl. Krise, deine Klassenlehrerin», sage ich und denke: Sie könnte fast Nesrins Schwester sein – lange schwarze Haare, große braune Augen, hautenge Klamotten und ein bisschen viel Make-up. Sie passt gut zu den Schülerinnen unserer achten Klasse.

«Du heißt Necla, stimmt's?»

Die Neue nickt verlegen.

Ich zeige auf die Treppe. «Na, dann lasst uns mal gleich raufgehen, bevor die anderen alle erscheinen. Unsere Klasse liegt leider ganz oben, im vierten Stock.»

«Frl. Krise, Necla ist voll Professor!» Nesrin hat sich schon bestens informiert. «Sie kommt von Gymnasiumsschule!»

«Oha, Gymmi!» Aynur, Nesrins Freundin, drängelt sich plötzlich von hinten zwischen uns. «Bist du neu? Bist du in unsere Klasse? Da bist du in mein Englischkurs!»

«Kurs?» Necla wirkt ein bisschen überfordert.

«Wir sind doch Gesamtschule», klärt Aynur sie auf. «Da sind alle Kinder zusammen, also von Hauptschule oder Realschule oder Gymnasium. Alle in eine Klasse. Aber in manche Fächer ist man in schwererem oder leichterem Kurs. Zum Beispiel in Englisch und Mathe. Die Gymmi-Kinder sind in schwererem Kurs. Bei uns sind aber fast alle in leichtem Kurs.»

«Das besprechen wir noch, Necla», sage ich. «Jetzt hast du erst mal Deutsch bei mir.»

«Wir haben fast alles bei sie», bemerkt Aynur.

Necla zuckt ein bisschen zusammen, ich hoffe, nur wegen des Grammatikfehlers.

«Bei ihr», verbessere ich automatisch.

Nesrin rollt mit den Augen und schubst Necla mit dem Ellenbogen in die Seite. «Deutsch, Bio, Kunst, Ethik und Wahlpflicht Theater haben wir bei … ihr.»

«Und wir haben noch ein Klassenlehrer! Herr Wolf! Der gibt Mathe, Chemie und Physik.»

«Zwei Klassenlehrer?» Necla schaut mich fragend an.

«Genau!», sage ich. «Und an unserer Schule unterrichten auch ganz oft zwei Lehrer zusammen.»

«Du bist türkisch, wa?», fragt Nesrin neugierig.

«Janein. Ich habe einen deutschen Pass», erklärt Necla. «Aber meine Familie kommt ursprünglich aus der Türkei. Mann, ist das hoch hier!» Sie schnauft.

«Ja, wa! Wir haben kein Aufzug.» Aynur guckt mich strafend an.

«Dafür kann ich nichts», beteuere ich, zücke meinen Schlüssel und schließe den Klassenraum auf.

«Bei uns sind nur Türken und Araber in der Klasse, außer Hanna und Jenny», berichtet Aynur. «Aber die meisten haben auch deutschen Pass.»

«In Bonn, wo ich bisher gelebt habe, gibt es auch viele Türken», erzählt Necla. «Aber nicht so viele wie hier in diesem Bezirk.»

Bestimmt hat sie ein bisschen Heimweh, denke ich.

«Hm», sagt Nesrin, die garantiert keinen Schimmer hat, wo Bonn liegt. «Du kannst dich hier hinsetzen!» Sie bietet großzügig den freien Platz neben Fuat an.

«Niemals», protestiert Aynur. «Spinnst du, Hässlichkeit? Wer will neben dem sitzen?»

«Necla sitzt neben Leila.» Ich entscheide. «Da am Fenster!»

Und dann schreibst du dir am besten gleich den Stundenplan ab.»

«Bis 16 Uhr heute. Neunte Stunde!», sagt Aynur mit Grabesstimme.

«Vallah! Fast jeden Tag neunte Stunde! Voll todesschrecklich!», echot Nesrin.

«Jetzt jagt ihr mal keine Angst ein», sage ich. Und zu Necla: «Du weißt doch, dass die Julie-Manet-Schule eine Ganztagsschule ist, oder?»

Necla nickt.

Laut und drängelnd betritt allmählich der Rest unserer Belegschaft die Klasse: Emre, Gamze, Ali, Jenny, Azzize, Merve, Hassan, Leila, Ömür, Gülten, Hanna, Mariam und Erkan. Einige stürzen sich gleich auf Necla und überschütten sie mit Fragen. Necla lacht und scheint sich wohl zu fühlen.

Mustafa und Sam sind weiterhin krank, registriere ich. Turgut, Mohamed, Abdul, Rahim und Fuat kommen zu spät … wie fast immer.

Es klingelt.

«So, Kinder, dann lasst uns mal anfangen», sage ich und klappe die Tafel auf.

SEITENEINSTEIGER

Seiteneinsteiger – gibt es noch welche? An meiner jetzigen Schule habe ich keinen. In meinen ersten zwanzig Schuljahren war das anders. Fast in jeder Klasse der Gesamtschule-Süd gab es welche. Sie erschienen aus heiterem Himmel, oft mitten im Schuljahr. Sie waren der «Nachzug» aus der Türkei, kamen aus Gründen der «Familienzusammenführung». Es waren Kinderschicksale, von denen wir wenig wussten.

«Frl. Krise, hier ist Mohamed, der soll in Ihre Klasse. Er spricht

leider kaum Deutsch.» Der Stufenleiter schob einen verschüchterten Jungen in meine Richtung.

«*Hallo Mohamed*», sagte ich. Der Junge senkte den Kopf und schwieg. Na toll.

Ich seufzte. «*Ist er wenigstens alphabetisiert?*», fragte ich.

«*Ja, ja, ich glaube schon*», sagte der Stufenleiter beruhigend und ließ uns stehen.

Oder: «*Da ist Nimet. Sie war ein halbes Jahr in der Auffangklasse einer anderen Schule zum Deutschlernen.*» Wenigstens etwas! Das bedeutete, man würde sich über das Allernötigste verständigen können.

Diese Kinder ließen uns Lehrer nicht in Begeisterungsschreie ausbrechen. Ich sage es ehrlich: Wir schleppten sie oft nur so mit. Die Klassen waren riesig, man unterrichtete allein – und kümmerte sich nebenbei, so gut es ging, um die Seiteneinsteiger. Aber es ging eben nicht besonders gut.

Manchmal gab es zwei, drei Extrastunden Deutsch für sie, während des normalen Unterrichts, versteht sich. Da fiel dann eben für sie Mathe oder Sport aus. Man vertraute darauf, dass sie sich irgendwie reinfummeln würden in den Schulbetrieb, in die deutsche Sprache, in die fremde Gesellschaft. Kinder lernen ja so schnell! Und wer weiß, ob sie in Deutschland bleiben würden! Nur nicht zu viel investieren.

Ich erinnere mich an Yussuf und Hasan aus der Türkei. Sie sprachen kein Wort Deutsch und waren in Wirklichkeit mindestens zwei, wahrscheinlich sogar drei oder vier Jahre älter als meine Schüler der achten Klasse. Solche Kinder hatten oft am ersten Januar Geburtstag, ein Hinweis darauf, dass man ihnen ein neues Geburtsdatum verpasst hatte – eine damals in der Türkei nicht unübliche Praxis. Vermutlich hatten ihre Eltern sie deutlich jünger gemacht, um ihre Einreise nach Deutschland zu ermöglichen, denn Kinder über achtzehn konnten nicht ohne weiteres nachgeholt werden. An einem Seitentisch platziert, betrachteten sie voll Verwunderung das in ihren Augen wohl ziemlich kindische Geschehen um sie herum, schrieben brav in ungelenker Schrift ihre Arbeitsblätter voll und unterhielten sich flüsternd in ihrer Muttersprache. Zum Glück waren beide außerordentlich nette, wohlerzogene junge Männer. Nach einem Jahr verließen sie die Schule. Warum? Weshalb? Ich weiß es nicht mehr. Ich hatte ein schlechtes Gewissen, sie sprachen immer noch kein Deutsch – was sollte aus ihnen werden?

Vor fünfzehn Jahren habe ich Hasan zufällig wiedergesehen. Er klingelte an meiner Haustür und hielt mir die bestellten Pizzen entgegen. Wir erkannten uns sofort, er zerquetschte mir fast die Hand und freute sich. «Leben sehr schwer», antwortete er auf die Frage, wie es ihm gehe. Er habe nichts gelernt, sei Aushilfe im Geschäft eines Verwandten. Dabei müsse er eine Frau und zwei Kinder ernähren. «Kinder gehen Schule», sagte er, «sprechen gut Deutsch, besser als Baba!»

Ich entschuldigte mich bei ihm, ich hätte ihm so wenig beigebracht in dem einen Jahr, aber er winkte ab. «Schule bei dir war schöne Zeit. Sonst immer nur arbeiten!»

Ich schämte mich trotzdem.

SCHÖNES THEATER

Ich war heute so was von am Ende mit meinem pädagogischen Latein! Seit über einem halben Jahr proben wir im Wahlpflichtkurs Darstellendes Spiel an einem kleinen, unter Schmerzen selbst entwickelten Theaterstück über eine unglückliche Teenagerliebe. Wir hatten das Stück genau auf unser «Ensemble» abgestimmt, das sind dreizehn Schüler aus vier Klassen. Dreizehn! Das hätte mich gleich misstrauisch machen müssen, aber ich bin noch nicht so abergläubisch, wie man es als echter Theatermensch zu sein hat. Ich bin ja auch bloß «angelernt» und leite den Kurs aus «Neigung» – wie unser Chef zu sagen pflegt.

Anfangs konnten wir alle Rollen sehr kommod besetzen, ja, wir hatten sogar eine Souffleuse und einen Ersatzspieler.

Dann zog der erste Schauspieler aus der Stadt weg – da waren's nur noch zwölf.

Dann ging der zweite an eine andere Schule, da waren's nur noch elf.

Dann verliebte sich Tina real in einen kleinkriminellen Jugendlichen aus ihrer Nachbarschaft und kam in der Folge nur sporadisch in die Schule. Schließlich schwänzte sie ganz. Da waren's nur noch zehn.

Dann fiel Nigel aus, er zog mit seinen Eltern in irgendein fremdes Land, ich glaube, England, da waren's nur noch – richtig! – neun.

Ich strich zwei relativ große Rollen, mir tat es weh und dem Stück nicht gut.

Meine Kollegen beneideten mich um meine schrumpfende Gruppe, und ich hätte mich sicher auch gefreut, wenn es sich um einen Kunst- oder Deutschkurs gehandelt hätte. Aber wir wollten Theater spielen, und die Sache wurde langsam kritisch. Wir konnten schließlich nicht auf beliebig viele Rollen verzichten, ohne unser Stück restlos zu ruinieren. Immerhin: Tina tauchte plötzlich wieder auf, wenn auch nur selten. War sie zufällig anwesend, forderte sie vehement ihre alte Rolle zurück. Aber kaum hatten wir das Stück entsprechend umgekrempelt, verschwand Madame wieder wochenlang von der Bildfläche.

Langsam verzweifelte ich.

Heute waren genau sechs Schüler zur Probe da (zehn Spieler brauchen wir mindestens), vier kamen verspätet. Am 30. haben wir Aufführung. Alle kauten Kaugummi (streng verboten). Auf der Bühne herrschte ein heilloses Chaos. Niemand baute richtig auf und ab. Am 30. haben wir Aufführung. Tina, die uns mal wieder beehrte, zankte sich mit Tarik, die «Hurensöhne» flogen uns nur so um die Ohren. Ich rief schließlich ihren Vater an und ließ sie abholen. Am 30. haben wir Aufführung. Hülya konnte ihren Text nicht, und Samet ging konsequent im falschen Moment von der Bühne ab. Hinter der

Bühne redeten die Gerade-nicht-Spieler so laut, dass man die Schauspieler auf der Bühne nicht mehr verstand. Mitten in einer Szene begann man sich zu streiten, darüber, ob sich am Ende alle verbeugen sollen oder zuerst nur die Hauptdarsteller – wahrlich ein Luxusproblem.

Da legte ich meinen Kopf auf den kleinen Tisch vor mir und machte vier Minuten gar nichts. Ich atmete nur ein und aus. Langsam.

«Frl. Krise, is was?», fragte Tarik nach ungefähr dreieinhalb Minuten. Die anderen hatten noch gar nichts gemerkt. Ein Teil zankte sich immer noch, und die übrigen verbeugten sich unter Lachkrämpfen.

Ich hob langsam meinen Kopf und schüttelte ihn.

Dann wurde ich manisch. Ich zerriss wie eine Verrückte den Flyer für die Vorstellung, den ich eigentlich gleich nach der Probe zum Drucken bringen wollte, und warf die Papierschnipsel dramatisch in die Luft. Dazu schrie ich: «Die Aufführung ist gestorben. Aus und vorbei! Es hat ja keinen Sinn, wenn ihr nicht wollt! Ihr könnt gehen! Geht auf den Hof! Jetzt!»

Alle wirkten leicht geschockt.

«Echt jetzt?»

«Frl. Krise?»

«Was ist los mit Sie?»

«Aber es hat doch noch nicht geklingelt!»

Ja! Es war eine Viertelstunde zu früh. Aber das war mir egal. Ich konnte nicht mehr.

Ich wollte bloß noch, dass alle gingen. Und zwar sofort. Vielleicht merkten sie dann endlich, dass es mir ernst war.

Die Schüler trotteten leicht verwirrt aus der Aula.

Den Vordruck für den Flyer habe ich übrigens noch im Computer – aber das fiel mir erst später wieder ein …

GOLDEN BOYS

Meine achte Klasse ist ein Altersheim. Wenn ich schnaufend meinen Klassenraum entere, quält sich hinter mir noch Ömür die Treppe rauf. Sein Oberkörper ist abgeknickt wie ein Taschenmesser, seine Fingerspitzen berühren fast den Boden. So, und nur so, schafft er die letzten fünfzehn der siebenundachtzig Treppenstufen. Er schmeißt sich danach breitbeinig auf seinen Stuhl und keucht wie eine alte Lok.

Dann kommen noch Fuat und Mustafa, sie nehmen's meist sportlicher, sind aber auch ziemlich außer Puste. Immerhin haben sie noch genug Restsauerstoff, um zu lamentieren: «Mannfräulein Krise, voll ungerecht! Immer wir! Warum haben wir nicht Klassenraum im ersten Stock! Oder wenigstens Aufzug!»

Diese armen alten Menschen …

Und ihr Gedächtnis! Das lässt zu wünschen übrig, und nicht zu knapp! Egal was auch immer wir besprechen, es flutscht durch die Gehirnwindungen und wird wahrscheinlich von Fresszellen absorbiert.

«Wer hat denn heute zufällig an den Zettel für den Wandertag gedacht?», frage ich betont niederschwellig. Es handelt sich um eine simple Einverständniserklärung der Eltern, die unterschrieben zurückgegeben werden sollte.

«Hä, was für 'n Zettel?» (Jenny, extrem vergesslich)

«Frl. Krise, ich hab Zettel nicht bekommen.» (Erkan, voll verpeilt wie immer)

«Natürlich, alle haben den Zettel bekommen, Erkan, du auch. Gestern.» (Ich, milde)

«Zettel? Niemals! Wie sah der aus?» (Hanna, Hauptsache widersprechen)

«Weiß! Wer hat ihn denn nun dabei? Den Wandertagszettel!» (Ich, leicht gereizt!)

«Machen wir Wandertag? Geilomat!» (Fuat, der gestern noch auf keinen Fall mitgehen wollte! «Will nicht wandern! Mach nich so, Frl. Krise!»)

«Was'n für 'n Zettel?» (Jenny nun wieder)

Und so können wir uns stundenlang beschäftigen ... Grenzt das schon an Ergotherapie?

Vielleicht bin ich auch zu streng. Vielleicht tue ich ihnen unrecht. Vielleicht liegt es daran, dass sie aufgrund ihres Alters alle so schlecht hören. Wenn ich am Ende der Stunde flöte: «Das Arbeitsblatt fertig machen. Für morgen!», prallt der Schall dieser Worte an den in den allermeisten Fällen vermutlich stark vernarbten Trommelfellen ab und kann nicht bis ins Innenohr vordringen.

Das mit den Trommelfellen wiederum liegt wahrscheinlich an den häufigen, meist schwer verlaufenden und langwierigen Infekten von Hals, Nase, Ohren. Bei alten Menschen ist es ja bekanntlicherweise mit der Immunabwehr nicht mehr so doll, deshalb erreichen meine Schüler Traumwerte, was die Anzahl der Krankheitstage angeht. Zwanzig Tage für kleine Malaisen wie Muskelkater, Augenschmerzen, Läuse, Beinbrennen, Fieber am Morgen, Mückenstiche oder Sonnenbrand zweiten Grades kommen leicht zusammen. Von den Klassikern Bauchschmerzen, Kreislauf, Kopfschmerzen und Mir-ist-Schlecht will ich gar nicht reden. Vielleicht hat die Schwerhörigkeit aber auch nur mit dem ständigen überlauten Gedudel zu tun, das aus den Kopfhörern der iPhones auf die angeschlagenen Innenohre prallt – und das seit Jahren. Sollten meine Schüler demnächst alle ein Hörgerät benötigen, ist ihnen jedenfalls der Umgang mit dem Knopf im Ohr vertraut.

Eigentlich tun sie mir leid, meine Schüler. So jung und schon so eingeschränkt. Ich will mich damit nicht abfinden. Da muss noch was zu machen sein!

Und so rufe ich Ignorantin den Jungen zu, die sich in der anschließenden Pause langsam von einer Ecke des Hofs in die andere schleppen: «Mensch, geht doch auch mal auf den kleinen Bolzplatz! Die Jungs von der 8 c spielen da immer soooo schön Fußball!»

Erkan dreht sich um, verzieht schmerzhaft das Gesicht, legt die Hand in die Nähe der linken Niere und flüstert nur ein Wort: «Rücken!»

WIE SCHAFFT MAN DAS?

«Frau Schuster, könnten Sie sich vielleicht vorstellen, meine Tutorin zu werden?» Frau Schuster war nur wenig älter als ich, 25 *schon Mutter von zwei Kindern und ein etwas freudloser Charakter. Aber sie hatte Biologie als Fach. In Kunst gab es sowieso niemanden für mich – der Oberstufenkunstkollege agierte in ganz anderen Sphären.*

Frau Schuster guckte mich erschrocken an und setzte ihre Teetasse mit einem kleinen Ruck ab. Wir hatten gerade große Pause, und man sah ihr an, dass sie eigentlich ihre Ruhe haben wollte.

Ausgerechnet Tutorin! Dieser unbeliebte Job! Als solche ist man Anlaufstelle für die Referendarin oder den Referendar bei allen täglichen kleinen und großen Problemen, die sich in der Schule auftun. Als Tutorin muss man sich kümmern, beraten, helfen, Mut zusprechen und trösten – eine Menge Mehrarbeit ohne Bezahlung.

«Tutorin? Nein, lieber nicht», sagte sie freundlich, aber entschlossen und öffnete eine Plastikdose mit Apfelschnitzen. «Ich habe zu viel zu tun. Wirklich, das schaffe ich nicht. Ich bin ja auch erst seit zwei Jahren an der Schule …»

Den Rest ihrer Rede habe ich vergessen. Ich weiß aber noch genau, dass ich dachte: Himmel! Zwei Jahre! So lange ist die schon Lehrerin! An dieser Schule! Unvorstellbar! Wie hat sie das bloß geschafft?

Das ist übrigens eine Frage, die mir heute oft Schüler, Eltern, Kollegen, Freunde und Fremde stellen: «Neununddreißig Jahre Schuldienst, Frl. Krise! An mehreren Schulen haben Sie unterrichtet, sich von West nach Ost quer durch die Republik gearbei-

tet. Und Sie gehen noch gern in die Schule? Wie haben Sie das bloß geschafft?»

Dazu kann ich nur sagen: Ich weiß es nicht.

Vermutlich deshalb, weil ich jeden Tag hingegangen bin, außer – ich war krank, natürlich. Jeden Tag hingehen, das ist schon die halbe Miete. Und dann nahm ich mir auch jeden Morgen vor, heute endlich einmal guten Unterricht zu machen. Schon bei dem Gedanken daran erwachte eine gewisse Kampfeslust in mir. Inzwischen gelingt es mir ab und an, allerdings ging das nicht von heute auf morgen. Auf jeden Fall fällt mir das Unterrichten heute viel leichter als früher.

Anscheinend lernt man Unterrichten nur durch Unterrichten …

Liebe Referendare, die ersten zehn Jahre sind hart, aber dann wird's langsam besser. Stellt euch gleich drauf ein!

NICHT GLEICH STERBEN

Merve kommt in der Fünf-Minuten-Pause zwischen zwei Stunden an mein Pult. Ich nutze gerade die kurze Zeit, um weiter in meinem Notenheft herumzurechnen. Scheiße, diese Notengeberei macht mich echt fertig. Hunderte von Noten muss ich in wenigen Tagen ausrechnen, und Rechnen ist nicht mein Ding. Schon gar nicht Kopfrechnen.

53 Notenpunkte : 4 Arbeiten = das geht doch nicht auf!

«Frl. Krise», fängt Merve an. «Frl. Krise, ich muss Sie mal was fragen.»

«Frag, frag», sage ich und versuche innerlich verzweifelt weiterzurechnen: 40, Rest 13 im Sinn, geteilt durch 4, gibt …

«Meine Oma ist krank», sagt Merve mit Grabesstimme.

«Hm, hm», sage ich. Gibt 3, Rest 1 … «Was hat sie denn, deine Oma?»

«Ich weiß nicht. Ich glaube, sie hat Herz!»

Ich rechne blitzschnell zu Ende: 13! Also 13 Punkte. Was, so viel? Kann nicht sein! Ich lege den Stift beiseite.

«Herz, oje! Aber du wolltest mich doch was fragen, Merve», ermuntere ich meine Schülerin. Inzwischen dämmert es mir längst, worauf das alles hinauslaufen wird.

«Ja, sie liegt Krankenhaus», sagt Merve weinerlich. «Wir wollen bisschen früher Türkei gehen, bestimmt sie stirbt bald! Und ich wollte fragen, ob ich darf.»

«Merve.» Ich blicke sie ernst an. «Verstehe ich das richtig, ihr wollt früher in die Türkei fahren, weil deine Oma …? Mmh, das ist ja alles ziemlich schwierig, aber ich kann dir da überhaupt nicht helfen, leider. Vor den Ferien darf ich dir keinen Tag freigeben, das darf nur unser Schulleiter oder der Schulrat. Wenn überhaupt. Da gehst du mal morgen schön zur Schulleitung mit einem Brief von deinen Eltern, und dann seht ihr mal, ob das klappt.»

Ich weiß natürlich genau, dass das nicht erlaubt wird. Aber ich weiß auch so sicher wie das Amen in der Kirche: Merve wird dennoch fahren. Schließlich wollen ihre Eltern nicht die hohen Preise für die Flugtickets in den Sommerferien bezahlen. Oder sie scheuen die vollen Autobahnen. Oder sie machen das schon immer so, ohne je darüber nachgedacht zu haben. Merve wird also pünktlich krank werden, zum Arzt gehen, ein Attest bekommen und einige Tage früher als erlaubt in die Ferien abdüsen. Und wegen angeblich hinscheidender Omas und Opas oder heiratender Tanten und Onkel wird meine Klasse halb leer sein, wenn es Zeugnisse gibt.

Mein Blick fällt auf Nesrin, die sich gerade neben mir auf mein Pult geschwungen hat und in mein Notenbuch schielt. Sie hat ein wenig Schwierigkeiten, sich hier oben zu halten, denn ihr Kleid ist so eng, dass sie sich kaum rühren kann. Die hat noch ganz schön Babyspeck auf den Rippen, denke ich. Und warum toupiert sie sich neuerdings so komisch die Haare?

«Wollt ihr in den Ferien auch in die Türkei fahren, Nesrin?», frage ich.

«Nö», sagt Nesrin und schielt weiter. Ich klappe mein Buch zu.

«Aber letztes Jahr seid ihr früher gefahren, stimmt's?»

Mir fällt ein, dass Nesrin mit ihrer Familie diesen kranken Cousin besuchen musste, diesen todkranken Cousin. Der so blutjung war. Knochenkrebs hatte der, meine ich mich zu entsinnen. Oder war es Blutkrebs?

«Wie geht es eigentlich deinem Cousin?», frage ich mitfühlend.

«Welchem Cousin? Ich hab Tausende», kichert Nesrin. (Sprach ich schon davon, dass meine Schüler ein sehr schlechtes Gedächtnis haben?)

«Na, dieser kranke Cousin! Der, der im Sterben lag; fünfzehn Jahre war der alt oder so, wenn ich mich recht erinnere. Wegen dem ihr letztes Jahr so früh in die Türkei musstet, weil er jeden Moment sterben konnte.»

Nesrins Gesicht hellt sich auf. «Ach der! Der ist wieder gesund.»

«Das ist ja super, was hatte der noch mal?» Jetzt will ich es wissen.

Nesrin zuckt mit den Schultern.

«Vergessen!», sagt sie fröhlich und hopst vom Pult runter.

SCHÖNER REINFALL

Das ganze Wochenende überlege ich schon hin und her. Sollen wir nun das Theaterstück aufführen, ja oder nein? Ich bin wirklich ratlos. Dass mir aber auch niemand sagen kann, was ich tun soll.

Frau Freitag, meine beste Freundin und Beraterin, ist selbst seit Tagen gedanklich einzig und allein in Sachen Ausflug unterwegs. Ihre Schüler wollen unbedingt in den Heidepark, und sie kann sich nicht entscheiden, ob sie sich das antun soll. Sie ist mir also keine Hilfe. Wir jammern uns nur noch gegenseitig am Telefon vor, wie schwer wir es haben.

Ich hab die Faxen dicke, wenn ich daran denke, wie bescheuert sich meine Schauspieler in den letzten Wochen benommen haben. Aber auf der anderen Seite wünsche ich meinen Schülern so dringend einen Erfolg, Applaus, eine halbe Stunde Aufmerksamkeit, das Gefühl, etwas geleistet zu haben. Ich möchte ihre strahlenden Augen sehen, wenn sie sich verbeugen …

Ja, Kitsch, lass nach!

Ich brauche mich bloß an letztes Jahr zu erinnern. Strahlende Kinderaugen – von wegen!

Wir führten ein Stück über eine deutsch-türkische Familie auf, und am Abend der großen Premiere erschienen drei Darsteller nicht zur verabredeten Zeit: Tarik, Nigel und Jenny. Die drei hatten zwar keine Hauptrollen, mussten aber in fast jeder Szene auftreten.

Wir, die wir zur Premiere erschienen waren, regten uns natürlich mörderisch auf. Meine Schauspielerinnen, alles sensible Gemüter, wurden geradezu hysterisch, und ich schwankte zwischen einem Wutanfall und irrem Gelächter. Mittendrin reichte mir Merve ihr Handy und sagte: «Hier, Frl. Krise, ich hab Tarik erwischt!» Die Gute!

«Tarik, spinnst du komplett? Wo bleibst du? Wir fangen in zehn Minuten an! Mach, dass du herkommt! Sonst knallt es!», fauchte ich ihn pädagogisch wertlos an. (Hätte ich ihm lieber milde zureden müssen? «Tarik? Schön, dich zu hören! Wie wär's, hast du Lust, ausnahmsweise mal abends die Schule aufzusuchen?» Aber das hätte wohl auch nichts gebracht!)

«Frl. Krise, ich hole gerade Nigel ab. Wir sind in einer Viertelstunde da», beteuerte Tarik. Im Hintergrund hörte ich Vogelgezwitscher. Wo waren die, zum Teufel? Wenigstens würden sie demnach zu zweit auftauchen. Ich schöpfte Hoffnung.

Nur Jenny, das dumme Huhn, war nicht zu erreichen. Ihr Handy blieb stumm. Wahrscheinlich hockte sie vor einem der siebzehn Flachbildschirme in ihrer Wohnung und guckte irgendeine schnulzige Seifenoper, oder sie machte H&M unsicher. Also kletterte ich mit rotem Kopf auf die Bühne und verklickerte dem geneigten Publikum, das aus wenigen Eltern, aber ziemlich vielen lauten, ungeduldigen und irgendwie ein bisschen auf Krawall gebürsteten Schülern bestand, dass wir etwas später anfangen würden. Man johlte und pfiff und begann in der Aula herumzutoben.

Super Anfang, schönen Dank auch, Tarik, Nigel und Jenny!

Meine Schauspieler drehten inzwischen hinter der Bühne echt am Rad. Sie gebärdeten sich wie die Verrückten:

«Vallah, ich hab meinen Text vergessen!»

«Das ist mein Hut!»

«Halt die Fresse, Hässlichkeit, das ist meiner!»

«Frl. Krise, mir ist voll schleeeecht!»

«Abo, mit wem mache ich die Küchenszene, wenn Tarik nicht kommt?»

«Ich hau Nigel aufs Maul, ich schwör's!»

Usw. usw.

Ich hielt mir die Ohren zu, mir war auch schon ganz anders. Schließlich hat man als schulbekannte Regisseurin einen Ruf zu verlieren. Es macht nämlich keinen Spaß, wenn einem die Kollegen am nächsten Tag mitleidig den Rücken tätscheln und sagen: «Ach, du Arme, da hast du dir solche Mühe gegeben, und dann diese Pleite. Das tut mir soooo leid für dich. Ja, ja, mit unseren schwierigen Schülern geht das eben alles nicht.» Und denken tun sie: Geschieht ihr ganz recht, was macht die auch für 'ne Welle mit ihrem Theaterstück!

Was soll ich sagen? Weder Nigel noch Tarik und schon gar nicht Jenny erschienen an jenem Abend. Wir spielten ohne sie. Wir versuchten es jedenfalls. Und es ging grandios daneben. Es ging so was von grandios daneben.

Bis Montag muss ich jetzt wissen, ob wir am 30. spielen. Ich muss mich entscheiden. Den Flyer im Computer habe ich in Druck gegeben. Vorsichtshalber. Falls ich es mir noch anders überlege und wir doch spielen …

VIELFÄLTIGE VERVIELFÄLTIGUNG

«Frl. Krise! Sie sind da ganz blau!»

«Wo?»

«Da! Im Gesicht! Neben der Nase.»

Die Kinder kicherten. Dabei kannten sie es nicht anders. Frl. Krise war immer irgendwo blau. Meine Schultasche war innen blau und meine Kleidung außen; mein Federmäppchen, meine Ordner und Bücher waren übersät mit blauen Flecken. Ich glaube, ich war die erklärte Meisterin des Blaumachens! Ich musste nur in die Nähe einer Matrize kommen, schon war es um mich geschehen.

Das ging sehr lange so, denn in den Siebzigern konnte man nur mit Matrizen und der sogenannten Nudelmaschine sein Arbeitsmaterial vervielfältigen. Mittels einer Flüssigkeit, es war wohl Ethanol, wurde die meist blaue Farbe der Matrizen auf das DIN-A4-Papier gebracht. Aber wehe, man spannte die Matrize falsch herum auf die Umdruckwalze! Dann vermischte sich die blaue Matrizenfarbe mit dem Ethanol und verteilte sich gleichmäßig über und in alle Geräteteile. Diese elende Schweinerei ließ sich nur mit so einer Art Putzwolle und noch mehr Ethanol beseitigen. Natürlich geschah das bevorzugt kurz vor Unterrichtsbeginn, und die verärgerten Kollegen, die hinter mir Schlange standen, ergingen sich in teils höhnischen, teils anfeuernden Bemerkungen.

Zum Entzücken der Schüler rochen die Arbeitsblätter immer intensiv schnapsig – die Schule tat ihr Bestes, um aus jungen, aufstrebenden Menschen begeisterte Schnüffler zu machen.

Erst Jahre später eroberten Druckmaschinen und Kopierer das Feld. Als schlichter Lehrer ohne jedes technische Hintergrundwissen durfte man diese Geräte jedoch nicht selbst bedienen. Man musste seine Vorlagen schon Tage vor dem avisierten Unterrichtstermin in einem Kellerraum abgeben und darum beten, dass sie zur gewünschten Zeit fertig waren.

Mir war das zu spannend, deshalb fuhr ich lieber zwei- bis dreimal in der Woche nachmittags zum nächsten Copy Shop. Es handelte sich dabei um einen großen neonbeleuchteten Laden mit riesigen Fensterfronten, in dem eine extrem verbiesterte und unfreundliche Angestellte alles daransetzte, die Kunden möglichst schlecht zu bedienen.

Am schönsten war es in dem Laden im Winter. Wenn es draußen fror und schneite, war es hier mollig warm. Eine monströse Druckmaschine ratterte ohrenbetäubend im Hintergrund, und es stank unglaublich nach garantiert giftigen Stoffen. An den Nachbarkopierern machten sich Studenten zu schaffen, und man traf die Lehrer sämtlicher umliegender Schulen. Leider musste man die Kopien selbst bezahlen, was dazu führte, dass ich meine Arbeitsblätter verteidigte wie eine Löwin ihre Jungen und sie nur zögernd und sparsam an meine Schüler, die sie gar nicht zu schätzen wussten, herausrückte.

Die Situation wurde durch die Einführung von für alle zugängliche Kopierer an den Schulen nicht besser. Der jeweilige Benutzer musste nämlich vor Gebrauch eine Kopierkarte käuflich erwerben. Dies erboste mich. Hat man schon jemals einem Angestellten des Finanzamts zugemutet, sein Schreibpapier selbst mitzubringen? Oder muss eine Krankenschwester die Mullbinden für ihre Station von ihrem Lohn in der Apotheke kaufen?

Heute ist das Kopieren – jedenfalls an meiner Schule – frei, und wir tun's mit Freude.

Außer es gibt mal wieder keinen Toner, oder eine nicht kopierfähige Folie verklebt alle Eingeweide des Geräts …

NACKT UNTER WÖLFEN

Wandertag! Es ist kühl und windig. Gibt es eigentlich einen Paragraphen im Schulgesetz, der vorschreibt, dass an Wandertagen immer schlechtes Wetter sein muss? Warum scheint an solchen Tagen nie die Sonne?

Ich bin kein Fan vom Wandern, aber mit pubertierenden Schülern sollte man die Nähe menschlicher Siedlungen möglichst meiden. Deshalb haben Kollege Wolf und ich beschlossen, einen kleinen einsamen See am Stadtrand zu umwandern. Unsere Schüler kommen so selten aus ihrem Kiez heraus – da tut ihnen ein bisschen frische Luft und viel Chlorophyll bestimmt gut.

Karl Wolf und ich sind natürlich die Ersten, die pünktlich auf dem Schulhof, unserem verabredeten Treffpunkt, stehen. Wir teilen uns seit zwei Jahren die Klassenleitung. Leider haben wir nur eine gemeinsame Stunde mit unseren Schülern, die Klassenarbeitsstunde, in der wir hauptsächlich vergeblich versuchen, all das, was an Problemen aufgelaufen ist, abzuarbeiten.

Wir warten und warten … Langsam und mit Verspätung trudeln unsere Schüler ein. Ist doch nur Wandertag, vallah, weshalb sich da abhetzen?

Fuat und Sam, die Letzten, geben noch die vergessenen Einverständniserklärungen der Eltern ab. Die Anwesenheit aller jetzt versammelten Schüler ist rasch kontrolliert und auch ob jeder eine Fahrkarte hat. Karl macht noch eine Ansage: «Ihr wisst, wo es hingeht», sagt er, und alle stöhnen auf, als ob sie einen Marathonlauf durch die Sahara ohne einen Tropfen Wasser vor sich hätten. «Wir haben eine Strecke von gut fünf Kilometern vor uns; man kann sich unterwegs nicht verlaufen, höchstens mal einem Hund begegnen. Bitte die Hunde nicht beißen! Sonst wird ja hoffentlich nichts passieren!»

Dann geht's los. Am Wasser laufen wir in kleinen Gruppen, das heißt, von «laufen» kann keine Rede sein, meine vorgealterte Klasse pflegt zu schleichen. Ich finde das sehr rücksichtsvoll, da fällt das alte Frl. Krise nicht so unangenehm auf. Sämtliche kleineren Zwischenfälle wie Sichverlaufen (!), halb ins Wasser fallen, über Zäune springen, Blasenbildung wegen untauglichen Schuhwerks (Ballerinas), verzankte heulende Mädchen, mit Steinen beworfene Enten und ein fast verlorengegangenes Portemonnaie sollen hier keine Erwähnung finden.

Am Ende des Rundwegs, kurz vor der Bushaltestelle, kommen wir an einer kleinen Liegewiese vorbei. Ein einziger Mann liegt dort, ein angetrunkener, nur mit langer Hose bekleideter «Penner», wie Fuat überflüssigerweise lautstark feststellt. Unsere Jungen und einige Mädchen stellen sich sofort in seine Nähe, um sich gegenseitig zu fotografieren. Karl und ich wedeln mit den Armen wie Verkehrspolizisten und versuchen, alle so schnell wie möglich in Richtung Haltestelle zu dirigieren. Das fehlte nämlich gerade noch, dass sich hier welche mit diesem Mann anlegen, der jetzt langsam aufsteht und dabei etwas hin und her torkelt.

Aber unsere Klasse ist eine träge Masse, und es dauert, bis sie sich in Bewegung gesetzt hat. Da schreit Nesrin wie eine Verrückte: «Er ist nackt! Vallah, hat er keine Schäme, sich hier auszuziehen? Frl. Krise, gucken Sie, der Mann!»

Die Entrüstung ist groß. Ich drehe mich um.

Der Mann hat sich inzwischen vollkommen ausgezogen und läuft gerade in Richtung See. Er ist sehr dünn, und seine Pobacken sind wabbelig. Alle gucken mit aufgerissenen Augen hinter ihm her, lachen, schlagen sich die Hände vors Gesicht, klatschen sich ab und regen sich vor allem weiter auf.

«Ich hab sein Teil gesehen!»

«Vallah, was glaubt er, wer er ist?»

«Darf er das, so ausziehen? Hier?»

«Ist er behindert, der Spast?»

«Voll nackt, ey, ich schwöre!»

Wie prüde sind die eigentlich? Pubertierende eben!

«Stellt euch mal nicht so an», sage ich.

«Iiieeehhh.» Merve schüttelt sich vor Ekel. «Würden Sie das etwa auch machen, Frl. Krise?»

«Warum nicht», sage ich tapfer. «Am Strand liegen doch immer ganz viele nackt.»

Einige Mädchen kreischen wieder laut auf, jetzt aber richtig laut, und mustern mich entrüstet. Nein, ich will nicht, dass die sich vorstellen, wie ich nackt aussehe. Warum musste sich dieser blöde Mann auch ausgerechnet vor uns entblättern? Bei diesem Wetter!

Plötzlich dreht sich der Mann um und kommt zurück, genau auf uns zu. Er hat es sich wohl anders überlegt mit dem Baden. Nun ist alles zu spät, das Geschrei steigert sich zum Crescendo. «Los, los!» Karl versucht die aufgescheuchte Bande vor sich her zu treiben. Und, oh Wunder, der unbarmherzige Anblick «des Teils» schlägt die Meute wirklich in die Flucht. Nur Nesrin bleibt stehen. «Vallah, ich schwöre», sagt sie, «immer müssen wir so früh nach Hause …»

Am nächsten Tag, in unserer gemeinsamen Klassenarbeitsstunde, bringen Karl und ich noch einmal das Gespräch auf den nackten Mann.

«Es verlangt niemand von euch, dass ihr euch nackt auszieht, aber dieses Geschrei war höchst überflüssig. Man hätte auch einfach wegucken können, dann hätte man den nackten Mann auch nicht gesehen», sagt Karl zu den Schülern.

Aber gleich beginnt wieder ein riesengroßes Gezeter.

«Ihhhhh!»

«Vallah, hast du hingeguckt?»

«Tschüüüsch, war er rasiert?»

«Meine Mutter sagt, das ist in Türkei nicht erlaubt, nackt am See.»

«Ja, da kommt Polizei.»

«Wo Polizei, was Polizei?»

Wir geben auf. Man muss mal einzeln mit ihnen reden! Zu Hause scheinen sie ja noch in ihrer Weltfremdheit unterstützt zu werden.

Karl hat während der Wanderung Fotos gemacht, die er uns nun zeigen will. Deshalb hat er schon den großen Monitor aus dem Kunstraum geholt.

«Fotos, wie geil!», ruft Aynur. «Auch von nacktem Mann?»

Melanie geht verloren

Unvorstellbar, dass ich früher oft ganz alleine mit meiner Klasse am Wandertag losmarschiert bin. Viele Kollegen machten das ebenfalls, und niemand warnte mich vor den möglichen und unmöglichen Folgen.

Ich war mit meiner ersten Klasse ungefähr drei Kilometer durch den Wald gelatscht, der sich in der Nähe der Schule befand. Wir hatten gepicknickt, gespielt und getobt, erfolgreich alle Tiere des Waldes verscheucht, uns mit einem Radfahrer angelegt, viel Müll verstreut und teilweise wieder eingesammelt.

Vor dem Abmarsch am Mittag zählte ich die ganze Bagage durch. Einer fehlte.

Gibt's doch nicht! Ruhig stehen bleiben! So, noch mal zählen! Sechsundzwanzig ... Sieben ... Da fehlte doch immer noch einer!

«Melanie ist nicht da», sagte der dicke Björn, setzte sich auf einen Baumstamm und packte ein Brötchen aus. «Die haben sich doch gezankt, die Mädchen.»

Wir strömten («Bleibt immer zu zweit», schärfte ich den Kindern ein) in alle Richtungen auseinander und riefen nach ihr.

«Meeeeelaaaaaaaaanieeeeeeeeeeeeee! Meeeeelaaaaaaaaaa-aaaanieeeeee!»

Die Kinderstimmen verhallten dünn im Wald. Auf meinen Armen bildete sich trotz der sommerlichen Hitze eine Gänsehaut. Die ersten Mädchen schluchzten hysterisch.

«Sie ist ermordet worden», wimmerte Yvonne. «Wir finden sie nieeeeeehieeee wieder!»

«Ach, Quatsch, bestimmt ist sie nach Hause gegangen. Bestimmt hatte sie Hunger», sagte Björn und biss herzhaft in das nächste Brötchen.

Ich fasste wieder etwas Mut. Man sollte mehr dicke Menschen um sich haben!

«Wir gehen jetzt zurück zur Schule», entschied ich nach einer weiteren halben Stunde des Wartens und Rufens. Handys gab es ja damals noch nicht.

Der Rückweg durch die glühende Mittagssonne zog sich quälend lang hin. Wir trotteten niedergeschlagen Richtung Schule, und ich malte mir haarklein aus, wie ich die nächsten Jahre meines Lebens in einer gemütlichen Einzelzelle verleben würde.

Vom Sekretariat aus telefonierte ich mit Melanies Mutter. Die schrie auf und brach in Tränen aus. Ich hätte am liebsten mitgeheult, aber stattdessen holte ich sie mit dem Auto ab, und wir fuhren noch einmal in das Waldstück.

Melanie blieb verschwunden.

Zurück in der Schule – keine Melanie da. Die hochgradig aufgescheuchte Sekretärin bot uns an, die Polizei zu verständigen.

«Ich gehe erst noch mal nach Hause», sagte Melanies Mutter mit zittriger Stimme. «Wenn sie nicht da ist, dann …»

Zehn Minuten später rief sie an. Sie weinte und lachte vor Freude, denn sie hatte ihre Tochter zu Hause auf der Couch schlafend vorgefunden. Jetzt war Melanie natürlich hellwach, denn ihre Mutter hatte sie in der ersten Erleichterung mit Ohrfeigen und Küssen aus dem süßen Erschöpfungsschlummer gerissen.

Melanies Mutter drückte ihrer Tochter den Telefonhörer in die Hand. Madamchen heulte. Sie hatte sich doch bloß ein bisschen versteckt! Ja, sie hat gehört, dass wir sie riefen. Sie wollte uns doch nur ärgern, weil sie sich mit den Mädchen gestritten hatte. Und dann waren wir auf einmal weg. Den ganzen Weg musste sie alleine zurückgehen. Sie hatte so Angst gehabt!

Das war das letzte Mal, dass ich ohne eine weitere Begleitperson mit einer Klasse auch nur einen Fuß aus dem Schulhaus gesetzt habe.

APOKALYPSE NOW*

Herrlich! Im Lehrerzimmer herrscht heute Nachmittag, eine Stunde vor der ersten Zeugniskonferenz, eine Stimmung wie vor einem Fußballendspiel. Die Kollegen sind total aufgekratzt und gleichzeitig angespannt. Das liegt daran, dass sich alle freuen, weil die olle Notenbastelei bald vorbei ist, aber jeder im letzten Moment noch schrecklich viel zu tun hat. Man muss, zum Beispiel, nach verlorengegangenen Noten fahnden, die, warum auch immer, nicht dastehen, wo sie sollen, nämlich in den Zeugnislisten. Oder die Kollegen bequatschen, bei dem einen oder anderen Schüler ein Notenpünktchen draufzulegen.

Alle drängeln sich um die wenigen Computer, um abermals einen Blick in das Zeugnisprogramm zu werfen. Es wird gelacht und gefragt, geschimpft und hin und her gerannt, ein bisschen getratscht, und zum Überfluss wuselt dazwischen noch ein Techniker herum, der ausgerechnet jetzt einen neuen Drucker installieren muss. Bei all dem entwickelt sich eine prima *Das Imperium schlägt zurück*-Atmosphäre, und mitten hinein platzt die Polizei mit einem meiner Jungs. Na danke!

Fuat ist nach dem Unterricht beim Klauen im Edeka-Laden erwischt worden. Nach Feststellung seiner Personalien zieht er mit hängendem Kopf in Begleitung des Polizisten ab nach Hause. Die Kollegen wenden sich wieder ihren Noten zu.

Meine Schüler sind ebenfalls aus dem Tritt: Heute Nachmittag haben sie schulfrei, hängen auf dem Hof in der Sonne ab und verbreiten Ferienstimmung. Sie wissen, dass gleich Versetzungskonferenz ist, und selbst die Allerletzten haben nun endlich gecheckt, dass die Messe gelesen beziehungsweise das Freitagsgebet gesprochen wurde. Selbst die «Guten» hatten sich schon den ganzen Morgen erfolgreich gegen jede Form der Arbeit gewehrt: «Was, Text lesen? Krieg ich keine Note mehr für.»

---

* Apokalypse bedeutet: Enthüllung, Zeitenwende, Gottesgericht

Einzig Ali und Turgut waren in Hektik (zum ersten Mal in diesem Schuljahr). Sie sind so oft sitzengeblieben, dass sie bei uns keinen Schulabschluss mehr machen können. Seit Monaten predige ich, sie sollen sich endlich an einer Projektschule anmelden. An solch einer Schule wird hauptsächlich praktisch gearbeitet, da haben sie vielleicht noch eine Chance. Letzten Donnerstag hatten sie endlich dort einen Vorstellungstermin. Um 16 Uhr. Aber weshalb überstürzt und vor allem pünktlich in diese Opferschule gehen? Abo, voll gemein, dass das Sekretariat geschlossen war, als die beiden gegen 17 Uhr mit Ali-Papa ankamen. Und jetzt will dieser Opferschulleiter der Projektschule auch noch alte Zeugnisse sehen. Vallah, woher soll man wissen, wo die sind? Also kamen die beiden erst mal heute Morgen viel zu spät zum Unterricht («Musste Zeugnisse suchen, hab aber sie nich gefunden!» O-Ton Ali), schlichen dann zur Sekretärin, ließen sich Kopien von alten Zeugnissen machen und schlugen schließlich wieder bei mir auf, aber nur um sich abzumelden. Sie müssten, wie sie behaupteten, sofort in die neue Schule gehen.

Ich war entsetzt, die Kopien sahen schon aus wie Altpapier. Ich suchte nach Plastikhüllen, um den Schaden zu minimieren, aber Turgut winkte ab: «Was Hüllen! Brauche ich nicht schwule Hülle!» Ali führte mir noch vor dem Abgang rasch sein neues Käppi vor. «Voll Jäckpott, wa?» Ist grün jetzt modern? Na, Hauptsache, es gefällt den Mädchen an der neuen Schule.

Die Zeugniskonferenz wäre übrigens ziemlich langweilig gewesen, wären nicht so viele Schüler meiner Klasse sitzengeblieben. Aber keine Angst! Wir verlieren sie nicht. Unsere Schule befindet sich im Umbruch zwischen zwei Schulformen, und deshalb können alle, wenn sie wollen, weiterhin bei uns bleiben und mit in die nächste Klassenstufe aufsteigen. Und das werden sie tun, das weiß ich heute schon. Und ehrlich gesagt: Ich finde das gar nicht so übel …

Denn meine Kapalken sind mir ans Herz gewachsen. Trotz allem.

WE ARE THE CHAMPIONS

Der ganze Tag heute steht im Zeichen des Sports. Unser jährliches Sportfest kurz vor den Sommerferien beginnt gleich. Ha! Unter einem Fest stelle ich mir eigentlich etwas anderes vor …

Selbst noch nicht ganz im Besitz meiner sieben Sinne, begrüße ich meine lieben Schüler um halb neun auf dem städtischen Sportplatz, auf dem wir immer unser Sportfest «feiern», mit einem ungewöhnlichen, aber freundlichen «Salve!».

«Was Salbe! Warum Salbe?», ist die irritierte Antwort von vier Hanseln aus meiner Klasse. Denn nur Hassan, Gülten, Mustafa und Ömür hocken einsam unter dem Schild «8 b» auf der Tribüne, und mein cremiger Gruß macht ihre Laune auch nicht besser. Die anderen trudeln alle deutlich verspätet ein, aber ich rege mich ausnahmsweise kein bisschen auf. In den Parallelklassen sieht die Personallage nämlich fast genauso mau aus.

Komisch ist, dass Schülerinnen wie die unsportliche Jenny oder Leila, die normalerweise in unförmigen grauen Jogginghosen in die Schule kommen, ausgerechnet heute ziemlich schick aussehen. Die kleinen Miniröckchen und knappen Röhrenjeans sollen wohl signalisieren, dass sie auf gar keinen Fall daran denken, mitzulaufen, zu springen oder zu werfen. Dabei müssen ohnehin nicht alle mitmachen. Es ist nicht mehr wie früher bei den – wie hieß das noch gleich? Bundesjugendspielen? Da mussten wir alle ran. Nein, heute sind es aus jeder Klasse nur einige Auserwählte, die stellvertretend für die Klasse kämpfen. Aber man weiß ja nie. Wenn so jemand ausfällt, könnte es kritisch für die Tribünenzuschauer werden.

Am sportlichsten durchgestylt sind eindeutig die Lehrer. Dabei müssen sie doch bloß die Ergebnisse der körperlichen Betätigung ihrer Anvertrauten in unübersichtliche Tabellenteile übertragen. Ehrlich gesagt (ich schäme mich nicht, es zuzugeben), auch ich trage Turnschuhe – und das ist gut so. Denn es zeigt sich bald, dass die Einzige aus meiner Klasse, die ohne

Unterlass den Sportplatz rauf- und runtertrabt, ich bin. (Abo, so ein Sportplatz ist echt riesig!) Nach jeder Disziplin stehe ich nämlich ohne Schüler da, die haben sich schnell wieder in alle Winde verstreut. Ich schreie und hetze mir die Lunge aus dem Leib, um sie zusammenzutrommeln, was aber nur äußerst mangelhaft gelingt.

Und so kommt es, wie es kommen muss! Unsere Klasse wird die letzte von allen Klassen, ja, sogar die letzte im Fußballturnier, das zum guten Schluss auch noch ausgetragen wird. Ich bin trotzdem stolz auf meine Schüler. Keiner trug ein so schickes grünes Käppi wie Ali, niemand außer unserer Nesrin kam auf die Idee, beim Endspurt des 75-Meter-Laufs mit einem Kaugummi dicke, fette Blasen zu produzieren. Und den grandiosen Einfall, während des Meilenlaufs sich mit einem Wurstbrötchen zu stärken, hatte als Einziger … Fuat!

«MIR IST NICH WARM!»

Kurz vor der siebten Stunde. Nach der Mittagspause bin ich die Erste im Klassenraum. Ist das warm hier! Ich reiße das Fenster auf, die Tür, Durchzug, aaahhhhh …

Alle nicht befestigten Papiere fliegen wild durch den Raum. Von mir aus! Die Einzige, die hier mal was aufhebt, bin sowieso ich. Diesmal können das die Schüler machen.

Es klingelt. Merve und Mariam gucken mürrisch um die Ecke.

«Was das?», fragt Merve stirnrunzelnd und guckt auf den Fußboden.

«Jaaaa, keine Ahnung», flunkere ich. «War schon so, als ich reinkam.»

Die Mädel setzen sich und wedeln sich Luft zu. Merve hat ein knallrotes Gesicht.

Kein Wunder! Sie hat einen bodenlangen Rock an, ein langärmeliges T-Shirt, darüber einen langärmeligen Wollpulli (bestimmt aus Polyester), und sie trägt ein großes Kopftuch, das auch den Hals- und Schulterbereich abdichtet. (Unter dem Kopftuch gibt es noch eine eng anliegende Kappe, die die Haare festhält.) Wenigstens hat sie ihren langen Mantel ausgezogen! An den Füßen erkenne ich Turnschuhe.

Mariam sieht so ähnlich aus. Auch sie fächelt sich Luft zu.

«Du hast doch wohl keine Strumpfhose an, Merve?», frage ich.

«Dooooooch», sagt Merve.

«Dir muss kochheiß sein, zieh wenigstens mal den Pulli aus!»

Merve funkelt mich böse an: «Mir ist nich warm.»

Mariam echot: «Uns ist nich warm.»

Und Jenny, die gerade in einem beneidenswert luftigen Kleidchen hereinstürzt, erklärt: «Denen ist nich warm, Frl. Krise, die sind das gewöhnt!»

Inzwischen trudeln alle so nacheinander ein, hat ja auch erst vor Stunden geklingelt.

«Übertrieben warm hier!»

«Lass ma rausgehen, Frl. Krise.»

«Vallah, ich schwitze krass!»

«Ey, Frl. Krise, komm, wir gehen Eisdiele!»

«Nix da», sage ich. «Hebt erst mal die Blätter auf! Bitte! Das sieht hier ja aus wie …»

«Heb doch selber auf», sagt Fuat, der mir in letzter Zeit ganz schön auf den Wecker geht.

«Fuat! Duz mich nicht! Und jetzt hilf mal!»

Fuat denkt nicht daran. «Ist mir zu warm», sagt er mürrisch.

«Zieh mal deine Jacke aus, Fuat», sage ich. «Dann wird's schon gehen.» Fuat trägt seinen unvermeidlichen schwarzweiß gestreiften Kapuzenpulli.

«Nö, die Jacke ist nich warm!»

«Jetzt schlägt's dreizehn.» Ich bin erbost. «Ihr jammert

rum, es ist zu warm, es ist zu warm, und dann sitzt ihr da in kompletter Wintermontur. Die Jacke hast du selbst bei minus 20 Grad Celsius angehabt, Fuat. Ohne noch was drüber! Und ihr Mädels habt im Winter auch nicht viel anders ausgesehen als jetzt. Kein Wunder, wenn ihr schwitzt und fix und foxi seid.»

Fuat sieht mich streng an. «Das mit den Mädchen verstehen Sie nicht, Frl. Krise», sagt er und zieht immerhin seine Jacke aus.

Ich verstehe es wirklich nicht. Und ich erreiche auch nichts mit meinen Reden. Ich weiß das. Von mir aus sollen sie Kopftuch tragen! Und ich habe auch gar nichts gegen Kleidung, die die Körperkonturen verhüllt. Aber diese Kleidung sollte doch bitte schön der Temperatur angepasst sein, und das ist dieser ganze mehrlagige (Plastik-)Kram definitiv nicht! Gestern, auf dem Sportplatz, kippten die Mädchen nach den Läufen fast um, flüsterten aber noch in Schocklage: «Mir ist nich warm!» Sollen sich doch die Koranlehrer, die ihnen diese Outfits verordnen, so verpacken, denke ich erbost, mit langer Unterhose im Sommer und Kopftuch und allem Drum und Dran! Und dann sollen sie mal auf dem Sportplatz 1600 Meter laufen. Liegen sie kollabiert am Boden, würde ich tröstlich sagen: «Dir ist nich warm …»

SCHÖNER PROBEN

Heute Morgen haben wir die letzte Theaterprobe vor der Generalprobe und der Premiere. Nächste Woche ist es so weit. Ich möchte lieber nicht dran denken …

Und es geht auch gleich schlecht los. Zwei Darstellerinnen fehlen! Vanessa und Hülya. Na toll! Dabei hatte ich Tod und Teufel angedroht, sollte jemand krank werden oder schwänzen. So, die Fehlenden kicken wir deshalb erst einmal ganz ohne Erbarmen heraus. Die werden nicht mehr mitspielen! Waren ohnehin unzuverlässig. Aus diesem Grund müssen wir die kleineren Rollen zwar erneut anders verteilen, aber das ist kein großes Problem. Wir üben jetzt seit so langer Zeit, dass fast jeder jeden Text kann.

Die Stimmung bessert sich, ich lege ein bisschen Musik zur Entspannung auf. Tief atmen wir ein und aus, und da sagt Emre: «Aber wer spielt denn eigentlich den Vater?» Erst jetzt merke ich, dass eine kleine, aber ziemlich wichtige Rolle immer noch unbesetzt ist. Stimmt! Darüber hatten wir uns schon letztes Mal Gedanken gemacht. Wie konnte ich das vergessen!

44

Jetzt haben wir ein echtes Problem, unsere Personaldecke ist wirklich zu dünn. Bestürzung, Ratlosigkeit, lautes Debattieren, Geschrei und Heulkrampf seitens der Hauptdarstellerin, Wutanfall meinerseits. Schließlich tue ich das, was in so einer Situation getan werden muss.

«Ungewöhnliche Umstände erfordern ungewöhnliche Maßnahmen», erkläre ich vollmundig. «Ich beschaffe uns einen neuen Schauspieler.»

Augenblicklich turne ich in den dritten Stock hoch und frage in einem naturwissenschaftlichen (!) Kurs nach, ob ich mir einen Schüler ausleihen kann.

Irgendeinen?

Ja, irgendeinen!

Alle schreien begeistert: «Hier ich! Ich! Frl. Krise, iiiiiiiich!» (Die Schüler müssen gerade etwas Längeres abschreiben.) Als ich dann aber erkläre, worum es geht, lässt die Begeisterung gleich deutlich nach.

Upps, Theater – oh mein Gott!

Und Premiere auch schon nächste Woche? Nee, danke schön!

Was? Vor richtigem Publikum?

Hilfe – niemals, ich schwör!

Ein Schüler mit Namen Hassan lässt sich schließlich bequatschen und geht zögernd mit. Ich bin sehr angetan von ihm, ein gut aussehender Junge (er könnte der Sohn von Jogi Löw sein).

Auf dem Weg zur Aula rede ich die ganze Zeit auf ihn ein, damit er bloß nicht auf die Idee kommt, in letzter Minute abzuspringen.

«Es sind ja nur ein paar kleine Sätzchen, die du sagen musst. Du wirst sehen, das macht dir voll Spaß. Du rettest uns, das ist suuuuuuper! Und die anderen sind alle total nett, die helfen dir.»

Tür auf, rein in die Aula, acht Augenpaare nageln sich auf Hassan fest. Ich denke: Jetzt sind die aber alle froh, dass Rettung naht. Da fährt Jenny ihren spitzen Zeigefinger in Richtung Hassan aus und schreit: «Der ist voll schwul, ich schwöre, voll schwul!»

Hassan dreht sich auf dem Absatz um und rennt aus der Aula raus. Ich hinterher. Fluchend. Diese blödsinnige Jenny! Schon letztes Jahr hat sie uns die Vorstellung vermasselt! Na, warte, Frolleinchen, dir werd ich nachher was erzählen!

Kurz vor seinem Kursraum erwische ich Hassan. Der darf da nicht rein, sonst ist es aus. Ich werfe mich vor die Tür und flehe ihn an, mit zurückzukommen. Aber er will nicht mehr.

«Nee», sagt er, «jetzt hab ich keine Lust mehr. Echt. Tut mir leid, Frl. Krise.»

Verdächtigt, schwul zu sein, ist in den Augen unserer Jungs fast das Schlimmste, was ihnen passieren kann. Niedergeschlagen trotte ich langsam zurück in Richtung Aula. Ich werde diesen Theaterkurs abgeben, nehme ich mir vor, heute noch, mir reicht es. Egal was Schulleiter Fischer dazu sagt.

Resigniert setze ich mich auf die Treppe. Mathe, am besten unterrichte ich nur noch Mathe, da passiert einem so etwas nicht. Oder Handarbeit, gibt's das noch? Socken stricken. Frau Freitag kann das, die bringt mir das bei. Dann lernen die Mädchen wenigstens was Vernünftiges. Vielleicht kann ich auch im Sekretariat aushelfen. Akten zerschreddern, Kaffee kochen. Oder dem Hausmeister zur Hand gehen, den Hof fegen und im Schulgarten den Komposthaufen umsetzen. Hauptsache, kein Theater. Nie wieder Theater!

Jemand tippt mir leise auf die Schulter!

Hassan.

HASSAN? Ich springe auf. Wir grinsen uns an.

So wurde es doch noch eine Superprobe! Hat voll Spaß gemacht! Hassan ist richtig begabt! Alle waren von ihm begeistert! Sogar Jenny!

Ich sag's doch immer, die kreativen Fächer sind die besten!

VOLL MOTIVIERT

Was ist mit meinen Schülern los? Ich verzweifele langsam. Nicht nur dass 39,13 Prozent des Personals meiner Klasse sitzenbleibt (jawohl, ich habe es nach der Konferenz genau ausgerechnet!), nein, es interessiert sie auch wenig. Gut, sie wissen seit Monaten, dass es darauf hinausläuft. Wenn man in zehn von dreizehn Fächern fünf und schlechter steht, kann man nicht erwarten, dass man am Ende des Schuljahrs den Schul-Oscar für Fleiß, Engagement und Strebertum bekommt. Aber einer von ihnen – Erkan – kann es noch schaffen. Sein Notenbild ist nicht so schlecht wie das der anderen. Wenn er *eine* Fünf ausbügelt, könnte man ihn versetzen. Er darf und kann und soll eine Nachprüfung machen! So wurde es auf der Zeugniskonferenz beschlossen. Ja!

Noch einmal versuche ich ihm das Prozedere zu erklären: Wir, seine ihm trotz allem wohlgesinnten Lehrer, schlagen ein Fach für die Nachprüfung vor. Die Entscheidung darüber, welches er letztlich wählt, liegt jedoch bei ihm und seinen Eltern.

Erkan hat bei mir in Bio und Deutsch eine glatte Fünf. Ich würde ihn gern in Deutsch prüfen, da sehe ich noch die größten Chancen. Natürlich will ich ihn gleich beraten, aber Erkan steht der Sinn mehr nach großer Pause; seine Kumpel rufen ihn schon. Er ist ungeduldig, zieht nervös an seiner übergroßen Hose, die ihm fast in den Kniekehlen hängt, zappelt. Ich kann ihm gerade noch sagen, dass seine Eltern einen Brief mit unserem Vorschlag bekommen, den er mir unterschrieben mitbringen soll, da ist er wie ein geölter Blitz aus der Tür heraus und springt in Riesensätzen die Treppe hinunter.

Den Brief mit meinem Vorschlag gebe ich am selben Tag in die Schulpost.

Das mit dem Sichentscheiden und Unterschreiben und dem Wiedermitbringen dieses Schreibens scheint aber schwierig zu sein, jedenfalls für Erkan. Ich frage deshalb nach, in welchem Fach der gnädige Herr denn nun wünscht geprüft zu werden. Wir müssen uns ja schließlich vorbereiten.

«Biologie», sagt Erkan.

Biologie? Nicht Deutsch? Na schön, Biologie. Erkan lässt sich nicht beraten. Was soll's, des Menschen Wille ist sein Himmelreich.

Wir haben gerade Bio, und so suche ich ihm gutwillig ein schönes Buch heraus, das er über die Ferien mit nach Hause nehmen kann, und rattere die Themen herunter, die er lernen muss.

«Schreib dir das auf!», sage ich.

Erkan stöhnt auf. «So viel?»

Ich stöhne auch, aber nur innerlich, äußerlich sage ich betont milde: «Es ist eine Prüfung, Erkan. Wenn du die bestehst, sparst du dir *ein* ganzes Schuljahr, und da musst du uns schon zeigen, dass du den Stoff wenigstens teilweise aufgearbeitet hast. Du kannst dir zusätzlich auch noch ein Prüfungsthema deiner Wahl aussuchen.»

«Kann ich Referat halten?», fragt er hoffnungsvoll.

Ja, das hätte er wohl gern! Sich bei Wikipedia irgendwas ausdrucken (man freut sich ja schon, wenn die Links entfernt wurden) und dann ohne Sinn und Verstand vortragen.

«Auf gar keinen Fall!»

«Aber wie soll ich das alles lernen, bis nächste Woche, vallah?» Erkan sieht mich voll belämmert an.

«Erkan, hörst du mir nie zu? Das habe ich dir schon dreimal erklärt. Die Nachprüfung ist erst am Ende der großen Ferien. Am vorletzten Ferientag.»

Nach dieser niederschmetternden Mitteilung geht Erkan auf Tauchstation. Er legt seine Arme auf den Tisch, den Kopf obendrauf, schließt die Augen und gähnt, was das Zeug hält. Der Biologieunterricht rauscht an ihm vorüber, wie immer.

Ich ermuntere ihn ein wenig, spreche ihn ab und zu freundlich an, erkundige mich vorsichtig nach dem Verbleib seines Bio-Hefters («Verloren!») und erinnere ihn am Ende der Stunde daran, dass er *so* nicht gerade einen hochmotivierten Eindruck bei mir hinterließ. Psychologisch sei das ein wenig unklug, vielleicht …

Erkan reibt sich ausführlich die Augen, guckt mich schläfrig von unten an und sagt dann matt: «Aber ich mache nicht Bio, Frl. Krise. Ich hab's mir überlegt, ich mach Deutsch!»

MEINE ERSTE KLASSE

Meine erste Klasse! Mein allererstes Klassenfoto! Ein Schwarz-weißfoto! Zweiunddreißig Kinder. Die Jungen haben längere Haare als heute, tragen Schlaghosen und gucken ernst. Die Mädchen lächeln verlegen in die Kamera. Sie sehen in ihren Ringelpullis kindlicher aus als gleichaltrige Mädchen heute. Ich erkenne alle Kinder, auch wenn ich mich nicht mehr an jeden Namen erinnere. Es waren deutschstämmige Kinder: Andreas, Sonja, Sven, Monika, Denis, Björn. Nur drei Kinder mit Migrationshintergrund gab es in der Klasse: Guido aus Italien, Altan aus der Türkei und Mohammed aus dem Iran. Sie waren schon als Kleinkinder nach Deutschland gekommen und beherrschten die deutsche Sprache ziemlich gut – kein Wunder, in der Schule sprach auch sonst fast niemand ihre Muttersprache. Nur Guido hatte Probleme, er verwechselte alle Artikel und lernte sie auch nicht mehr, solange ich ihn kannte.

Ich fand diese Kinder äußerst interessant. Ausländische Kinder! So etwas kannte ich aus meiner eigenen Schulzeit nicht. Guido war klein und quirlig, er boxte in seiner Freizeit und bot jedem, der ihm schräg kam, ein «Kämpfchen» an. Altan war ein ehrgeiziger Schüler, er lief still und unauffällig mit. Bei Mohammed bestand die Gefahr, dass er zum Außenseiter gemacht wurde, die anderen Jungen ärgerten ihn oft, nannten ihn «Ausländer», und er fühlte sich in seiner Rolle sichtlich unwohl.

Über ihren familiären Hintergrund wusste ich wenig, über Altans und Mohammeds Religion gar nichts, wie auch? Der Islam spielte in Deutschland damals keine Rolle. Die Kinder gehörten zu einer versteckten Gesellschaft, die kaum wahrgenommen wurde. Gastarbeiter! Sie lebten zwar schon einige Zeit in Deutschland, aber man hatte wenig gemeinsame Berührungspunkte. Man kannte vielleicht gerade einmal den türkischen Gemüsehändler an der Ecke und den «kleinen Griechen», zu dem man hin und wieder essen ging.

Die Eltern meiner «ausländischen» Schüler lernte ich nicht kennen, nur Guidos Vater, der erschien einmal, weil ich ihn einbestellt hatte.

«Guido ist nicht gut in seinen Leistungen, und er verhaut andere Kinder», berichtete ich ihm. Aber der Vater verstand mich nicht. Wir kommunizierten mehr schlecht als recht mit Händen und Füßen. Mit der Hand wurde wohl auch Guido gestraft, später, zu Hause. Er zeigte mir am nächsten Tag mehrere Blutergüsse. Das tat mir leid, das wollte ich nicht. Wenn ich mich doch besser mit dem Vater hätte unterhalten können! Und Guido blieb schwierig.

Auch mit dem deutschen Björn gab es Probleme. Er war groß, dick und faul. Seine Mutter, auch groß und dick, fragte mich besorgt: «Was soll ich bloß tun mit dem Kind, Frl. Krise?»

Ich wusste es nicht. Woher auch? Die Mutter ist doch viel älter als ich, dachte ich, sie hat noch mehr Kinder. Eigentlich erstaun-

lich, dass sie ausgerechnet mich fragt. Die weiß doch garantiert viel mehr als ich! Ich hatte zwar ein Studium absolviert, aber in der Praxis denkbar wenig Erfahrung.

Nur ein Jahr lang war ich die Klassenlehrerin dieser Klasse. Ich glaube, in dieser Zeit habe ich von uns allen am meisten gelernt. Zwar tanzten mir die Kinder immer noch auf der Nase herum, aber ich ahnte jetzt wenigstens ansatzweise, warum.

50

EIN RITTERSCHLAG

Natürlich hat jeder Schüler einen Fernseher oder zwei oder drei. Flachbildschirme stehen zu Hause in jedem Zimmer, bei Ali sogar in der Küche, aber nach einem Buch kann man lange suchen.

Ich frage Jenny im Deutschunterricht: «Liest du schon mal ein Buch, Jenny?»

Sie mustert mich eindringlich und sagt angewidert: «Ein Buhuch? Seh ich so aus?»

Ein Buhuch! Ein Buuhuch!

Schade, dass man beim Lesen nicht hören kann, wie verächtlich man dieses Wort aussprechen kann.

Über Bücher können wir uns also nicht unterhalten, da gibt das Fernsehprogramm mehr her, allerdings habe ich leider keinen türkischen Kanal. Bleibt nur das deutsche Programm. *DSDS* und die *Flop-Models* haben erst einmal fertig, im Moment gibt es fernsehmäßig nichts mehr zu bereden.

Dachte ich.

Es stellt sich aber raus, dass Emre und Ömür begeisterte *Galileo*-Fans sind, das ist so eine Art *Sendung mit der Maus* für leicht unterbelichtete Erwachsene. Für meine beiden Jungs ist es richtig harter Tobak, was da an Wissen vor ihnen ausgebreitet wird – zu viele Informationen in zu kurzer Zeit. Ständig erzählen sie mir im Bio-Unterricht so komisches Zeugs aus der Sendung, dass ich ins Grübeln komme.

Was blieb mir übrig – ich habe auch angefangen, *Galileo* zu gucken. Wenn ich mich dann auf meinem Sofa von meinem Lieblingsmoderator Aiman Abdallah («Liebling» wegen seiner arabischen Wurzeln, das ist mir so vertraut) durch die Sendung schaukeln lasse, denke ich an Emre und Ömür. Ach, bestimmt sitzen die jetzt auch vor ihren Flachbildschirmen, trinken Tee mit viel Zucker aus kleinen Gläsern mit Goldrand, knabbern Sonnenblumenkerne, schmeißen die Schalen auf den Boden (wie in der Schule) und sehen genau dasselbe wie ich. Das verbindet.

«Ich muss immer an euch denken, Jungs, wenn ich *Galileo* schaue», vertraue ich ihnen am nächsten Tag an.

«Ja.» Ömür lächelt versonnen. «Wir denken auch immer an Sie, Frl. Krise.»

Fast werden wir rot, so vertraulich ist das Gespräch.

Dann kommt die Doppelstunde Bio, die letzte vor den Ferien, in der wir noch arbeiten. Es geht gerade um gesunde Ernährung.

«Voll langweilig», sagt Fuat. «Ich esse sowieso alles außer Schweinefleisch. Hauptsache, es sind Kohl-Hüdranten drin.» Fuat guckt bestimmt nie *Galileo*.

Nur Emre und Ömür sind echt begeistert von diesem Thema. Emre ist ein großer Sportler, er ist schlank und durchtrainiert und achtet sehr auf seine Ernährung, und Ömür, klein und dick, wie er ist, liebt einfach alles, was mit Essen zu tun hat. Die beiden schwelgen in Nährwerttabellen, rechnen ihren Grundumsatz und ihren Body-Mass-Index aus, belesen sich über die wichtigen Vitamine von A bis Z und stellen auf dem Papier gesunde kleine Mahlzeiten zusammen. Am Ende der Doppelstunde sagt Emre richtig glücklich: «Frl. Krise, soll ich Ihnen mal ehrlich was sagen? Bio ist voll mein Lieblingsfach von der ganzen Schule.»

«Ja», bekräftigt Ömür das Gesagte, und seine Ohren leuchten dunkelrot. «Find ich auch, da komme ich mir immer vor wie bei *Galileo*.»

Ich fühle mich geadelt.

GOTTSCHALK KOMMT

52 *Der Chef des Casting-Teams setzte sich auf die abgewetzte Couch im Raucherlehrerzimmer, gab mir Feuer und fragte: «Haben Sie auch eine Klasse? Könnten wir da vielleicht mal reinkommen? Die Klassen, die wir bis jetzt gesehen haben, gaben nicht viel her.»*

Himmel! Das hat man nun davon, dass man raucht, dachte ich und nickte. Casting in meiner Klasse? Warum eigentlich nicht. Meine Klasse wäre bestimmt begeistert, wenn sie ins Fernsehen käme.

Dabei hatte nicht etwa ich, sondern ein Kollege auf den Casting-Aufruf in der örtlichen Presse reagiert; es ging um die Sendung Gottschalk kommt, *in der auch immer eine komplette Schulklasse auftrat.*

Und siehe da, meine lahme siebte Klasse verwandelte sich vor Kameras und Mikrofonen in eine Ansammlung von kleinen Rampensäuen, und schon hatten wir den Job in der Tasche.

«Ihr wisst bestimmt, dass ihr in unserer Sendung 3000 Mark gewinnen könnt! Ihr müsst nur drei Fragen aus eurem Schulwissen beantworten», führte uns eine junge Frau in die Geheimnisse der Sendung ein. «Gebt uns ein, zwei ordentliche Hefte aus jedem Fach mit, an denen orientieren wir uns dann bei der Auswahl der Fragen. Und falls ihr eine Frage nicht beantworten könnt, darf eins von euch Kinder etwas vorführen, sozusagen als Ersatz.»

«Ich könnte Armdrücken machen», bot Tim an.

«Ich will was vormachen! Ich! Irgendwas!», schrie Max.

«*Nein, ich, ich, ich! Ich spiele Gitarre!*», *rief Valerie.*

«*Das ist gut*», *sagte die Frau.* «*Gitarre, das nehmen wir.*»

Die beiden einigten sich auf ein Musikstück, und Valerie versprach, ab sofort zu üben.

Am Tag der Aufzeichnung mussten wir uns schon nachmittags im Studio einfinden. Mehrere Stunden zu früh! So ein Schwachsinn! Ich hatte meine liebe Mühe und Not, die Truppe zusammen- und bei Laune zu halten. Alle waren total aus dem Häuschen, tobten durch den Backstage-Bereich, stürzten sich wie Verhungernde auf Berge von Gebäckteilchen und Süßigkeiten und pumpten sich mit Limo und Saft voll.

«*Mir ist schlecht*», *jammerte Tina. Valerie tätschelte ihre Gitarre und redete ihr gut zu. Katja war seit Stunden auf dem Klo verschwunden, und Tim wollte unbedingt zu seiner Mutter, die schon mit den anderen Eltern im Zuschauerraum saß.* «*Ich mach nicht mit! Ich hab keine Lust mehr!*» *Dafür hatte ich volles Verständnis, mir ging es nicht anders.*

Thomas Gottschalk tauchte kurz bei uns auf. Meine Kinder staunten ihn an. Er war so groß und so berühmt.

«*Ihr schafft das schon*», *sagte er jovial und verteilte Autogrammkarten.*

Mir schüttelte er die Hand. «*Sie sind der Lehrkörper?*»

Diesen Witz macht der nicht zum ersten Mal, dachte ich und kam mir reichlich überflüssig vor.

Nach gefühlten hundert Stunden ging es endlich los. Ich sauste in die erste Reihe des Zuschauerraums, und meine Kinder nahmen ihre Plätze im Studio ein. Dort war ein altmodischer Klassenraum nachgebaut.

Jetzt die Fragen. Mir gruselte.

Gottschalk begrüßte die Schüler, machte ein paar launige Witzchen und fragte: «*Wer von euch ist denn gut in Rechtschreibung?*» *Keiner rührte sich, nur Jasmin zeigte verschämt auf ihre beste Freundin Tina. Nein! Nicht Tina! Ich wäre am liebsten aufgesprungen und hätte mich schützend über Tina geworfen, die hatte nämlich eine solide Fünf in Deutsch und war in Recht-*

schreibung so ziemlich die Schlechteste in der Klasse. Das konnte Herr Gottschalk natürlich nicht wissen, und er komplimentierte sie mit ein bisschen Überredungskunst an die Tafel. Sie sollte Sätze vervollständigen. Es ging, wenn ich mich recht erinnere, um «das» und «dass» – ein einziges Desaster! Valerie wurde blass und griff nach ihren Noten. Zum Glück konnten Pia und Stefan die beiden anderen Fragen aus dem Gebiet Erdkunde beantworten. Dann musste Valerie ran. Sie kam nervös, aber entschlossen nach vorne, schrappte ihr Stück auf der Gitarre runter und durfte zur Belohnung den kleinen Sack mit 3000 Mark auffangen, den Gottschalk ihr zuwarf. Allerdings waren, wie wir feststellen mussten, nur Styroporkügelchen drin. Das Geld wurde später überwiesen.

Der Blick hinter die Kulissen einer Fernsehsendung – die Sendung war übrigens aufgezeichnet worden – ernüchterte meine Schüler, das Fernsehen verlor in ihren Augen viel von seinem Glanz.

Die Eltern allerdings feierten mich, hatte ich es doch geschafft, ihre Kinder für eine Viertelstunde berühmt zu machen.

Ach, Herr Warhol, warum sind Sie nicht Pädagoge geworden?

AM SCHÖNSTEN IST DIE PREMIERE!

Premiere! Wie immer ging es mit der Generalprobe los, um halb zwei. Natürlich genau zu dem Zeitpunkt, als sich die Schule auf einen Schlag komplett leerte. Alle anderen hatten hitzefrei. Warum gibt es hitzefrei immer im falschen Moment? Meine Darsteller standen jedoch pünktlich, wenn auch leicht motzig, in der Aula, außer Tarik. Der hatte einen Termin, ein Vorstellungsgespräch an einer neuen Schule, dagegen konnte selbst ich schlecht etwas sagen. Er will ebenfalls an eine Projektschule, um noch einen Schulabschluss zu machen. Ich kann mir allerdings nicht vorstellen, dass die den freiwillig nehmen.

Jedenfalls drückte ich ihm die Daumen, dass alles klappen möge. Im Stillen dachte ich: Dann muss ich mich nicht mehr mit ihm mehr herumärgern.

Bevor er entschwand, hatte er auf dem Schulhof durchblicken lassen, er würde heute auf jeden Fall noch ins Schwimmbad gehen, auch hätte er nicht vor, wegen so eines blöden Theaterstücks zur Premiere zu erscheinen. Das erzählte mir der empörte Emre: «Frl. Krise, der fehlt wieder, werden Sie sehen!»

Es kommt der Abend. Die Aula füllt sich, wir ziehen die schweren Vorhänge zu, schalten die ersten Scheinwerfer an, die Temperatur im Raum steigt auf gefühlte 50 Grad Celsius. Die Nerven meiner Darsteller liegen blank, denn Tarik fehlt tatsächlich. Voller Zuversicht und Vorfreude (im Bewusstsein, dass der Schmerz bald nachlässt) strahle ich deshalb hinter der Bühne eine geradezu vorbildliche professionelle Gelassenheit aus:

«Nein, Merve, du übergibst dich jetzt bitte nicht hier!»

«Lass mal, der kommt schon noch, der Tarik!»

«Hassan, nicht hyperventilieren, schreib dir deine Sätze in die Hand!»

«Ja, Jenny, du siehst ganz bezaubernd aus, Nein, deine Pickel sieht man nicht mehr aus der Entfernung.»

«Doch, Emre, du spielst! Ja, auch wenn *alle* deine Kumpel da sind.»

«Aber das Kilo Schminke auf deinem Gesicht ist sehr hübsch, Mariam – jedenfalls im Scheinwerferlicht.»

Als Tarik dann aber fünf Minuten vor Beginn der Vorstellung immer noch nicht da ist, werde ich geradezu unprofessionell hektisch. Sein Handy hat er abgestellt. Keine Chance.

Meine Darsteller drohen in jenen altbekannten hysterischen Zustand abzugleiten. Da erspähe ich Vanessa im Publikum, eine von den beiden Rausgeschmissenen. In null Komma nichts steckt sie im Kostüm, ich bläue ihr Tariks fünf Sätze ein – und los geht die wilde Post. Der Vorhang öffnet sich …

Während der Aufführung sitze ich unerreichbar weit weg von der Bühne bei der Technik und habe das ungemütliche Gefühl, ich wäre Jogi Löw beim WM-Endspiel und es stünde schon 1:0 für Brasilien *vor* dem Anpfiff. Aber es geht … es geht gut … es geht sehr gut … es wird immer besser, meine Lieben spielen wie die jungen Götter. Es gibt keine Texthänger, keine Versprecher, und alle gehen vorschriftsmäßig an den richtigen Stellen auf und ab. Wenn Vanessa nicht zweimal einen völlig überflüssigen Lachkrampf auf offener Bühne bekommen hätte, wäre es direkt perfekt gewesen.

Am Ende fallen wir uns in die Arme, lachen und weinen und beglückwünschen uns. Ich lobe meine Truppe über den grünen Klee, verspreche allen ein dickes Eis und verbeiße mir nur unter Aufbietung aller Kräfte einen fetten Fluch in Richtung Tarik. Emre sieht meine Not und springt hilfreich ein: «Vallah, Frl. Krise! Tarik ist voll König von Opfers, ich schwör!»

Besser hätte ich es auch nicht ausdrücken können!

HIGH NOON

Meine Jungs wollen entweder Kfz-Mechaniker oder Türsteher werden. Das mit dem Türsteher kann ich gut verstehen, ich finde das auch ganz toll. Während ich das denke, schlendere ich in der großen Pause gelangweilt in der Nähe des Hoftores auf und nieder und schiele immer wieder auf die Uhr, wann denn nun endlich die Pause rum ist. Ich weiß gar nicht, auf wen ich hier aufpassen soll. Der Schulhof ist wie leergefegt – es ist zu heiß. Die meisten Schüler halten sich drinnen im Freizeitbereich auf, nur wenige sitzen auf den Bänken im tiefen Schatten der großen Bäume.

Da sehe ich zwei Typen durchs Hoftor kommen. Der eine klein, aber aufgepumpt, der andere groß und athletisch, beide schätzungsweise Anfang zwanzig. Unsere Klientel, nur älter: gegelte Haare, solariumsrotbraun, penisbetonter Gang und Rasierklingen unter den Achseln.

Sie halten genau auf mich zu.

Ich bleibe ganz ruhig und fühle mich sehr stark und wichtig, schließlich stehe ich auf dem Boden der freiheitlich demokrati… ach Quatsch, auf dem Boden eines öffentlichen Schulhofs, also eines Privatgeländes, und ich bin Lehrerin, aufsichtführende Lehrerin, vereidigte Staatsdienerin mit Kontroll- und Schutzfunktion sozusagen, fast so etwas wie eine Polizistin, mindestens aber eine beamtete öffentliche Türsteherin. Das wissen die Typen natürlich nicht, sie sehen nur eine ältliche, unsportliche Lehrerin, die kurzsichtig durch ihre Brille späht.

Sie biegen ein wenig nach links ab und wollen an mir vorbei auf den Schulhof.

«Moment mal, bitte», sage ich höflich. «Kann ich Ihnen behilflich sein?»

Sie stoppen und mustern mich leicht abfällig.

Der Kleinere antwortet: «Ich will Schulleitung!»

«Hier bitte rein.» Ich zeige auf den Eingang des Schulhauses. «Erster Stock links.»

Der Kleine geht brav in Richtung Eingang, der Große geht ungerührt weiter geradeaus an mir vorbei.

«Entweder Sie begeben sich auch zur Schulleitung, oder Sie verlassen das Gelände», bemerke ich streng.

«Ich bin Bruder von Neslihan», erklärt der Große, so als ob das eine Legitimation wäre.

«Das ist mir egal. Ich kenne Sie nicht, deshalb gehen Sie jetzt!»

«Verstehst du nicht? Ich bin Bruder von Neslihan!» Die Stimme hat einen drohenden Unterton angenommen.

«Hab schon verstanden», verkünde ich. «Ist mir aber egal, ich kenne Sie nicht. Da könnte ja jeder kommen.»

«Warum stellen Sie sich so an», sagt der Kleine, der plötzlich wieder da ist. Er wollte also gar nicht zur Schulleitung.

Die beiden Typen stehen jetzt genau vor mir und sehen mich finster an. Die Sonne brennt auf den blanken Asphalt, die

Schüler bilden auf einmal einen Halbkreis um uns, es ist totenstill, nur eine Glocke läutet in der Ferne.

«Ich lasse Sie nicht rein, weil ich keinen Fremden hier reinlasse. Das geschieht zum Schutz der Kinder, also auch Ihrer Schwester, falls Sie überhaupt eine haben!» Ich bin unbeugsam.

«Ach, und *Sie* glauben, Sie könnten hier was verhindern.» Der Kleine lacht höhnisch.

Furchtlos sehe ich die beiden Typen an. «Natürlich», sage ich ganz ruhig, denn als beamtete Lehrerin in wichtiger Mission kann einem gar nichts geschehen. Man befindet sich in einem magischen Kreis, schließlich geht es um Recht und Ordnung. «Ich bin hier so eine Art Türsteher», erläutere ich weiter.

Die Typen grinsen.

Ich klopfe mit der Hand auf meine Hosentasche: «Ich habe hier ein DIENSTHANDY!» (Sehr schade, dass ich nicht sagen kann: einen COLT). «Und wenn Sie jetzt nicht sofort gehen, nehme ich es heraus und bin auch schon mit der POLIZEI verbunden!»

Die beiden sehen sich überrascht an, dann zucken sie mit den Schultern – und das Unerwartete geschieht: Sie drehen ab und gehen betont langsam und cool in Richtung Hoftor.

Ich atme aus, und die Schüler blicken mich bewundernd an – das bilde ich mir jedenfalls ein.

«Haben Sie echt ein Diensthandy, Frl. Krise?», fragt mich Emre.

«Klar, Emre, was denkst du, sogar eins mit Standleitung zur Polizei», erwidere ich und ziehe lässig ein gebrauchtes Tempotuch aus meiner ansonsten völlig leeren Hosentasche.

GEFÄHRLICHE ZEITEN

Gabriel und Tim waren die Stars der siebten Klasse. Sie hatten eine Leiche gefunden. Gestern! Im Wald! Der Tote lag hinter einem Holzstapel in unmittelbarer Nähe eines kleinen Tümpels, auf dem die beiden ein selbstgebautes Spielfloß schwimmen lassen wollten.

Eine Leiche! Sie waren sofort auf ihre Räder gesprungen und nach Hause gefahren. Geld zum Telefonieren hatten sie nämlich nicht dabei. Gabriels Vater rief die Polizei an, die sich mit den Jungen am Fundort verabredete. Die Jungen strampelten wieder zurück in den Wald und waren sogar noch vor den Polizisten am Ort des Geschehens.

Ich war entsetzt. Diese Kinder! Sie taten mir leid. So ein grässliches Erlebnis! Und dass die dann noch einmal zum Tatort radeln mussten! Hatten die denn keine Angst?

«Nö», sagte Gabriel, «war super.»

Super? Waren die etwa völlig verroht?

Meine Kollegen grinsten. «Quatsch», sagten sie, «normale Jungs.»

Ein paar Tage später stellte sich heraus, dass der Mann eines natürlichen Todes gestorben war. Völlig uninteressant, Herzinfarkt oder so. Das Thema war bei uns in der Klasse ohnehin schon zu den Akten gelegt. Niemand dachte mehr daran oder sprach noch darüber.

Mein junger Kollege Herr Böck, dem ich die Geschichte, die vor etlichen Jahren passiert war, erzählte, griff sich an den Kopf. Da ließen Eltern ihre zwölf-, dreizehnjährigen Söhne nachmittags mit ihren Fahrrädern ohne Aufsicht in der Gegend herumstromern! Was denen alles passieren konnte! Selbstverständlich waren die ohne Fahrradhelm unterwegs. (Den gab's damals ja noch nicht.) Und offensichtlich auch ohne einen Penny in der Tasche, nicht mal 20 Pfennig zum Telefonieren aus einer öffentlichen Zelle hatten sie! Das Handy war ja noch nicht erfunden! (Heute fragt man sich, wie Eltern damals überhaupt in aller Ge-

mütsruhe ihren diversen Beschäftigungen nachgehen konnten, ohne die Möglichkeit zu haben, ihre Kinder ständig anzurufen.)

Und der Stadtwald, so rief Herr Böck weiter aus, der befindet sich doch in einem ehemaligen Bergwerksgebiet! Hier gibt es Senken und Mulden, kleine Gewässer und ein Gelände, das sich immer wieder dank plötzlicher Erdeinbrüche verändert. Das ist kein Spielplatz für Kinder! Und weshalb hinderte niemand sie daran, nach dem Telefonat zum «Tatort» zurückzukehren? Ganz im Gegenteil, die Polizei ermunterte sie anscheinend sogar dazu. Hatte denn niemand an eine posttraumatische Belastungsstörung gedacht?

Es stimmte: Kein Schulpsychologe wurde im Nachgang eingeschaltet, es gab keinen Termin mit den Eltern, um ihnen Ratschläge zu geben, wie sie ihren Kindern bei der Verarbeitung des grausigen Erlebnisses helfen könnten. Es fand auch kein Gespräch mit der Klasse statt – nichts!

«Ja, wart ihr denn völlig plemplem?» Herr Böck schüttelte den Kopf. Was für ein gefährliches Leben haben diese Kinder gehabt! Ein Wunder, dass so viele überlebt haben, ein Wunder, dass nicht mehr in der Psychiatrie gelandet sind, ein Wunder, dass überhaupt noch welche den Schulabschluss geschafft haben.

Ich sah meinem jungen Kollegen an, dass er das dachte. Er war sichtlich empört.

«Und wie ist es heute?», fragte ich zurück. «Heute hat ein zwölfjähriges Kind bei aller Überwachung durchs Handy und trotz Fahrradhelm und psychologischer Rundumbetreuung schon Tausende von Toten im Fernsehen gesehen! Heute darf es zwar nicht mehr unbeaufsichtigt im Wald, aber im Internet herumstrolchen, wo es zu den Niederungen der Pornographie und dem Gestrüpp der Gewalt leichten Zugang findet! Ist das jetzt besser?»

Herr Böck knabberte an seinen Fingernägeln.

PULLER-ALARM

Die nun wirklich allerletzte Bio-Stunde vor den großen Ferien. Alle Schüler haben schlechte Laune. Sie meckern und motzen. Sie nehmen mir übel, dass ich nicht mit ihnen ins Schwimmbad gegangen bin wie die Parallelklasse. «Wir machen ja nie was!» Jennys Lieblingsspruch.

Genau! Frl. Krise latscht doch nicht bei 36 Grad Celsius zwei Kilometer durch die Stadt ins Schwimmbad, um sich dort das Genöle anzuhören, dass die anderen schön kühl in der Schule bleiben dürfen und wegen Hitzefrei früher nach Hause können …

Also Bio. An einen regulären Unterricht ist unter diesen Umständen nicht mehr zu denken. Ich bin großzügig und stelle mich für «durcheinandrige Fragen», wie Ömür es nennt, zur Verfügung. (Es geht dabei meistens um Gleitcremes, die Größe von Eselspimmeln und ähnlich lebenswichtige Themen.)

Ömür hat gleich ein medizinisches Problem: Er verspürt Blutgeschmack im Mund bei sportlicher Betätigung! (Seit wann macht Ömür Sport?, frage ich mich.) Vielleicht platzen so kleine Äderchen im Mund? Ich habe keine Ahnung.

Jetzt Fuat: «Frl. Krise, haben Sie nachgeguckt – Penisfisch?» Bitte nicht wieder das!

Angeblich soll dieser winzige, parasitär lebende Fisch in offenen Gewässern Südamerikas vom Urin angezogen in die Harnröhre des Mannes schwimmen und großes Unheil in den Weichteilen anrichten. Fuats Lieblingsthema.

Nein, ich habe mich nicht schlau gemacht, es war mir nicht so wichtig, denn keiner meiner Schüler wird in absehbarer Zeit im Amazonas schwimmen – und wenn, dann müssen sie ja bitte schön nicht ins Wasser pinkeln. Soll Fuat doch selbst nachforschen, wenn ihn das so brennend interessiert.

Außerdem glaube ich nicht so recht an die Existenz dieses Tieres. Emre und Ömür empörten sich deswegen schon letzte Woche. Es gibt dieses gefährliche Untier, behaupteten sie. Sie hätten es doch bei *Galileo* gesehen! Dagegen kam ich natürlich nicht an.

Jetzt hilft nur noch eine paradoxe Intervention, und ich täusche Fachwissen vor: «Ja, ich habe ein bisschen geforscht, Fuat. Man hat diesen Fisch jetzt bei uns eingebürgert. Das hab ich in einer biologischen Fachzeitung gelesen.»

«Wie jetzt?!» Meine Jungs sind starr vor Schreck.

«Ja, man hat Versuche mit diesem Fisch gemacht, und es hat sich gezeigt, dass er in unseren Gewässern nicht überleben kann», doziere ich. «Aber es hat sich auch herausgestellt, dass er sich in gechlortem Wasser ausgesprochen wohl fühlt und sich dort sogar fortpflanzt. Wo findet man denn in unseren Breiten gechlortes Wasser?»

«Im Schwimmbad etwa?», fragt Erkan düster.

«Richtig, sehr gut, Erkan. Man hat die Fische in das Wasser des Marco-Polo-Bads und der Bergtherme eingebracht, und sie sollen sich da schon sehr schön vermehrt haben.»

Die Jungen starren mich entgeistert an, sie wollen nicht glauben, was sie da gehört haben.

«Ihr müsst ja im Schwimmbad nicht ins Wasser pinkeln», sage ich tröstlich, «dann passiert auch nichts.»

«Neeee!» Emre schüttelt den Kopf. «Sie verarschen uns, oder? Frl. Krise?»

«Niemals», beteuere ich. «Das würde ich mir nie erlauben.»

Später stoßen wir beim Rausgehen aus dem naturwissenschaftlichen Schultrakt auf einen Jungen der Parallelklasse, der missmutig auf jemanden wartet.

«Wo wart ihr eigentlich baden?», frage ich ein bisschen heimtückisch.

«Wir waren Marco-Polo», antwortet der Schüler arglos.

Meine Jungen schreien laut auf.

FIESE FERIEN

Meine Schüler tun mir echt leid. Jetzt haben sie bald Ferien und können sich nicht mal richtig darauf freuen.

Drei sind schon weg: in die Türkei beziehungsweise in den Libanon.

Zwei sind unterwegs – in Konvois zu drei bis fünf Autos (vollbesetzte Pkws mit mehreren Kindern), eine Strafe; danke schön. Immerhin kommen sie mal raus aus der Stadt; sie fahren in «unser Dorf», wo es zwar «voll schön», aber «nichts los» ist – Verwandte besuchen.

Ich frage mich ja ehrlich, wie meine Lieben diese Zeit überstehen werden, da sie große Hitze nicht ertragen, vor jedem Winz-Insekt einen hysterischen Anfall kriegen und es das Abartigste für sie ist, sich in einer Gegend aufzuhalten, wo H&M, Burger King und Lidl weiter als fünf Minuten entfernt sind. Na, jedenfalls können sie dann ihre schlechte Laune nicht mehr an mir auslassen – wenigstens das! *Ich* bin mal endlich an was nicht schuld. Und ihre Eltern, die immer beteuern: «Ist ganz lieb zu Hause, der Ali!», oder: «Merve macht überhaupt keine Probleme!», haben die Gelegenheit, viele schöne Stunden mit ihren gutgelaunten pubertierenden Kindern zu verbringen.

Zwei, drei fahren auch mit der ganzen Family nach Essen oder Offenbach oder Neuss zu Verwandten. Richtig in Ferien (ohne Verwandte, aber mit Meer oder Bergen) fährt niemand. Die meisten bleiben hier in der Stadt. Die kopftuchtragenden Mädchen können nicht mal ins Schwimmbad gehen. Ausflüge macht man nicht. An einen See fahren? Fehlanzeige. Ferienspiele? Uncool.

Was bleibt? Zu Hause hocken, vor dem Computer sitzen, chatten, telefonieren, auf der Straße rumhängen, auf kleine Geschwister aufpassen, Verwandtenbesuche am Wochenende. Das war's. Besonders die Mädchen werden leiden, weil die vielen unbeaufsichtigten Stunden in der Schule wegfallen und sie im Haushalt helfen müssen, anstatt rausgehen und sich mit den Freundinnen treffen zu können.

Und ich weiß jetzt schon, am ersten Schultag werden sie sich halb totfreuen, wenn sie wieder in die Schule gehen dürfen. Sie werden sich stürmisch mit vielen Küsschen rechtslinksrechts begrüßen, sich gegenseitig versichern, es war «voll langweilig», sie werden sogar mich freudig umarmen (aus Versehen).

Aber wenn dann auch nur das kleinste Fitzelchen Unterricht um die Ecke kommt, werden sie schreien und jammern und sich dringend die Ferien zurückwünschen.

EVET – ICH WILL!

Kollege Karl machte mir seinen Antrag vor genau acht Jahren auf unserer Weihnachtsfeier. Daran erinnere ich mich so gut, als ob es gestern gewesen wäre.

Ich war zu dem Zeitpunkt, was die Leitung meiner Zehnten betraf, faktisch Single und träumte von einem netten Mann, der mit mir zusammen im nächsten Schuljahr eine neue Klasse übernehmen würde – in guten wie in schlechten Tagen.

Nach dem Dessert setzte sich Karl zu mir und fragte: «Frl. Krise, du bist zur Zeit solo, stimmt's?»

Ich nickte und sagte: «Ja, seitdem Harry mich verlassen hat, schlage ich mich alleine mit meiner Klasse durch.»

Karl sah mir tief in die Augen: «Nächstes Schuljahr ... ich dachte ... wir könnten ... Frl. Krise, willst du zusammen mit mir eine siebte Klasse übernehmen?»

Eigentlich kannte ich Karl gar nicht, mehr als «Guten Morgen» und «Schönes Wochenende» hatten wir noch nie zueinander gesagt. Aber er wirkte freundlich und zuverlässig, und so gab ich mir einen Ruck und hauchte: «Ja, ich will!»

Später gestand mir unser Chef, Herr Fischer, er hätte das alles eingefädelt.

Karl und ich regeln das Management unserer Klasse nach dem Grundsatz: Er die Organisation, ich die Animation. Hatte ich in den Jahren zuvor in Zeugniszeiten aus begründeter Angst, etwas zu vergessen oder falsch zu machen, schlecht geschlafen und die Zeugnislisten so unentspannt behandelt wie einen mit Dynamit geladenen Säugling, so durfte ich jetzt aufatmen. Karl legt Wert darauf, mich komplett aus diesem ganzen Schlamassel der Zeugnisherstellung herauszuhalten. Ich vermute, dass er auf Nummer sicher gehen will.

Das mit der Organisation soll übrigens nicht heißen, dass er nicht auch für unsere Unterhaltung sorgt, denn er ist eine unerschöpfliche Fundgrube für Witze und Sprüche.

Außerdem kennt er praktischerweise sämtliche Adressen und Telefonnummern unserer Schüler auswendig, er hat alle Verbindungen der Bus- und Bahnlinien im Kopf, weiß alles über die Sehenswürdigkeiten und die Geschichte unserer Stadt und ist auch noch intimer Kenner sämtlicher bedeutsamer Großbaustellen. An Wandertagen muss ich nicht mehr nervös um mich spähen und gestresst nach Wegen und Anschlüssen forschen, sondern kann mich gemütlich ans Ende unserer Truppe zurückfallen lassen und mit den Lahmen und Fußkranken hinterherschleichen. Niemals wäre ich auf die Idee gekommen, Baustellen zu besichtigen, aber seitdem ich Karl kenne, bin ich ein Fan von Bagger, Kran und Co.

Unsere Schüler schätzen an Karl seinen Humor, seine Geduld und dass er sich auch in extremen Situationen nur mäßig aufregt.

«Ich liebe diesen Mann», sagt Azzize. «Er ist der beste Mathe-Lehrer von alle, wa, Frl. Krise?»

Ja, für dich, Azzize. Für mich ist er der beste Kollege, den's gibt. Und da sieht man's auch mal wieder: Die arrangierten Ehen müssen nicht unbedingt die schlechtesten sein.

BLUES TEACHERS

So, Ferien.

Ich bin schlecht gelaunt.

Sehr schlecht.

Heute sanken wir auf den tiefsten Tiefpunkt des Schuljahrs. Unsere Klasse, ich glaube, es kam bisher schon zwischen den Zeilen durch, ist ja ziemlich extrem, und für die Zeugnisausgabe war nix Gutes zu erwarten.

In der dritten Stunde – jetzt wird's ernst – sind vierzehn von dreiundzwanzig Schülern und Schülerinnen da, die gemütlich zwischen acht Uhr (Unterrichtsbeginn) und halb zehn eingetrudelt sind. «Was Verspätung! Gibt doch nur Zeugnisse heute!»

Gut, zwei Mädchen sind langzeiterkrankt und beurlaubt, fehlen aber immer noch sieben. Diese Schüler – von Tag zu Tag wurden es mehr – sind schon in die Ferien entwichen – ohne schulische Erlaubnis und jetzt auch ohne Zeugnis.

Zwei Schülerinnen – Jenny und Mariam – haben ihr Mathe-Buch trotz vieler Erinnerungen und Mahnungen nicht abgegeben. Dann erhalten sie aber auch kein Zeugnis, denn erst muss das Buch her oder Geld für das Buch. Ist fies, aber wenn wir Lehrer nicht konsequent wären, könnten wir unsere Bücher abschreiben. «Kann ich doch nich dafür! Hab ich nicht mehr, das Buch! Ersetz ich nich! Was glauben Sie, wer Sie sind? Dann geh ich eben! Was interessiert mich das Zeugnis!» Jenny brüllt's und haut die Tür ins Schloss, dass der Putz bröckelt.

Turgut und Ali haben sich inzwischen an den Projektschulen angemeldet, sie wollen jetzt versuchen, da einen Schulabschluss zu machen, der auf normalem Wege bei uns nicht mehr zu schaffen wäre. Allerdings ist bislang ungewiss, ob sie angenommen werden. Und wenn, dann haben sie eine dreimonatige Probezeit. Wenn's nicht klappt, kommen sie zurück zu uns. Vorsichtshalber benehmen sie sich aber schon die ganze letzte

Zeit nach dem schlauen Motto: «Ist mir doch alles egal, ich geh ja sowieso weg!»

Heute machen sie richtig Randale. Sie fläzen sich auf ihren Stühlen, lassen dumme Kommentare ab und lachen die Schüler mit den guten Zeugnissen aus. Einen von ihnen, Ali, kriegen Karl und ich auch nicht mehr «eingefangen». Wir müssen ihn bitten, den Raum zu verlassen, das Zeugnis geben wir ihm auf dem Flur. Voll schrecklich … Dann schicken wir ihn nach Hause.

Jetzt sind noch dreizehn übrig.

Ach, und nun zu den Zeugnissen: Hier stehen Verspätungen und Fehlzeiten in astronomischen Höhen, dreißig bis siebzig Verspätungen sind fast normal (???). Da kann man sich den Mund fransig reden, alle vierzehn Tage die Eltern schriftlich benachrichtigen, interessiert keinen! Bloß die Arbeitgeber haben das später nicht so gern. Im zehnten Schuljahr werden sie es bereuen, jedenfalls die meisten.

Die Noten … Einige haben wirklich gut gelernt und bekommen ganz schöne Zeugnisse. Neun bleiben sitzen, viele mit acht bis zwölf Fünfen. Erkan will seine Nachprüfung machen, übrigens immer noch in Deutsch.

Die Frage, wer schuld oder nicht schuld an dem Desaster ist, beantwortet sich schnell: «Ich kann eben kein Mathe!» – «Ist voll Herr Böck schuld, bei dem ist Englisch voll behindert!» – «Herr Schmidt kann mich nicht leiden!» Mein Kollege Karl und ich fühlen uns auch schon wie die allerletzten Versager, dabei haben wir dieses Schuljahr wirklich so hart geackert wie noch nie. Ach, Jogi Löw, gewinnen ist schöner als verlieren …

Hat voll Spaß gemacht, die Zeugnisausgabe, echt.

Als es klingelt, stürzen alle raus. Ohne Verabschiedung, nur Emre, Ömür und Nesrin lassen sich die Hand geben und sagen Tschüs.

Trotzdem schöne Ferien. Euch allen …

Sommerferien

KLEINE KÜNSTLERSEELE

68 FERIEN, FERIEN, FERIEN … Hach, jetzt freu ich mich doch! Obwohl ich den ganzen Tag in der Schule war. Und morgen geh ich wieder hin. Zu dritt haben wir, die Kunstkolleginnen Frau Herz, Frau Schaum und ich, wie die Wahnfriede unser großes Kunst-Materiallager ausgemistet. Von unseren männlichen Kunstkollegen war niemand in Sicht. Die machen ja keine Unordnung …

Unfassbar, was engagierte, aber offensichtlich verblendete Kunstlehrer in etwa zehn Jahren so alles zusammentragen. Es muss unter dieser Spezies mehr Messies geben, als man glaubt. Wir haben die herrlichsten Sachen gefunden, aber auch sehr unherrliche, zum Beispiel mindestens zwei Millionen leere Klorollen, unglaubliche Mengen an Wollresten, Holzwolle, Kronkorken, Lupofo, Kaffeedosen, Koffer, Korken, Sand, Eierkartons, Fahnenstoffen, Kartonstücken, Holzabfällen, leeren und halbleeren Farbflaschen, Tonresten, Holzstämmen, vertrockneten Pinseln, Joghurtbechern, Papieren und und und.

Zum Glück gibt es gerade sowohl einen Sperrmüllcontainer auf dem Hof als auch ein paar «Zwangsarbeiter» in Form von Schülern aus dem zehnten Schuljahr, die wegen irgendwelcher gröberen Delikte zur Ferienarbeit delegiert sind und wirklich klaglos und gut gelaunt zwei Stunden lang sehr viel Schrott herunterschleppen. Aber einen Teil der Sachen (die weicheren) haben wir aus dem Fenster geschmissen. Der Kunstraum liegt im vierten Stock, direkt neben meinem Klassenraum. Es war geil! Beinahe hätten wir allerdings das Leben unseres Hausmeisters ausgelöscht …

Schüler außerhalb des Unterrichts sind irgendwie süß, so hilfsbereit und voller Tatendrang.

Dennis, eigentlich eine reine Nervensäge, fragt mich höflich, ob er sich «bitte» (!) ein bisschen Ton mitnehmen könne. Natürlich, gern, nichts lieber als das. Ich packe ihm einen großzügigen Batzen ein, mit dem Versprechen, alles zu brennen, was er herstellt. So muss es sein, denke ich, der Mensch will gestalterisch tätig sein, in jedem Kinde schlummert eine kleine Künstlerseele, die in den öden Ferien zum Vorschein kommt. Hochzufrieden dränge ich ihm auch noch einen Schwung Zeichenpapier und ein paar herrenlose Farben und Pinsel auf.

Im Rausgehen höre ich Erol: «Ey, Dennis, Spast, was willst du machen mit Scheiß-Ton?»

«Ich bau mir Bong!»

«Ahhh, Jäckpott!»

«Und dann mach ich noch so ganz großen Schwanz, weißt du, stell ich in mein Zimmer.»

«Ahhh, Jäckpott!»

«Lass ich brennen nach den Ferien von Krise.»

«Ahhh, Jäckpott!»

Dachte ich tatsächlich «kleine Künstlerseele»?

KUNST UND CHAOS

Das Studium der Erziehungswissenschaft hatte mich ebenso wenig auf das Unterrichten von Kindern und Jugendlichen vorbereitet wie auf die Dressur wilder Raubtiere oder die professionelle Reinigung eines mit Druckfarben verschmutzten Kunstraums. Vielmehr durfte ich in dieser privilegiertesten Zeit meines Lebens in schöngeistigen Zonen schwelgen – mich zum Beispiel ausgiebig mit Themen wie «Das Fernsehen in der Schule» oder

«*Die Massenmedien als Bildungsinstitution*» beschäftigen. Dabei ahnte ich nicht, dass mir die Massenmedien (in Form von Tageszeitungen) später hauptsächlich als Unterlage malfeuchter Bilder dienen würden und dass der einzige Fernseher der Gesamtschule-Süd in einer Ecke verstauben würde, da es kein Morgenprogramm gab und der Videorecorder noch nicht erfunden war.

Auch erwies sich die Achtundsechziger-Empfehlung unserer progressiven Professoren, die Schule organisiert und kollektiv zu unterwandern, um sie als «*Klasseninstitution*» zu verändern, als wenig praktikabel.

Zunächst einmal unterwanderte nämlich die Schule mich. Die Kollegen, denen meine fehlgeschlagenen Unterrichtsversuche angesichts des farbverschmierten Mobiliars oder der sich während der Unterrichtszeit durch die Flure prügelnden Schüler nicht verborgen blieben, sagten herablassend: «Na! Das würden die sich bei mir aber nicht erlauben!», oder ungläubig staunend: «So was bringen die Ihnen an der Uni bei?» Dabei wagte ich mich noch nicht einmal an besonders fortschrittlichen Unterricht heran, denn die Disziplinschwierigkeiten machten einfach jede Form des Unterrichts zu einer Herausforderung.

Ich erinnere mich zum Beispiel, dass immer, wenn ich kurz vor Ende der Kunststunde schüchtern «Bitte aufräumen!» rief, die Hölle losbrach. Alles sprang auf und rannte durcheinander. Aufräumen? «Das war ich nicht – das gehört mir nicht – das habe ich nicht schmutzig gemacht – hier saß jemand anders!» Mit dieser simplen Formel und endlosen Debatten versuchten sich die Schüler vor dem Saubermachen zu drücken. Eine Methode, die offensichtlich bis heute von Generation zu Generation weitergegeben wird.

Einmal flüchtete ich aus einer mit Linoldruckfarbe restlos verschmierten Klasse einfach ins Lehrerzimmer. Die Schüler waren mir beim Klingeln zum Schulschluss mehr oder weniger abgehauen. Ich rauchte mit zitternden Händen eine Zigarette und tat so, als ob alles in schönster Ordnung sei. Was ich mir dabei *dachte, ist mir heute schleierhaft. Wahrscheinlich war ich komplett überfordert oder geistig verwirrt, was ein und dasselbe gewesen sein dürfte.*

Zwei Minuten später schon hatte Frau Spieß, die Oberputzfrau, die mittags ihren Dienst antrat, das Malheur entdeckt und dem Rektor gemeldet. Der zitierte mich zu sich und sagte traurig: «Frl. Krise, wie soll etwas aus unseren Kindern werden, wenn Sie ihnen nicht einmal das Aufräumen beibringen?» Am liebsten hätte ich geschrien: «Diese Kinder können mich mal! Denen kann doch niemand was beibringen!» Aber ich riss mich zusammen, schwieg, trottete in den Klassenraum und verbrachte unter den Augen der hämisch grinsenden Spieß frohe Stunden mit dem Saubermachen der Tische.

Anschließend flüchtete ich mich in mein Auto. Ich fuhr aber nicht nach Hause, sondern gurkte heulend und sinnlos eine halbe Stunde durch die Gegend. Es war die Zeit der Ölkrise und der autofreien Sonntage, und neben dem Dämpfer meines Selbstwertgefühls bekam ich auch noch ein schlechtes Gewissen wegen des unsinnig in die Luft geblasenen Benzins.

Immerhin war es mir eine Lehre für das Lehrerleben, und heute kann sich jeder Schüler und Kollege, der den Kunstraum unordentlich verlässt, auf eine Ansage meinerseits gefasst machen.

EINE PÄDAGOGISCHE PERLE

Kennen Sie schon Frau Freitag? Meine Freundin? Ich habe ja schon ein paarmal von ihr gesprochen. Wir sind sozusagen pädagogische Zwillinge, obwohl sie zwanzig Jahre und einen Tag jünger ist als ich.

Frau Freitag – dieser Name täuscht. Warum? Dazu später.

Natürlich ist Frau Freitag Lehrerin, was sonst! Sie sieht auch so aus, wie man sich eine Lehrerin vorstellt: groß, dünn und mit schwarzer Brille. Als Referendarin war sie ein Jahr lang an meiner Schule, und ich wurde ihre anleitende Lehrerin. Das heißt, ich sollte ihr behilflich sein, aber da war nicht viel zu machen. Denn Frau Freitag verfiel dem Lehrerberuf wie andere dem Alkohol. Ich musste sie immerzu bremsen. Ich könnte mir allerdings vorstellen, dass sie auch in einem anderen Beruf komplett aufgeht, weil sie einfach so ausufernd veranlagt ist. Wäre sie zum Beispiel Krankenschwester, würde sie bestimmt die Patienten in Grund und Boden pflegen («Doch, jetzt hier noch die Wärmflasche auf den Bauch – und einen Eisbeutel auf den Kopf – und die Füßchen unbedingt in nasse Socken … So, jetzt geht es uns aber besser!»).

Nun ist sie aber Lehrerin geworden – und das bis in den letzten Fitzel ihrer Existenz. Sie lebt, denkt, atmet, isst, träumt und trinkt Lehrerin, und am liebsten wäre ihr, wenn an ihrem Wohnzimmer «Lehrerzimmer» stünde und alle Freunde dort ein Brieffach hätten. Deshalb ist das «Frei» in ihrem Namen auch glatter Hohn, eigentlich müsste sie «Dienst-tag» heißen.

Frau Freitag mag ihre Schüler, sie tut alles für sie, sie fährt sogar freiwillig mit ihnen in den Heidepark, was eigentlich die Höchststrafe für jeden Lehrer ist. Dabei ist sie nicht einmal schwindelfrei und hasst Gerätschaften, die sich schneller bewegen als ihr altes Fahrrad. Aber Hauptsache, die Schüler amüsieren sich!

Ihr macht es auch gar nichts aus, montags in der nullten Stunde anzufangen – das ist kurz nach Mitternacht – und freitags spät aufzuhören. Im Stillen wünscht sie sich eine Einliegerwohnung in der Schule oder mindestens eine Schlafcouch im Lehrerzimmer.

Ihre Schüler lieben sie zurück, heimlich träumen sie, von ihr adoptiert zu werden. (Ich glaube, der Lieblingsschüler darf sie inzwischen Cousine oder Tante nennen.)

Frau Freitag checkt ihre Umgebung stets und ständig nach unterrichtsrelevanten Anregungen ab, das kann für Nichtlehrer (zum Glück kennt sie nur noch sehr wenige) ein bisschen anstrengend sein. Für mich ist es gut, ich profitiere von ihren Ideen. Jedenfalls meistens.

Ferien kann sie überhaupt nicht leiden. Sie steuert in den letzten Schulwochen immer schon auf eine kleine Feriendepression zu und plumpst am ersten Ferientag in ein tiiiiefes Loch. Nach ein paar Tagen kommt es dann aber zu einer spontanen Besserung, sie gewinnt wieder ein bisschen Lebensmut und fängt mit irgendeiner anderen obsessiven Tätigkeit an, Marmelade einkochen (egal woraus) oder Pulswärmer stricken (jeden Tag mindestens vier Paar!).

73

Sehr gern liegt Frau Freitag in ihrer Freizeit auf ihrer Designer-Couch. Sie lebt in ihrer himmelblauen Decke, lässt sich von ihrem Freund bekochen und sieht exzessiv (natürlich!) fern, am liebsten Serien über das Leben von irgendwelchen abgefahrenen Menschen, im Prinzip wäre sie auch die ideale Supernanny oder eins der Gossip Girls.

Ach, Frau Freitag, ohne Sie als Superkollegin und Freundin wäre mein Leben öd, blöd und leer.

KOLLEGENKÜKEN

Die ganz jungen Kollegen von heute sind, genau wie wir damals in den frühen Siebzigern, sehr engagiert, aber pädagogisch die reinsten Analphabeten. Doch waren wir noch infiziert von den renitenten Politbewegungen jener Zeit, kommen sie eher gesetzt und angepasst daher.

So lässt Junglehrer Charles bereits in der ersten Schulwoche zu unserem nicht geringen Erstaunen öffentlich verlauten, dass er es sich ohne weiteres vorstellen könne, an dieser unserer Anstalt Schulleiter zu werden. Und die Referendarin Johanna bekundet, nur auf den Tag ihres Zweiten Examens hinzuleben: «Bin ich die Mutter Teresa der Pädagogik? Arbeiten für 'n Appel und 'n Ei? Nee! Nach der Prüfung bewerbe ich mich hier sofort weg! Egal wohin. Hauptsache in ein Bundesland, in dem man verbeamtet wird und mehr verdient.»

Wir hatten damals anderes im Sinn. Uns waberten noch die Achtundsechziger im Kopf herum. Die Verbeamtung war uns direkt ein bisschen peinlich. Sie passte nicht zu unseren Ideen, denn uns schwebte irgendetwas wie «Ordnung ohne Herrschaft» vor. Wir planten einen langen Marsch auch durch die Institution Schule, um auf diese Weise dem leicht unscharfen Fernziel einer paradiesischen Gesellschaft näher zu kommen.

74 Das sollte sich jedoch noch als einigermaßen tückisch erweisen.

Zumindest bei unserer Zielgruppe, den Kindern und Jugendlichen, die ja von Natur aus anarchistische Wesen sind, liefen wir offene Türen ein. Dankbar vergaßen meine ersten Schüler sofort ihre ordentliche Heftführung aus der Grundschule, packten mitten im Unterricht ihr Frühstück aus und verlangten zukünftig, bei allem und jedem mitzubestimmen.

«Hausaufgaben? Supersinnlos! Die braucht keiner von uns, oder? Wer ist noch dafür, dass die abgeschafft werden?», versuchte Marco seine Klassenkameraden zu indoktrinieren und mich basisdiktatorisch auszuhebeln.

Das Kollegium beäugte unser Tun zurückhaltend, aber unsere Ausbilder schlugen angesichts der ersten Unterrichtsbesuche die Hände über dem Kopf zusammen. Wollte ich nicht komplett untergehen und vielleicht auch irgendwann Examen machen, musste ich genau wie viele andere zurückrudern. Trotzdem – die Aufbruchsstimmung jener Zeit trug uns, und noch nachträglich bin ich heilfroh, dass es mir nicht so erging wie Frau Freitag, die sich an ihrer ersten Dienststelle als einziges Küken in einem eingefahrenen ältlichen Kollegium wiederfand und sich monatelang nach nichts mehr sehnte als nach einer Gruppe übertrieben idealistisch gesinnter junger Kollegen.

MADAME KALTERMANN

«Was, du hast keine Putzfrau? Ich sage immer, wer in unserem Alter keine Putzfrau hat, hat was falsch gemacht», so eine der Lebensweisheiten meiner Kollegin Kaltermann, die mit einem Zahnarzt verehelicht ist und uns Kolleginnen gern demonstriert, wie eine Frau von Welt lebt. Sie hat noch mehr coole Sprüche drauf, zum Beispiel: «Ach, ich arbeite ja nur für meine Garderobe!» Oder: «Das halte ich hier alles nur durch, weil ich weiß, dass ich heutigentags aufhören könnte.» Es wird uns immer ein Rätsel bleiben, welches grausame Schicksal sie ausgerechnet an unsere Schule verschlagen hat.

Madame Kaltermann ist klein und zierlich, ähnelt ein bisschen dem *Denver*-Biest Joan Collins und trägt bevorzugt zu enge und zu kurze Designerklamotten («Aber immer nur eine Saison lang»). Sie raucht Mentholzigaretten in unserem Hinterhof, wo sich die letzten Raucher verstecken. Ihr Mann weiß, wie sie mir anvertraute, nichts von dieser peinlichen Sucht – sie scheinen sich ja nicht allzu nahe zu kommen. Sie geht aber auch extra zu Fuß nach Hause, um sich auszulüften.

Eigene Kinder hat sie nicht; eine kluge Entscheidung, wie sie findet. Was sie aber nicht daran hindert, ausgesprochen nett zu unseren Schülern zu sein. Allerdings ist Madame Kaltermann unglaublich nachtragend. Mein Fuat hat es sich mit ihr bis zum Jüngsten Gericht verscherzt, weil er «Faltenkopf» zu ihr gesagt hat. Fies, ich weiß, aber ich könnte mich darüber jetzt noch vor Lachen wegschmeißen. Zu seinem Glück hat er es nicht zu mir gesagt.

In den großen Pausen telefoniert Frau Kaltermann verdächtig häufig mit dem Apotheker ihres Vertrauens. Sie hat auf dem pharmazeutischen Marktsegment immer etwas nachzufragen, zu bestellen, zu regeln, abzuholen. Frau Herz und ich, die wir unauffällig das Lehrerzimmer überwachen, glauben an eine Affäre mit dem Pillendreher und vermuten, das ganze Gequatsche über Tröpfchen und Zäpfchen ist eine erotische Geheimsprache.

Im Gegensatz zu uns Kaffeetrinkern schwört Frau Kaltermann auf Tee als Pausengetränk. Das Schlimmste für sie ist, wenn ihr jemand den letzten Teebeutel klaut – was schon hin und wieder passiert ist. Ich würde nicht mal unter Folter zugeben, wer das war. Dazu knabbert sie bevorzugt kleine Apfel- und Möhrenschnitze, denn sie achtet sehr auf ihre elfenhafte Figur.

Übergewichtige Schüler stellt sie im Bio-Unterricht gnadenlos auf die Waage und preist ihnen die Vorteile einer fett- und zuckerarmen Ernährung. Ich glaube, diese Kinder müssen sie hassen. Ich zittere schon vor dem Tag, an dem sie beschließt, die Kolleginnen regelmäßig zu wiegen.

In den Ferien fährt Frau Kaltermann immer mit ihrem Zahnklempner oder einem Hausfreund (?) weg; sie bevorzugt ferne Länder und sehr teure Hotels. Es wird aber langsam eng, weil sie schon fast alle durchhat. Ich überlege, ob ich sie demnächst mal zum Zelten mitnehmen soll …

Ach, Frau Kaltermann, es ist schön, dass wir dich haben. Wenigstens du bringst etwas Glanz in unser abgewracktes Lehrerzimmer.

FEGEFEUER ODER VORHÖLLE?

Die Sommerferien erscheinen zuerst so lang, so lang. Man hat das Gefühl, man müsse nie mehr in die Schule, und vergisst alles, was damit zu tun hat. Man trödelt ein bisschen herum, geht abends lange aus, isst zu viel, schläft bis in die Puppen, trifft Freunde und Verwandte, fährt weg, trinkt jeden Abend Rotwein, kommt zurück, und die Schule liegt immer noch in weiter Ferne.

Aber es ist wie so oft im Leben, die Zeit, die sich in den ersten

Wochen dehnte wie ein ausgekauter Kaugummi, schnurrt gegen Ende der Ferien zusammen wie ein Luftballon, aus dem die Luft herausgelassen wird.

Der Countdown läuft. Noch ein letztes Wochenende, dann beginnt die Schule wieder. Der Stundenplan trifft per E-Mail ein, und ich beschließe, ihn so hinzunehmen wie das Wetter; man kann eh nichts ändern. Die erste Konferenz haben wir schon hinter uns und auch ein sehr nettes Frühstück mit einigen Kollegen. Erkan hat seine Prüfung gemacht – durchgefallen –, und auf meinem Schreibtisch stapeln sich neue Ordner, Prospekthüllen und Stifte.

Es kann losgehen.

Prompt habe ich auch heute einen Schüler aus meiner Klasse gesehen, das heißt einen ehemaligen Schüler, hoffe ich. Turgut. Aus dem Auto heraus konnte ich ihn beobachten. Er ging mit einem Kumpel bei Knallrot über eine ziemlich belebte Straße. Beide spazierten schön langsam, pah, sollen die Autos doch warten.

Als ich ihn so über die Straße schlendern sah, breitbeinig und arrogant, kaugummikauend und mit einem albernen Käppi, das extrem schräg auf seinem gegelten Haar schwebte, wurde ich total sauer. Sein Verhalten am letzten Schultag fiel mir wieder ein. Während Kollege Karl und ich nach der Zeugnisausgabe noch damit beschäftigt waren, mit einigen (zugegebenermaßen wenigen) Schülern zu sprechen und uns zu verabschieden, ging Turgut, ohne uns eines Blickes zu würdigen, raus. Ich rief ihm noch nach, aber er grinste nur blöde zurück, zuckte mit den Schultern und verschwand. Ich fand das echt daneben. Zwei Jahre hatten wir miteinander gearbeitet und gekämpft. Ich weiß nicht, wie oft ich mit ihm gesprochen und wie oft ich immer wieder versucht habe, so etwas wie eine tragfähige Beziehung zu ihm aufzubauen. Aber über diese Brücke konnte er nicht gehen. Zu cool, zu unsicher, zu verquer, zu schlechte Manieren und vor allem zu gekränkt. Denn in der

Schule war er nicht der geile Checker, für den er sich hielt. Darum auch dieser Abgang.

Aber am meisten ärgere ich mich jetzt, dass ich mich so ärgere. Warum macht mich das so sauer, sein Abgang, sein dämlicher Auftritt auf der Straße? Wo zum Teufel ist meine professionelle Abgeklärtheit und Distanz? Ist nach fünf Wochen Ferien etwa *alles* weg?

Verdammt. Das kann ja heiter werden.

Wir sind im neunten Schuljahr!

ÜBERRASCHUNG!

Ach, ich bin voll übertrieben mega-mies happy! War das schöööööön heute am ersten Schultag in unserer frischgebackenen neunten Klasse!

Aber mal der Reihe nach, Frl. Krise.

Schlag zehn Uhr standen Karl und ich heute morgen im Klassenraum und harrten schwitzend und zähneklappernd der Schüler, die da erscheinen würden. Karl hatte natürlich schon die neue Klassenliste und den Stundenplan unserer Klasse besorgt, und ich putzte aus Nervosität zum dritten Mal die Tafel. Dann trudelten langsam und gemütlich unsere Lieben ein. Zweiundzwanzig standen auf der Liste, die wir vom Sekretariat erhalten hatten, aber nur sechzehn erschienen. Natürlich ohne «Hallo» oder «Guten Tag» oder so was überflüssig Höfliches, aber richtig gut gelaunt und durchaus erfreut, wieder in die Schule gehen zu dürfen. Sogar für das fiese Frl. Krise fielen das eine oder andere Lächeln, mehrere Rechtlinksrechts-Küsschen und manches verblüffte «Wie ist sie braun!» ab.

Zwei Mädchen – Merve und Leila – sind noch in der Türkei. Sie sind früher in die Ferien gestartet, dafür kommen sie auch später wieder. Ist ja logisch. Vier neue Schüler, die auf unserer Liste stehen, tauchen also nicht auf. Vielleicht haben sie etwas Besseres gefunden. Das soll uns nur recht sein. Im Laufe des Schuljahrs werden sich diese Plätze ohnehin schnell füllen, das kennen wir schon. Es gibt immer Schüler, die zuziehen oder aus anderen Gründen die Schule wechseln.

Aber dann merkten wir – unsere Bad Company fehlte! Hä, was das?

Sie fehlten, weil sie in den Projektschulen aufgenommen worden sind. Turgut und Ali. Ja, ist es denn zu glauben?!

Natürlich besteht die Gefahr, dass die Herrschaften die dreimonatige Probezeit an der neuen Schule nicht bestehen und zu uns zurückkehren – aber hoffen darf man ja, oder? Bis zum November haben wir jedenfalls erst mal ein bisschen Frieden. Schultage ohne Turgut zum Beispiel, der jeden Unterricht torpedierte, indem er lauthals Tierstimmen nachmachte oder auf die Tische trommelte. Auch Ali weine ich ehrlich gesagt keine Träne nach, der hatte uns den Laden mit seiner Aggressivität (hier ein Nackenklatscher, dort ein Tritt) auch bloß nur aufgemischt. Sogar der zaghafte Gedanke an eine Klassenfahrt keimt auf.

Vielleicht bekommen wir jetzt doch langsam die Kurve mit dieser Klasse.

MICHAEL

Der erste Tag an meiner neuen Schule. In Kunst hatte ich gleich eine Gruppe aus dem neunten Jahrgang, die darauf erpicht zu sein schien, mit aller Gewalt auszuprobieren, ob und wo ich Grenzen ziehen würde.

Nur ein Schüler, Michael – ich wusste von seinem Klassenlehrer, dass er schwerkrank und nur selten anwesend war –, verhielt sich anders. Sehr schmal und blass, fast durchsichtig, saß er ruhig zwischen all den Rüpeln.

Wir arbeiteten mit Tusche, aber die meisten Tuschegläschen waren fast leer. Das Nachfüllen gestaltete sich ziemlich schwierig, da ich nur eine riesige Nachfüllflasche fand, mit der man schlecht hantieren konnte.

Während ich ungeschickt herumjonglierte und höllisch auf-

passte, um nichts zu verkleckern, sprangen plötzlich die beiden Schüler rechts und links neben mir auf. «Schwul, du bist schwul, du bist ein schwuler Rasenmäher!», höhnte der eine.

«Halt's Maul!», schrie der andere und duckte sich, denn eine Faust sauste auf ihn zu. Sie traf ausgerechnet mich, genauer gesagt meine Hand mit der Flasche. Die Tuscheflasche wackelte bedenklich, ich versuchte noch verzweifelt, sie zu halten, doch sie flutschte mir durch die Finger, schlug hart auf der Tischkante auf und ergoss sich wie in Zeitlupe auf den Fußboden.

Eine riesige lackschwarze Pfütze glänzte auf dem Boden.

Ich weiß nicht, wieso, aber Tusche lässt sich nicht aufputzen. Sie wird immer mehr, statt weniger, und so lag ich den Rest der Stunde auf den Knien und wischte und wischte. Zuerst halfen zwei Jungen, aber ich schickte sie weg. Sie machten alles nur noch schlimmer. Zwischendurch bemühte ich mich, die Gruppe halbwegs in Schach zu halten.

Schlechter konnte man an einer neuen Schule gar nicht anfangen. Ich hätte heulen können – und verfluchte mich. Wäre ich doch an meiner lieben alten Gesamtschule-Süd geblieben! Da kannten mich die Schüler, da hatte ich ein Standing, und außerdem hätten wir niemals so eine unpraktische Flasche gekauft. (Wir hatten sowieso meistens gar keine Tusche da.)

Es klingelte. Die Schüler verschwanden wie die geölten Blitze, und ich starrte trübselig den großen schwärzlichen Fleck auf dem grauen PVC-Boden an. Ein ewiges Andenken an diese erste vergurkte Stunde. Als ich hochschaute, stand Michael vor mir. Er sah mich ernst an.

«Komm, lass uns rausgehen», sagte ich und rang um Fassung. Bloß jetzt nicht losheulen!

Er berührte mich leicht an der Schulter und sagte leise: «Machen Sie sich nichts draus, Frl. Krise. Sie sind eine gute Lehrerin!»

Danke, Michael! Das hat mir in diesem Moment sehr geholfen. Er starb wenige Monate später.

VOLL LANGWEILIG

Heute war eine Berufsberaterin in meiner Klasse, um sich vorzustellen und den Prozess der Berufssuche anzubahnen; aber
das interessierte die Damen und Herren wenig. Man nahm
lediglich hocherfreut zur Kenntnis, dass die Bio-Stunde bei
Krise ausfiel – und konstatierte schon nach wenigen Minuten,
dass das, was da vor ihnen stand, offensichtlich keine Lehrerin
war.

«Kann sich nicht durchsetzen», sagt Gülten fachmännisch.

Das Thema Berufsfindung ist mit fünfzehn Jahren überhaupt eine Zumutung und gähnend langweilig, ich schwör's.
Entweder weiß man, was man später machen will, oder man
weiß es nicht. Punkt. Diejenigen, die keinen Berufswunsch haben, sind sich aber nur in den allerseltensten Fällen bewusst,
dass man ohne Schulabschluss nicht Pilot, Anwalt oder Kfz
werden kann.

Erkan, frisch sitzengeblieben und nach wie vor völlig verpeilt, will «Artz» werden, also Frauenarzt. Hahaha. Schon klar.
Mustafa faselt was von Kaufmann für irgendwas mit Kommu-
nion, und Nesrin macht gleich ihren eigenen Friseursalon auf,
zum Glück braucht man keine Ausbildung für so was. Denkt
sie. Da kann sie sich dann mit Rahim zusammentun, der will
Koch werden, aber auch ohne Ausbildung, so 'nen Schnulli
macht man nicht als Chef.

Aynur marschiert stramm in Richtung Oberstufe, jedenfalls
mental; das Abitur wird sich schon irgendwie einstellen. Und
Jenny? Die hat zurzeit ganz andere Sorgen, die ist seit einigen
Wochen in einen jungen, hoffnungsvollen Mann namens Dus-
tin verliebt und hat zum Denken keinerlei Kapazitäten frei. Ich
hoffe aber, sie denkt an die Pille, sonst ist es mit der Ausbildung
vorbei, bevor sie losgehen kann.

Diejenigen, die noch keinen gutfundierten Plan haben,
zucken verzweifelt mit den Achseln. Die Berufsberaterin fragt
nach:

«Ja, was würdest du denn gerne werden?»

«Keine Ahnung.» (Azzize)

«Was macht dir denn Spaß?»

«Chillen.» (Sam)

«Und was kannst du gut?»

«Nix!» (Mustafa)

«Hast du für irgendwas Interesse?»

«Nö!» (Hanna)

«Und wenn du dir einen Traumberuf aussuchen könntest, egal was?»

«Zuhälter.» (Fuat)

«Ja, toll, dann vergiss nicht, noch nebenher Drogen zu verkaufen», entfährt es mir.

Spinnen die komplett?

Die Berufsberaterin seufzt. Sie ist das gewohnt, sagt sie. Immer dasselbe, sagt sie. Vielleicht wirkt sie deshalb so lustlos. Ich wusste mit fünfzehn allerdings auch noch nicht, was ich werden wollte.

Als ich mit dem Fahrrad nach Hause strampele, überlege ich: Vielleicht sollte ich umschulen? Manchmal habe ich keine Lust mehr. Vielleicht mach ich eine Kneipe für trockene Alkoholiker auf, das wäre doch eine echte Marktlücke. Saufende Lehrer gibt's bestimmt viele, und wenn die dann trockengelegt sind und in mein Lokal kommen, können die mir immer schön alles von der Schule erzählen …

WENN TRÄUME WAHR WERDEN

Träumen heute unsere Mädchen von den voll süßen heiratsfähigen «Kusengs» aus dem Libanon oder der Türkei, war in den Siebzigern für viele Mädchen die Hochzeit mit einem amerikanischen GI das Ziel aller Wünsche. In unserer Stadt in Hessen gab es nämlich bis weit in die neunziger Jahre eine große ameri-

kanische Garnison mit allem, was dazugehörte – Diskotheken, Läden, Kino, Schule usw. Als Deutscher hatte man natürlich zu diesen Herrlichkeiten keinen Zutritt, außer man arbeitete dort.

Aber unsere Schülerinnen hatten den Bogen raus. Sie angelten sich einen GI, gaben fürderhin mit billigen Zigaretten und Whiskey aus dem PX an, dem amerikanischen Supermarkt für die Streitkräfte, und setzten alles daran, sich so schnell wie möglich mit ihrem Boyfriend ins gelobte Land abzusetzen – glühend beneidet von all jenen, denen das noch nicht geglückt war.

84   Der Weg war dann leider mehr oder weniger vorgezeichnet. Einige Jahre später kamen sie zurück, gezeichnet vom harten Leben in einer Wohnwagensiedlung oder einem verlassenen Kaff in den Weiten der USA, mit mehreren kleinen Kindern im Schlepptau. Ich erinnere mich an Sylvia, die sich aus Heimweh nach der Geburt jedes Kindes von ihren Eltern den Flug nach Deutschland finanzieren ließ. Aber nach kurzer Zeit hielt sie es bei den Eltern nicht mehr aus und entfloh in die Staaten. Erst nach dem dritten Kind blieb sie für immer in Deutschland, desillusioniert. Oder ihre Freundin Gloria. Sie kehrte mit zwei Kindern und ohne Zähne wieder. An ihre große Zeit in Amerika erinnerten nur noch die Namen ihrer Töchter: Samantha Sue und Abigail Tiffany.

Alle diese jungen Frauen beklagten sich über harte Lebensbedingungen, einen verständnislosen und / oder arbeitsscheuen Ehemann und seine ablehnende Familie. Aber das konnte die nachwachsenden Generationen nicht davon abhalten, sich weiterhin in Amis ohne Berufsausbildung zu verlieben, sie zu ehelichen, ihnen ins gelobte Land zu folgen, dort Kinder zu gebären und in beklagenswertem Zustand zurückzukommen.

Natürlich versuchten wir ihnen abzuraten, aber erzähle einmal einer verliebten Siebzehnjährigen etwas über das Leben!

DASS ICH DAS NOCH ERLEBEN DARF!

G-e-l-o-b-t!

Gelobt, gelobt, gelobt!

Jawoll!

Nach zwei langen, harten Jahren, in denen alle Kollegen nur kopfschüttelnd von meiner Klasse sprachen, wurde sie heute gelobt. Zuerst kam in der großen Pause die Sportlehrerin, Frau Fichte, die letztes Schuljahr schon alles hinschmeißen wollte, auf mich zu und sagte: «Du, Frl. Krise … (Ich zuckte schon weg) … das war heute eine richtig schöne Sportstunde bei deinen.» Ich glotzte sie verdattert an, doch sie fuhr fort: «Alle haben super mitgemacht, außer Jenny, die hatte angeblich Lungenentzündung, und Nesrin und Necla. Aber alle anderen – einwandfrei.» Sie lächelte mich an, biss zufrieden in ihre Vollkornstulle und ging weiter.

Ich war echt gebügelt. Ich konnte mich gar nicht freuen vor Schreck. Normalerweise höre ich nämlich in der großen Pause immer nur Sätze wie diese: «Ein guter Tag! Mein Unterricht bei deinen fällt aus! Muss zum Zahnarzt, Gott sei Dank. Wurzelbehandlung.» Oder so etwas: «Ich geh sofort zur Schulleitung. Deine Klasse! Das lasse ich mir keine Sekunde länger bieten!» Manchmal fragte man mich auch: «Was ist bloß mit deinen los? Bekommst du die gar nicht mehr in den Griff?»

Dann das nächste Lob nach der fünften Stunde: Ich kam gerade aus dem Kunstsaal und trudelte gemeinsam mit dem Erdkundelehrer Herrn Kröner die Treppe runter. Er klopfte mir leicht auf die Schulter und sagte irgendwie anerkennend: «Mensch, Krise, ich hatte gerade eine ganz normale Erdkundestunde in deiner Klasse. Zum ersten Mal! Na ja, fast ganz normal …»

«Ehrlich jetzt?» Ich kriegte schon wieder das große Staunen.

«Ja, wirklich, man konnte direkt mit ihnen arbeiten.»

Ich gebe zu, es ging mir runter wie Honig, Öl und Schmelzkäse gleichzeitig. Beschwingt schwebte ich in der achten Stunde in meine Klasse, ich wollte sie loben, loben, loben und soooo nett sein wie noch nie.

Ach, was soll ich sagen – dazu kam es leider nicht.

Meine Superklasse hatte sich bei den beiden Kollegen wohl so verausgabt, dass für mich bloß noch das übliche Rambazamba übrig blieb.

Aber beim Rausgehen sagte Nesrin ungewohnt liebevoll zu mir: «Tschüssi, meine Süße!» Und Jenny warf mir eine Kusshand zu.

Hallo?

AYNUR UND HERR SARRAZIN

Aynur ist ein kluges Mädchen. Sie ist ja auch schon fünfzehn und liest ab und zu die Zeitung. Sie bildet sich ihre Meinung zwar nicht gerade mit der *Süddeutschen* oder der *Zeit*, aber immerhin.

«Aynur, hast du mitbekommen, was der Herr Sarrazin in den letzten Tagen zum Thema Integration gesagt hat? Es stand davon ganz viel in der Zeitung», frage ich sie während der Hofpause.

«Was Sarrazin?», mischt sich Necla ein. Sie sucht ein bisschen Anschluss bei Aynur, aber die ist an «voll Professor» nicht interessiert.

«Halt's M…, Spast», schnauzt Aynur, «liest du Zeitung, oder was?»

«Niemals», flötet Necla und trollte sich.

«Ich weiß nicht», fährt Aynur fort. «Von was hat der was gesagt?»

«Integration, über Integration hat er was gesagt.»

«Was das, Integration?» Aynur steht auf der Leitung. Dann hellt sich ihr Gesicht auf:

«Meinen Sie so was mit Behinderte? Mit I-Kinder?»

I-Kinder, also Integrationskinder, sind für sie zum Beispiel geistig behinderte Kinder. In manchen Klassen haben wir welche. «Nein», sage ich und wundere mich. Kann es sein, dass sie noch gar nichts davon gehört hat? Auch nicht zu Hause? «Es geht um die Integration in die deutsche Gesellschaft von Leuten, die türkischer oder arabischer Herkunft sind, du weißt schon, Migranten.»

«Ach so.» Aynur guckt leicht kariert. «Was soll sein mit denen?»

«Du hast also nichts über den Herrn Sarrazin gelesen oder ihn im Fernsehen gesehen?»

Aynur schüttelt unwillig den Kopf. «Nein, interessiert mich nicht, so was.»

«Aber du hast auch türkische Wurzeln!»

«Ja, ich bin Türkin», bestätigt Aynur.

«Und du hast einen deutschen Pass», erinnere ich sie.

«Ja, schon …» Aynur findet, dass das Gespräch eine für sie ungünstige Wendung nimmt; man sieht es ihr an.

«Was ist denn mit den Mann, Sarzin, oder wie der heißt?» Sie versucht mich auf die Ausgangsfrage zurückzulenken.

Hätte ich bloß nichts gesagt! In den fünf Minuten bis zum Klingeln würde ich es zwar noch mühelos schaffen, Aynur mit Sarrazins Äußerungen auf die Palme zu bringen, könnte dann aber nichts mehr zurechtrücken. Mist.

«Ach, es klingelt ja gleich», sage ich feige. «Wir haben doch Montag Klassenarbeitsstunde, da können wir uns weiter darüber unterhalten. Kannst bis dahin ja mal Nachrichten gucken.»

«Okay.» Aynur nickt. Dann fragt sie plötzlich: «Oder meinen Sie, was der eine gesagt hat, dass Türken dümmer sind?» Jetzt nicke ich, etwas beklommen.

«Ach.» Aynur ist großzügig. «Woher soll der das überhaupt wissen? Ist der Lehrer, oder was?»

«Nein, der arbeitet bei einer Bank, glaube ich.»

«Na ja.» Aynur schüttelt den Kopf. «Dann weiß der das

nicht. Bei uns sind doch die Deutschen am schlechtesten. Also, Jenny und Hanna, mein ich.»

Wo sie recht hat, hat sie recht.

Aynur lächelt zufrieden, beißt in ihr Fladenbrot und trollt sich.

VON KÜSSEN UND KUCHEN

Ja, Herr Sarrazin, Integration war das heute nicht gerade … Zuckerfest, das Fest zum Ende des Ramadans, spaltete unsere Schülerschaft. Die muslimische Belegschaft hatte frei, und die anderen hatten Unterricht. In meiner Klasse saßen nur Jenny und Hanna, beide müde und beide extrem schlecht gelaunt.

«Weihnachten und Ostern haben doch auch alle frei! Voll gemein!» So oder ähnlich klang es aus dem Mund sämtlicher nichtmuslimischer Schüler, die an diesem Dienstag entweder in kleinsten Grüppchen ziemlich locker unterrichtet wurden oder lustlos mit einer Überzahl Lehrer in bildungstechnischer Absicht durch den Kiez und den Regen latschten.

In der Schule war es gespenstisch still, nur im Lehrerzimmer war es rappelvoll. Herrlich! Aber alle waren sich einig: Jeden Tag wäre das nix. Eine Schule ohne Schüler ist wie ein Schwimmbad ohne Wasser.

Mittags, als ich nach Hause gehe (ja, schon mittags), hocken Ömür und Emre vor der Schule auf der Steinumfassung eines Baumes im kühlen Dauerregen und gucken trübe vor sich hin.

«Raus mit euch, auf die Straße», hatten ihre Mütter bestimmt gesagt, und da saßen sie nun. Obdachlos. Die Schule bot ihnen heute kein Asyl.

«Was das?», frage ich im Vorübergehen. «Geht das Zuckerfest feiern, Jungs! Das Ende der Fastenzeit!»

Die Jungs brummen etwas Unverständliches.

«Habt ihr schon Hände geküsst?», frage ich weiter.

«Ja, ham schon Geld bekommen», antwortet Ömür mürrisch, und Emre murmelt: «Wir gehen noch weiter zu Onkels und so.»

Das Händeküssen der verehrten älteren Verwandtschaft wird mit Geld versüßt – aber es scheint nicht sonderlich beliebt zu sein. Die Mädchen gruselten sich jedenfalls schon gestern davor. Aber das schöne Geld! Da überwindet man sich doch letzten Endes, gibt sich einen Ruck und küsst, was das Zeug hält. Morgen werden sie dann stolz vorweisen, was sie abkassiert haben – falls sie morgen in die Schule kommen. Schließlich dauert das Fest eigentlich drei Tage, und der Freitag bietet sich doch nun wirklich als so eine Art Brückentag an …

So, und ich trinke jetzt gleich eine schöne Tasse Kaffee und esse mindestens zwei Stück Kuchen, denke ich, als ich mich auf mein Rad schwinge, schließlich ist Zuckerfest!

Mir soll keiner vorwerfen, ich würde nicht an der Integration arbeiten.

DIE VERWANDLUNG

Ich glaube, ich bin eine gespaltene Persönlichkeit.

Miss Jekyll and Miss Hyde.

Am Wochenende bin ich Miss Jekyll.

Ich bin den ganzen Tag ausgeglichen und gut gelaunt. Ich spreche durchgehend in normaler Lautstärke und schreie nie, schon gar nicht schreie ich jemanden an. Schimpfen? Ganz selten. Ich rege mich auch nie auf. Höchstens wenn ich etwas vermisse, zum Beispiel meine Scheckkarte. Aber da regt sich ja wohl jeder auf.

Ich spreche mit allen in ganz vernünftigem Deutsch, mit Artikeln und so. Und mit etlichen Fremdwörtern.

Ich verbiete niemandem etwas! Jeder, der mit mir zu tun hat, darf essen und trinken, wann er will, meinetwegen kann er / sie auch Kaugummi kauen und damit so dicke, fette Blasen machen, wie es nur geht.

Ich habe gar nichts dagegen einzuwenden, wenn meine Gesprächspartner ohne Vorwarnung aufs Klo gehen, sollte es ihnen gerade danach sein, und dort so lange bleiben, wie es ihnen gefällt. Von mir aus darf jeder jede Kopfbedeckung auf sein Haupt setzen, selbst karierte Käppis. Auch drinnen. Da bin ich total tolerant.

Meine Handy verschimmelt am Wochenende irgendwo in einer Handtasche, ich trage es nur ganz selten in der Hosentasche. Auch fuchtele ich nicht unqualifiziert damit herum und drohe gleich, die Polizei oder die Eltern anzurufen. Niemand kommt in Gefahr, von mir eines Besseren belehrt zu werden (okay, mein Männe sieht das vielleicht etwas anders), und niemand muss befürchten, von mir benotet zu werden. Überhaupt mische ich mich nicht ungefragt in das Leben fremder Menschen ein.

Nein, ich bin einfach ich, eine nette, normale Miss Jekyll.

Aber dann, in der Nacht zum Montag, irgendwann zwischen drei und sechs, wenn der Mondschein auf mein Bett fällt, findet die unheimliche Verwandlung statt:

Aus Miss Jekyll wird Miss Hyde. Irgendwie unheimlich, oder?

HÖCHSTSTRAFE

Schafft mir *den* herbei, der die Wandertage erfunden hat! Er soll das nächste Mal mit unserer Klasse gehen, damit er begreift, was er mit seinem Gewandere angerichtet hat, dieser Reformpädagoge.

Wurde meine Klasse nicht neulich gelobt? Hatte ich nicht leichte euphorische Anwandlungen nach den letzten Sommerferien? Leute, vergesst das alles! Aber ich möchte nicht die ganze traurige Chronologie dieses Tages aufblättern. Nur ein paar kleine erschöpfte Bemerkungen.

Lautstärke: Die Schüler und Schülerinnen meiner Klasse haben die sympathische Eigenschaft, jede Lebensäußerung in grenzwertig lauten Krach umzuwandeln. Es wird grundsätzlich nicht gesprochen, sondern geschrien, und man klopft nicht an Türen, sondern wummert daran. Bei einem Ausflug ist das praktisch – solange sich der Lehrkörper im Auge des Lärms befindet, weiß er, allen geht es gut.

Fremde Menschen sehen das nicht so entspannt. Sie versuchen dann, zum Beispiel im Bus, sich bei mir zu beschweren. Aber ich verstehe sie zum Glück nicht – viel zu laut.

Ampeln: Vom Verkehr und seinen Regeln machen unsere Schüler wenig Aufhebens. Sie ignorieren ihn einfach. Bei Rot marschieren sie über die Straße, bleiben mitten auf der Fahrbahn stehen, diskutieren die Tiefe der Pfützen und den besten Weg, sie zu umgehen, tippeln mit ihren Ballerinas unentschlossen hin und her und regen sich dann mörderisch auf und fahren den dicken Finger raus, wenn vorbeibretternde Autos sie nass spritzen. (Yepp!) Entgegenkommende ältere Damen werden umgerannt, und wenn die sich mühsam wieder aufrappeln, wird ihnen noch ein empörtes «Hallo? Geht's noch?» nachgebrüllt.

Hunger und Durst: Wenn einen Schüler die Lust auf eine Cola, ein Brötchen oder einen Döner überkommt, bleibt er sofort an Ort und Stelle stehen, um das Begehrte käuflich zu erwerben. Heute verloren wir auf dem Rückweg sieben Bagaluten bei Kaiser's. Sie hatten sich – ohne Abmeldung, versteht sich – dorthin zurückgezogen, um eine Flasche Schaumwein zu erstehen. Wir anderen standen unterdessen im strömenden Regen an der Haltestelle und warteten und warteten und warteten. «Selbst schuld, hättet ja fahren können!»

Spielplätze: Diese werden vom neunten Schuljahr gern angenommen. Am schönsten sind die Karussells, die man immer so mit einem Rad in der Mitte dreht. Es kotzt sich so gut danach …

Der Rucksack ruft

Daniel hopste aus seinem Gondelsitz und zeigte unbestimmt auf den Berg. «Da oben», sagte er sinnend, «da liegt mein Rucksack. Der ist mir gerade runtergefallen, auf halber Höhe. Da oben.» Meine Kollegin und ich guckten uns an. Typisch Daniel! Nichts als Ärger hatte man mit dem Kerl.

«Ich klettere mal flott hoch und hol mir den.» Daniel setzte sich auch schon in Bewegung.

«Auf keinen Fall!», riefen meine Kollegin Edda und ich aus einem Munde, und Daniel blieb widerstrebend stehen.

«Aber da ist alles von mir drin», jammerte er. «Echt alles! Ich brauch den Rucksack!»

«Alles» war damals nicht allzu viel, vielleicht das Portemonnaie und die Busfahrkarte – Handys und Gameboys oder iPhones gab es in den frühen Achtzigern noch nicht.

«Lassen S' den Bub doch», mischte sich der junge Mann ein, der die Seilbahn bediente. «Der Hang ist net steil, der hat nur arg viel Brennnessel! Was sin mer gekraxelt in dem Alter.»

Wir waren unschlüssig, Daniel war eine Stadtpflanze, verweichlicht, weinerlich und hochgradig verpeilt. Ich hatte nicht die geringste Lust, wegen seiner Schusseligkeit ins Kittchen zu wandern.

«Fahren S' doch noch mal zusammen hoch mit dem Bub und gleich wieder runter und gucken S' genau, wo der liegt, der Rucksack!» Dieser Mensch von Seilbahnbediensteter ging mir auf die Nerven. Jetzt versuchte er auch noch mit Edda anzubandeln und spendierte ihr eine Zigarette.

Daniel und ich durften also noch ein weiteres Mal umsonst rauf- und wieder runterfahren – zum Missfallen der ganzen Klasse. Und obwohl ich kurzsichtig in die Tiefe starrte und Daniel «Da! Da! Da liegt er, ich hab's genau gesehen!» schrie, konnte ich nichts außer Brennnesseln und ein bisschen Müll entdecken.

Unten angekommen, wurde Daniel von uns mit guten Ratschlägen überschüttet, dann kraxelte er los. Der Hang ist nicht *gefährlich, redete ich mir ein, und Brennnessel sind sehr gut gegen Rheuma. Besonders wenn man kurze Hosen anhat. Ich nahm mir schon mal vor, alle Schuld auf den Seilbahnmann zu schieben und, falls wir doch verurteilt würden, eine Doppelzelle zu beantragen. Dann wäre es unterhaltsamer im Knast, also für Edda und mich.*

Daniel befand sich schließlich auf halber Höhe und kletterte ein bisschen unentschlossen hin und her. Nach einer Weile schrie er auf und hielt etwas Rotes in der Hand. Gott sei Dank!

Schnell war er wieder unten. «Aua, aua», jammerte er, «die *scheiß Brennnesseln!»*

«Daran kann ich jetzt auch nichts ändern», sagte ich kühl. «Nächstes Mal hältst du deine Sachen besser fest. Und im Übrigen ist unser Bus weg. Wegen deiner Aktion dürfen wir eine Stunde auf den nächsten warten.»

Daniel machte schmale Augen. Er legte den Kopf in den Nacken, fixierte mich und sagte leise: «Wissen Sie was, Frl. Krise? Sie haben ganz schön Ihre Aufsichtspflicht verletzt. Eigentlich hätten Sie mich da nicht hochklettern lassen dürfen. Wenn ich das meinem Vater erzähle, kriegen Sie Ärger. Sie wissen ja, der ist Anwalt.»

Ich frage mich noch heute, was mich damals davon abgehalten hat, noch einmal mit der Seilbahn hochzufahren und den Rucksack abzuwerfen. Aber diesmal ganz oben.

Wahrscheinlich nur die Tatsache, dass sein Vater wirklich Anwalt war.

WHISKEY

Gut, dass ich so vergnügungssüchtig bin, denn heute wartet ein aufregender Event auf uns: Eine Fotografin wird erscheinen, um Klassenfotos zu machen. (Wir Lehrer nennen diese Aufnahmen gern «Fahndungsfotos», weil sie oft herangezogen werden, wenn es darum geht, einen Verdächtigen zu identifizieren.)

In der ersten Stunde muss sich Erkan übergeben, und Emre hustet gotterbärmlich. Sie sehen krank und schlecht aus, und ich biete beiden an, nach Hause zu gehen, um sich auszukurieren. Aber zu meiner Verwunderung lehnen sie dieses geradezu einmalige und über die Maßen großzügige Angebot ab.

«Abo, Frl. Krise! Die Fotografin kommt doch!», sagt Emre empört.

Ach! Hatte ich mir etwa kurzfristig eingebildet, sie wollten unter keinen Umständen meinen vorzüglichen Deutschunterricht versäumen?

Vor unserem Shooting müssen wir übertrieben lange vor der Aulatür warten, bis eine andere Klasse fertig ist. Diese Zeit nutzen unsere Mädels, um sich rasch noch fettere rosarote Flecken auf die Wangen zu klecksen, das Lipgloss in weiteren dicken Schichten auf die Lippen zu kleistern und sich gegenseitig mit geübter Hand die Haare so zu verwuscheln, bis sie aussehen wie die Frisuren neurotischer Pudel. Die Jungen halten sich dagegen vorbildlich zurück: Sie tuschen einzig ein wenig Mascara auf die Wimpern und fahren sich mit dem feuchten Zeigefinger über die gezupften Augenbrauen. Und sie betasten immer wieder ihre betonartigen Haare (es ist schon erstaunlich, was die moderne Chemie da leistet), um sich zu vergewissern, dass sich ja kein Härchen selbständig gemacht hat. Das Ganze natürlich unter voll hysterischem Geschrei! Vallah, ich komme mir vor wie bei *Germanys Next Topmodel*, und würde im nächsten Moment Heidi Klum um die Ecke marschieren, würde ich mich kein bisschen wundern und glatt mitkreischen.

Dann dürfen wir endlich in die Aula. Die Fotografin stellt uns fix in drei Reihen auf – man merkt, dass sie's draufhat, große Gruppen zu arrangieren. Ich soll neben Erkan stehen, der plötzlich oben herum bloß noch sein Unterhemd trägt. Er findet das männlich – und ich etwas peinlich.

Die Mädchen lächeln betörend, die Jungen präsentieren sich cool und gangstamäßig, und Karl und ich gucken wie immer leicht kariert. Dann sagen wir wie verlangt alle brav «Whiskey». «Cheese» scheint aus der Mode gekommen zu sein.

So, jetzt die Einzelfotos. Das dauert, die Mittagspause verrinnt ...

Ich liebe diese Porträts. Es ist so lustig zu sehen, wie sich die Schüler verändern – die ganze Schulzeit wird in den jährlichen Bildern wie im Zeitraffer festgehalten. Und wie hübsch und vital sie alle auf den Fotos aussehen! Ihnen scheinen die Hormone aus jeder Pore ihrer prallen Haut zu dringen. Letztes Jahr war ich echt ein bisschen erschrocken, wie sexy die Mädchen wirkten.

Am Ende des Shootings stellt die Fotografin die Frage, auf die ich jedes Jahr mit einem festen Nein antworte: «Möchten Sie sich auch einzeln fotografieren lassen, Frl. Krise?»

Niemals. Ich werde doch nicht meinen galoppierenden Verfall dokumentieren!

ÖMÜR BLICKT DURCH

Ömür, ach, ohne meinen Ömür würde ich meine Klasse auf den Mond schießen. Aber Ömür reißt alles raus. Und Emre natürlich, die beiden sind echt süß! Obwohl sie so verschieden aussehen, sind sie wie siamesische Zwillinge. Sie machen alles gemeinsam. Sie sitzen nebeneinander, sie arbeiten zusammen, ja, sie wohnen sogar in einem Haus.

In der Klassenarbeitsstunde unterhalten wir uns. Emre hat gehört, dass ein Mann auf ein U-Bahn-Gleis gestürzt sei und sich dabei tödlich an einer Stromleitung verletzt habe. Solche Unfälle entzünden die Phantasie meiner Schüler aufs schönste, und alle schreien begeistert durcheinander. Fuat behauptet, die

U-Bahn führe nicht mit Strom. Wie jetzt? Vielleicht mit Benzin oder Koks?

Ich versuche mich zu erinnern, ob der Strom unten im Gleisbett (nennt man das so?) herumliegt oder mehr an der Wand, aber dummerweise weiß ich es auch nicht so genau.

Ömür klärt uns auf: «Da ist nur ganz bisschen Strom in der Schiene», sagt er wichtig.

«Woher weißt du das?», frage ich beeindruckt und erwarte schon die Antwort «Von *Galileo*».

Aber nein, Ömür hat einen Selbstversuch gemacht. «Ich war U-Bahn», sagt er, «und bevor U-Bahn kam, hab ich auf die Gleise gespuckt. Aber Spucke hat gar nicht gebruzzelt!»

Ömürs berufliche Zukunft ist vorgezeichnet. Er will Polizist werden, erzählt er. Aber er ist klein und dick. Wenn er rennt, bekommt er sofort Seitenstechen und heiße Füße.

«Du bist doch ziemlich unsportlich», stelle ich fest. «Das wird ja schwierig, wenn du hinter einem Verbrecher herlaufen musst.»

«Das macht Emre.» Ömür grinst. «Der wird ja auch Polizei. Wir fahren zusammen Polizeiauto. Emre rennt, und ich schreibe auf.»

Solche Pläne sind doch hundertmal besser als das, was Erkan in diesem Zusammenhang von sich gibt: «Ich mache mich selbstverständlich und werde Routenplaner.»

Wir alle: «??????»

Durch längeres Befragen kam schließlich heraus, dass er selbständiger Architekt werden will.

Wenn Ömür nur nicht so schusselig wäre. Muss man bei der Polizei nicht ein gutes Gedächtnis haben? Er wird bestimmt immer vergessen, wen er gerade verhaften wollte, und lieber gemütlich einen Döner essen gehen.

Neulich, als er mal wieder nur die Hälfte seiner Sachen dabeihatte, meinte ich betont milde: «Hör mal, Ömür, hast du Alzheimer?»

«Nee», sagte Ömür erstaunt. «Ich bin bei O two.»

UNKRAUT VERGEHT NICHT

Bislang habe ich einen geradezu verdächtig ruhigen Schultag, weil ich in zwei Klassen Deutscharbeiten schreiben ließ. Ausgeruht beginne ich den Nachmittagsunterricht, und auch wenn es hoch hergeht im Ethikunterricht (Thema: Partnersuche), so denke ich doch, als ich meinen Klassenraum verlasse und elastisch die Treppe runterhüpfe: Och, das ging ja mal alles glatt heute – war direkt erholsam.

Eine Kollegin spricht mich im ersten Stock an, um mir mitzuteilen, dass falsche Deutschbücher geliefert worden seien und dass …

Haaaaaaatschiiiii!

Was wir jetzt mit den Büchern machen werden, verstehe ich nicht, weil ich tierisch niesen muss. Und noch mal und noch mal und noch mal; es hört gar nicht mehr auf.

«Bist du erkältet, oder hast du eine Allergie?», fragt die Kollegin.

Ich schüttele wild den Kopf.

Hatschiiiii! Hatschiiiii! Haaaatschiiiii! Antworten kann ich nicht.

Das Geniese lässt sich nicht abstellen, und ich lasse die Kollegin einfach stehen und flitze die Treppe runter, um in die Nähe eines Taschentuchs zu kommen.

Vor dem Lehrerzimmer stehen mehrere hustende Schüler, eine naseputzende Reinigungsfrau und ein weinender Hausmeister. Ich stürze ins Lehrerzimmer. Am offenen Fenster hängen röchelnd und schniefend Karl sowie Frau Herz.

«Was ist – Haaaatschiiiii – das?», frage ich, und Frau Herz erwidert mit Grabesstimme: «Kampfgas!»

«Na ja, wird wohl kein Massenvernichtungsmittel sein. Irgend so ein Spacko wird CS-Gas gesprüht haben», meint Karl und putzt sich schwungvoll die Nase.

Wir husten noch gemeinsam ein Weilchen, und plötzlich fällt mir das Buch *Untergrundkrieg* des japanischen Schriftstellers Haruki Murakami ein. So ähnlich war das damals in Tokio, denke ich, bei den Anschlägen in der U-Bahn, bloß dass hinterher alle tot waren. Manchmal habe ich einen Hang zur Hysterie … Mir ist ein bisschen komisch zumute, aber ich sage vorsichtshalber nichts, sondern beschließe, sofort nach Hause zu fahren. Nur raus aus der Gefahrenzone.

Gerade habe ich mir einen schönen Kaffee gemacht. Für einen Moment werde ich mich mit der Zeitung auf die Couch legen; ich habe Kopfschmerzen, und meine Augen tränen. Und um kurz nach sechs Uhr muss ich wieder los.

Zurück in die Schule.

Elternabend.

Was die Eltern wohl sagen würden, wenn ich mit einer Gasmaske käme?

Eltern sind auch nur Menschen

Die Eltern der Schüler meiner ersten Klassen – ob die mich richtig ernst nahmen? In Gesprächen mit ihnen hatte ich, und das sollte auch noch eine Weile so bleiben, das Gefühl, ich «spielte» Lehrerin. Und auf den Elternabenden fühlte ich mich wie eine Hochstaplerin.

Zum Glück hatte mich Frau Horn auch für diese Gelegenheiten mit einer Weisheit ausgestattet: «Wenn sie dir blöd kommen, Frl. Krise, also die Eltern, dann sagst du ‹Glauben Sie Ihren Kindern nicht alles, was die Ihnen über mich sagen! Ich glaube den Kindern auch nicht alles, was sie über Sie erzählen!›»

Mit diesem weisen Satz im Gepäck überstand ich alle folgenden Elternabende. Ich habe mich übrigens nie getraut, ihn anzuwenden.

Nach so vielen Jahren Schuldienst wage ich zu behaupten: Die Eltern lassen sich in wenige Kategorien einteilen:

Die der leistungsstarken Schüler erscheinen regelmäßig, so-

gar uneingeladen. Sie wollen sich ein Lob abholen, das man ihnen auch gern spendet. Sie engagieren sich für die Schule und die Klasse und nerven nur wenig, weil sie glauben, sie hätten – im Gegensatz zu uns Lehrern – pädagogische Rezepte, mit denen sie aus allen unseren Schülern im Handumdrehen Vorzeigekinder machen könnten, wie es ihre eigenen sind.

Die Eltern der «normalen» Kinder begleitet man mehr oder weniger hilfreich bei der aufregenden Achterbahnfahrt durch die Pubertät. Man berät sich, auch telefonisch, bittet sich gegenseitig um Hilfe und teilt Krisen und Erfolge. Im Großen und Ganzen ist man miteinander zufrieden und freut sich gemeinsam, wenn's halbwegs glimpflich vorüber ist.

Die schwierigen Schüler haben oft auch schwierige Eltern. (Nicht immer. Manchmal sind die Eltern auch ganz reizend, und man fragt sich, ob sie etwas in einem früheren Leben verbrochen haben.) In der Regel lässt sich bei den schwierigen Eltern folgende Choreographie beobachten:

Zu Beginn kommen sie und schimpfen auf die vorherige Schule und den alten Klassenlehrer, der ihr armes Kind nicht leiden konnte. Sie sind von dem neuen Lehrer begeistert und beteuern, niemals wäre Sohn / Tochter so begeistert in die Schule gegangen wie gerade jetzt nach dem Schulwechsel. Mit diesen Aussagen können sie aber nur die Lehrer-Anfänger blenden, die alten Hasen wittern gleich Ungemach. Und so ist es auch: Das Kind entfaltet langsam alle möglichen Untugenden, die Eltern jedoch lassen sich nicht mehr blicken. Manchmal über Jahre …

Dann haben sie – der Anlass ist oft marginal – einen oder mehrere druckvolle Auftritte, am liebsten gleich bei der Schulleitung oder dem Schulrat. Diese Eltern stellen sich grundsätzlich vor ihr Kind, nicht dahinter. Sie fühlen sich grundsätzlich persönlich angegriffen und agieren grundsätzlich unberechenbar. Man bemüht sich um Absprachen mit ihnen, schließt Verträge, setzt Fristen, schlägt außerschulische Beratung vor, jedoch ohne Erfolg. Ganz im Gegenteil. Im dritten Akt tauchen sie wieder ab, und zwar umso tiefer, je problematischer die Entwicklung des

Kindes verläuft. Die Schule hat sich in ihren Augen offenbar in eine Art Amt verwandelt, das ihnen, so wie viele andere Ämter, an den Kragen will.

Manchmal sieht man sich dann doch noch einmal: zum Beispiel auf dem Jugendamt. Dann schimpfen die Eltern auf die Schule und den Klassenlehrer, der ihr Kind von Anfang an nicht leiden konnte.

Zum Glück sind diese Eltern in der Minderzahl.

Elternschaft – die kann einen auch echt schaffen.

HIER INTEGRIERT'S
IN ALLE RICHTUNGEN

Unser Elternabend gestern war eher schwach besucht, Erziehungsberechtigte von sieben Schülern verloren sich im weiten Klassensaal. Okay, ich will nicht meckern, wir hatten schon schlechteren traffic, und die Parallelklassen waren auch nicht viel besser dran.

Schade, Herr Sarrazin, dass Sie nicht vorbeigeschaut haben. Sie hätten sich gewundert. So simpel, wie Sie sich das mit der Integration vorstellen, ist das nämlich nicht.

Anwesend waren:

- Eine türkische Mutter mit einer etwa achtzehnjährigen Tochter zum Dolmetschen (man musste schon genau hingucken, um festzustellen, welches die Mutter war, zumal beide Kopftuch trugen; sehr traditionell).
- Eine deutsche Mutter, die mit einem Araber verheiratet ist. Sie war von oben bis unten in tiefstes Schwarz gehüllt, natürlich mit Kopftuch; bei weitem war sie am «islamischsten» angezogen.
- Eine arabische Mutter mit Kopftuch, aber geschminkt und chic gekleidet, ihr Deutsch ist gut.
- Zwei türkische Mütter, flott und modern, perfektes Deutsch.

- Ein türkischer Vater; spricht ausgezeichnet Deutsch mit sehr starkem hiesigem Dialekt.
- Ein arabischer Vater; sein Deutsch ist mittelschlecht.

In dem Gespräch mit den Eltern ging es unter anderem darum, dass unsere Schüler stets und ständig Türkisch oder Arabisch reden. Im Unterricht, auf dem Hof, eigentlich immerzu. Deutsch sprechen, wozu das denn? Eigentlich tun sie das nur mit den Lehrern.

Karl und ich wiesen darauf hin, dass alle unsere Schüler große Probleme mit der deutschen Grammatik hätten. Wir erläuterten, dass es später schwierig werden könnte, wenn … Und zack, schon grätschte eine der beiden flotten Mütter in meinen Satz rein: «Aber nein, das ist doch völlig normal, dass die Kinder sich mehr in ihrer Muttersprache unterhalten. Das machen mein Mann und ich auch immer!»

Die verhüllte Mutter mit ihrer Dolmetscher-Tochter schlug sich überraschend auf unsere Seite: Sie ließ übersetzen: «Nein, die Lehrer haben recht! Je weniger die Kinder Deutsch sprechen, umso weniger Übung haben sie.»

Sofort wurde sie von der schwarz Verschleierten unterstützt: «Genau! Reden Sie lieber auch zu Hause Deutsch mit Ihren Kindern!»

Das ärgerte die flotte Türkin, und leicht pikiert sagte sie zur schwarz Verschleierten: «Na ja, das sagen Sie nur, weil Sie Deutsche sind. Sie sind doch Deutsche, oder?»

Da klang für mich so was mit wie: «Glauben Sie nicht, gute Frau, dass wir das nicht merken, dass Sie so eine Art Mogelpackung sind!?»

Es gab noch eine ziemlich erregte Diskussion, aber keine Einigung. Alle Schubladen, in die ich die Eltern zu Beginn des Abends rasch hineingesteckt hatte, musste ich wieder aufmachen – und sie kletterten wie der Blitz von einer in die andere. Zum Schluss klemmten alle Kästen, und niemand ließ sich mehr richtig ordentlich einsortieren.

Und das ist bestimmt auch gut so.

«*Schrecklich*», sagte Frau Horn nach dem Elternabend, seufzte und angelte sich eine Zigarette aus dem Päckchen. «*Dass die aber auch kein Deutsch lernen! Man kann sich ja gar nicht mit denen verständigen.*»

«*Deutsch lernen? Die wollen doch wieder zurück*», antwortete Kollege Wolters und gab ihr Feuer. «*Wär ja auch noch schöner!*»

«*Die*» waren die Eltern unserer «*ausländischen*» Kinder. «*Die*» – es waren meist Väter – saßen beim Elternabend, müde von der Arbeit, ein bis zwei Stunden in deutschen Klassenzimmern, hörten der deutschen Lehrerin oder dem deutschen Lehrer und den deutschen Eltern zu und verstanden kaum ein Wort. Trotzdem kamen sie. Warum? Dachten sie, es sei ihre Pflicht? Wollten sie Interesse demonstrieren? Hofften sie, damit ihr Kind zu unterstützen? Erwarteten sie Hilfe? Und weshalb nahmen wir Lehrer und Lehrerinnen das einfach so hin und hinterfragten ihre Anwesenheit nicht?

«*Wenn die jemanden zum Übersetzen dabeihaben, ist es fast noch schlimmer*», fand Kollege Küppers und gähnte. «*Das hält die ganze Chose erst richtig auf. Man will doch auch mal nach Hause! Ist ja schon gleich halb zehn.*»

War das Gedankenlosigkeit? Desinteresse? Arroganz? Intoleranz? Die Erwartung, dass jeder, der hier lebte, gefälligst in kürzester Zeit unsere Sprache sprechen lernt und sich schleunigst im deutschen Schul-Dschungel zurechtfindet?

Ich glaube, es war eine Mischung aus alldem. Vielleicht schienen uns diese Eltern auch wirklich nicht so wichtig zu sein wie der deutsche Tischler, der deutsche Kaufmann oder die deutsche Kindergärtnerin. Sie standen auf einem Elternabend im Vordergrund, waren sehr aktiv und brachten mich als blutige Anfängerin mit ihren Fragen, Anregungen, Vorschlägen, Klagen und Beschwerden manchmal ganz schön ins Schwitzen.

«Die» hingegen machten wenig Ärger, stellten keine unange-
nehmen Fragen, beschwerten sich nicht, forderten nichts und
sagten mehr oder weniger zu allem Ja und Amen. Äh ... Amen?

ICH FRAGE MICH

Meine Klasse! Was soll ich dazu noch sagen? Jeden Tag bekla-
gen die Kollegen die Faulheit und Ignoranz meiner Schüler,
jeden Tag gibt's neue Vorfälle, jeden Tag ereignet sich eine
kleine Katastrophe. Und doch! Ich habe das Gefühl, es wird
ein bisschen besser. Nein, nicht das Lernen, aber unsere Beziehung.

Als Klassenlehrerin mag man seine eigene Klasse am liebsten von allen Klassen der Schule, es ist ein bisschen so wie mit
den eigenen Kindern. Man sieht auch die übelsten Kapalken
unscharf, wie durch einen Weichzeichner, und verteidigt sie
wie eine Löwin ihre Jungen – besonders wenn die ignoranten
Kollegen sich nicht in sie und ihr Verhalten einfühlen wollen.
Man ist voller Empathie und leidet mit, wenn es zu Hause
kracht und funkt und hört sich sogar bei der Drama-Queen
(Aynur) der Klasse geduldig ziemlich unübersichtliche Storys
an, die in der Regel tragisch enden und mit Schule nichts zu
tun haben.

Eigentlich besteht die eigene Klasse aus einer Ansammlung
von Lieblingsschülern ...

Jedenfalls ging mir das bisher mit meinen Klassen immer so.

Diese Klasse aber war von Anfang an anders.

Karl und ich übernahmen sie als Klassenlehrer zu Beginn
des siebten Schuljahrs, und vom ersten Tag an behandelten die
Schüler uns, als wären wir giftige exotische Insekten, mit denen
sie nichts zu tun haben wollten. Ja, sie drehten sich sogar weg,
wenn wir sie ansprachen. Sie gaben uns deutlich zu verstehen,
dass wir ihnen herzlich egal waren und dass sie in keiner Weise

daran dachten, sich auf uns einzulassen. Das war sehr befremdlich und lange Zeit nicht zu knacken.

Schulschwänzen, Gewaltvorfälle, Diebstähle, nichts ließen sie aus. Wir waren in einer Tour mit dem Jugendamt, einem Haufen Familienhelfern und -therapeuten, der Polizei und verschiedensten Beratungsstellen zugange. Und es bewegte sich nichts. Auch leistungsmäßig waren unsere Schüler tief im Keller, und die Kollegen fürchteten sie.

Einige Schüler mussten die Klasse verlassen, wir unterrichteten zu zweit, die Klasse wurde geteilt und wieder zusammengelegt – kurz, es blieb fast nichts unversucht, und doch erschien alles erfolglos.

Im achten Schuljahr gingen Karl und ich voll auf dem Zahnfleisch. Am liebsten hätten wir sie abgegeben – bloß niemand hätte sie uns je abgenommen. Wir schwankten zwischen Burnout und Depression, gefolgt von aggressiven Einschüben mit Anfällen von Selbstmitleid und Selbstzweifeln. Wenigstens bedauerten uns die Kollegen von Herzen, und sogar die Schüler anderer Klassen sprachen uns gelegentlich Trost zu.

Aber irgendwas hat sich in den letzten Wochen verändert. Was es ist, kann ich noch nicht sagen, aber es passiert etwas. Einige Jungs und Mädchen sind inzwischen viel netter zu uns. Sie grüßen uns erfreut, wenn sie uns sehen, wir quatschen auch mal auf dem Hof, und alle gehen deutlich entspannter miteinander um als früher.

Im Unterricht ist es trotzdem schwierig. Lernen – was das?

Zum Lernen kann ich niemanden zwingen, das wird mir gerade an dieser Klasse immer wieder deutlich. Der Satz «Gras wächst nicht schneller, wenn man dran zieht» wurde, glaube ich, für meine Klasse erfunden.

Bestimmt hat die Veränderung auch mit der menschlichen Biologie zu tun: Vielleicht ebbt der pubertäre Wahnsinn langsam, ganz langsam ab. Vallah, das wäre voll mega-mies, wie meine Schüler zu sagen pflegen, wenn sie etwas super finden. Ich kann es noch nicht ganz glauben. Sollte die hormonelle

Umstellung wirklich glücken und der hirnorganische Umbau sachte voranschreiten, könnten bessere Zeiten auf uns warten.

Fragt sich nur, bei wem sich da etwas tut im Oberstübchen.

Aynur flötete mir heute nämlich beim Rausgehen zu: «Frl. Krise, wissen Sie was? Sie sind voll nett in letzter Zeit. Tschüs und schönen Nachmittag.»

DISZIPLIN UND DEUTSCHBUCH 105

Deutschbuch oder Bausteine heißen die Lesebücher von heute schön neutral. Das Lehrwerk, mit dem ich in den frühen Siebzigern anfing, in Deutsch zu arbeiten, hatte den Titel Kritisches Lesen.

Dieses Lesebuch und ich, wir waren uns einig: Ein Stück Veränderung der Gesellschaft zum Besseren und Gerechteren hin wollten wir erzielen. Und deshalb freute ich mich, dass das Lehrwerk zügig zur Sache kam: «Erziehung = Manipulation?» lautete gleich die Überschrift der ersten Unterrichtseinheit.

Die Schüler der fünften Klasse wurden hier mit anspruchsvollen Texten und Fragen konfrontiert, dazu ein Beispiel: «Wie können Disziplin und Gehorsam ohne Zwang erreicht werden? Diskutiere diese Frage im Stuhlkreis!»

Es erwies sich als ein bisschen ungünstig, dass auch die schlaue junge Lehrerin (also ich) dieser Art Fragen unwissend gegenüberstand. Ja, wie sollte das gehen? Das war die Frage, die ich mir fast stündlich stellte. Bei mir herrschte ja nicht mal mit Zwang Disziplin!

Aber versuchen wollte ich es natürlich schon. «Wir bilden einen Stuhlkreis!», rief ich frohgemut und glaubte, mich klar ausgedrückt zu haben. Die Schüler aber hörten in meinen Worten etwas anderes, nämlich eine Aufforderung, herumzurennen, mit Anlauf Tische gegeneinander krachen zu lassen und die Stühle möglichst laut hin und her zu schieben. Ach, auch die

Choreographie einer solchen Ummöblierung musste erst noch erlernt werden …

Endlich saßen wir in der geforderten Sitzordnung, aber die Diskussion der brennenden Frage, wie das denn nun funktionieren sollte – Disziplin ohne Zwang –, entgleiste mir natürlich völlig, da meine disziplinlosen Schüler alles taten, nur nicht das, was sie sollten, nämlich geordnet diskutieren.

So ein Quatsch, dachte ich, jetzt müsste ich in meiner Klasse Ruhe und Ordnung erzwingen, um anschließend diskutieren zu können, wie man Disziplin ohne Zwang erreicht. Widersinnig.

Ich brach das Thema ab und blieb mit dem Gefühl zurück, wie so oft an der Quadratur des Kreises gescheitert zu sein.

«ICH GEH KITA!»

Himmlische Zeiten stehen bevor. Ich meine das Betriebspraktikum, das unsere Lieben im neunten Schuljahr absolvieren müssen. Drei Wochen sollen sich die Jugendlichen die raue Luft der Berufswelt um die Ohren wehen lassen. Völlig alleingelassen in einem fremden Betrieb ohne ABF (allerbeste Freundin) und möglichst ohne verwandtschaftliche Beziehung zum Chef werden sie den Unbilden der freien Marktwirtschaft ausgesetzt sein, ganze sieben Stunden am Tag. Sie sollen erste Schritte in Richtung Berufswahl gehen und spüren, wie sich Arbeit anfühlt.

Meine Kinderlein wissen nicht genau, ob sie sich über das Praktikum freuen – immerhin fällt der Unterricht aus – oder ob sie sich davor ängstigen sollen. Huh, den gemütlichen Pantoffel Schule verlassen! Deshalb gehen sie vorsichtshalber erst gar nicht los, um sich einen Praktikumsplatz zu suchen.

In den Parallelklassen haben alle bis auf zwei, drei Leute schon einen Platz gefunden, und bei unseren Schülern standen gestern noch vierzehn ohne da. Ist doch peinlich. Dabei haben

Karl und ich uns schon den Mund fransig geredet. Der Satz
«Hast du dir einen Praktikumsplatz gesucht?» hat inzwischen
Mantra-Status.

Jenny will zu Douglas. Ich weise sie zaghaft darauf hin, dass
sie sich dann unbedingt umstylen müsse (weite graue Jogginghosen sind bei der Parfümeriekette vermutlich ein No-go).
Daraufhin schreit sie mich an: «Okay! Sagen Sie doch gleich,
dass ich scheiße aussehe!», und rennt aus der Tür. Sie wird an
diesem Tag nicht mehr auftauchen.

Hassan geht in eine Kita. Er geht in *seine* Kita. Dort kennen
sie ihn seit Jahren (er hat noch mehrere kleine Geschwister).

«Willst du etwa Erzieher werden?», frage ich hinterlistig.
«Dafür braucht man doch jetzt Abitur.»

«Niemals», sagt Hassan im Brustton der Überzeugung. «Ich
geh Kita, weil sie ist gleich in meiner Straße.»

Stimmt, ich hatte ganz vergessen, dass sich der optimale
Praktikumsbetrieb ja möglichst gleich neben dem Bett befindet.

Nesrin will immer noch Friseur. Voll schön ist das, schwärmt
sie, sie wird sich eine neue Frisur zulegen, bisschen die Haare
färben lassen, Tricoloresträhnchen vielleicht, auf jeden Fall
neue Nägel zulegen oder wenigstens eine French Manicure
machen lassen, nicht zu vergessen Augenbrauenzupfen, Wim-
pernfärben sowie ein Make-up für die Hochzeit der Cousine.
Ich bremse sie mit der gefühllosen Frage, ob sie wisse, dass *sie*
da arbeiten solle. Verächtlich blickt sie mich von oben bis unten an, und spontan komme ich mir so ungepflegt vor, als hätte
ich gerade den Schulgarten umgegraben – meine Nägel, oje,
und die Haare erst!

Hoheitsvoll sagt sie: «Sie haben ja keine Ahnung», und segelt
davon.

Der verfressene Ömür würde am liebsten in einem Döner-
la…

«Nein!», schrei ich. «Bitte nicht!»

«Ist ja schon gut», sagt er feixend. «Schade, gehe ich eben
Tischler.»

Ich könnte ihn küssen. Bei der Polizei kann er leider nicht landen, da hätte er sich schon viel früher bewerben müssen. Nicht, dass wir ihm das nicht gesagt hätten.

Um die Suche anzukurbeln, erlauben wir den Schülern, die noch keinen Platz gefunden haben, heute früh von der Schule aus Betriebe anzurufen und dann, bei positiver Rückmeldung, gleich dorthin zu gehen. Tatsächlich trudeln sie fast alle los – und fallen im Laufe des Vormittags stolz und ein Vertragspapier schwingend wieder ein.

Nur Erkan nicht. Der musste nämlich gaaaanz weit weg. Der Betrieb, den er sich ausgesucht hatte, lag am anderen Ende der Stadt. Ich war ein wenig besorgt, als er losging.

Prompt kommt er erst um 15 Uhr angeeiert. Verlaufen hat er sich in der großen Stadt, verfahren auch. Er hat weite Fußmärsche zurückgelegt, war straßauf, straßab gepilgert, hat Menschen nach dem Weg gefragt und keine Auskunft erhalten, geweint hat er, jedenfalls fast, und sich, uns und das Praktikum verflucht. Der Arme! Hunger hat er gehabt und Durst. Wahrscheinlich auch Heimweh. Schließlich hat er seinen Cousin angerufen, und der hat ihm den Weg gewiesen.

Das erzählt er jedenfalls. Na ja. Soll ich das glauben? Und einen Praktikumsplatz kann er auch nicht vorweisen.

«Ich geh morgen, ich schwör, Frl. Krise», verspricht er und sieht mich treuherzig an.

«Bei mein Onkel in meiner Straße, der hat so kleines Restaurant mit Döner und so …»

IM TAL DER QUAL

Ach, ich frage mich, wie meine lieben Schüler ihr Wochenende verbringen. Was muss man nur tun, um montags in der fünften Stunde in so einer miesen Verfassung zu sein?

Bleich und müde hängen sie vor mir an den Tischen, noch

lustloser als sonst. Sie schnallen gar nichts, können sich nicht konzentrieren, sie sind sogar zu erschöpft, um ihr Material aus der Tasche zu nehmen. Erkan liegt mit dem Kopf auf dem Tisch, Hanna kämmt sich matt ihr gülden Haar, Nesrin nuckelt an ihrem Lipgloss, Fuat und Hassan gähnen um die Wette, Necla, Jenny und Leila kichern über irgendeinem Briefchen. Ich versuche dreimal, viermal, fünfmal, sechsmal anzufangen. Immer wieder werde ich nach zwei, drei Worten unterbrochen.

Fuat: «Ist jetzt Deutsch?»

Emre: «Frl. Krise, soll ich Kreide holen?» (Auf dem Pult liegen zwei Stücke.)

Hanna: «Wo ist Gülten?»

Ömür: «Ist nach dieser Stunde endlich Mittagspause?»

Aynur: «Warum sind die Fotos noch nicht da, vallah?»

Ich werde langsam ungehalten, zumal es nicht mit diesen Fragen abgetan ist, denn jetzt müssen erst mal alle ausführlich ihren Senf dazugeben. Das ist so in meiner Klasse, alle müssen immer zu allem was sagen. *Alle!*

Nach sieben Minuten kommt dann noch Gülten reingeschlichen. («Huch, hat's schon geklingelt?»)

Freudige Begrüßung, man hat sich ja etwa zehn Minuten nicht gesehen, neues Gequatsche, neue Fragen – und ich kurz vorm Schlaganfall.

Endlich gelingt es mir mit letzter Willenskraft, meinen einleitenden Satz zu Ende zu sprechen und ohne Verzug das Wort «Lyrik» an die Tafel zu schreiben.

«Was das?», fragen sofort mehrere. Ehe ich mich darüber aufregen kann – es ist ja schließlich nicht die erste Lyrik-Einheit, die wir machen –, schreit Emre: «Ich weiß! Ich weiß! Lyrik hat was mit Lügen zu tun!»

Ich kann nur noch schnaufen, in mir brodelt es, und es keimt ein Verdacht: Unterrichte ich etwa menschliche Siebe?

Niemand weiß, was Lyrik sein soll, aber immerhin kann sich Aynur als Einzige schwach daran erinnern, das Wort schon einmal in meinem Unterricht gehört zu haben. Und in dem Stil geht es weiter.

Wir lesen ein Liebesgedicht. Es enthält sehr viele unbekannte Wörter, das Gedicht ist nämlich aus dem 12. Jahrhundert: «Dû bist mîn, ich bin dîn …»

Fuat kriegt sich nicht mehr ein, soooo komische Wörter. «Voll pervers! War voll Spast!»

Nach großem Hin und Her ist das Gedicht endlich übersetzt, und auf einmal sind alle ganz angetan. «Voll schööööön», sagt Aynur und lächelt versonnen.

Schnell noch ein Gedicht! Das hat auch viele seltsame Wörter, unter anderem das schwierige Wort «Tal».

Keiner kennt dieses Wort. Das kann ja wohl nicht sein! Immerhin sind wir im neunten Schuljahr.

Nein, in echt – Tal? Nie gehört! Was soll das sein?

Es werden Vermutungen geäußert, die mich blass werden lassen. «Ist so kleines Haus», sagt Hassan, und Gülten rät: «Tal ist was am Tier, oder?»

Endlich! Ömür rettet die Stunde. «Tal ist … Tal … ist …», stottert er. «Hatten wir doch mal in Erdkunde … Tal ist … ist so Schüssel mit Wald!»

Lyrischer geht's doch nicht, oder?

WER SCHWÄNZT, MUSS ZAHLEN

Heute ist es merkwürdig leer in meiner Klasse. Eine Grippewelle haben wir nicht und einen Feiertag auch nicht – in keiner Religion, soweit ich weiß. In meinem Fach liegt auch kein einziger Zettel von unserer Sekretärin Frau Schnell à la «Anruf von Mutter von Nesrin, sie ist krank». Aha! Alles klar: Die Herrschaften schwänzen, äh, ich wollte sagen, sie sind heute schulmüde.

Es ist zwar angenehm, in einer halbleeren Klasse zu unterrichten, trotzdem macht mich das nicht froh. Kein Mensch wird mir glauben, wie viel Arbeit man mit Schülern hat, die nicht in die Schule kommen. Beinahe mehr als mit denen, die da sind.

Nur mal ein Beispiel: Rahim. Rahim hat Stress. Mit mir. Er stört nämlich mit seiner unkontrollierten Herumschreierei und Pöbelei ständig den Unterricht und wird auch noch richtig pampig und unverschämt, wenn ich ihn anpfeife. Rahim ist ein niedlicher kleiner Kerl, aber er ist verhaltensoriginell (früher nannte man das ja völlig gefühllos verhaltensgestört). Er stammt aus einer Familie mit acht Kindern, und wahrscheinlich war dieses Generve schon immer seine einzige Möglichkeit, etwas Aufmerksamkeit zu erhalten. Nun gut, meine Aufmerksamkeit hat er jetzt. Aber das passt ihm auch nicht, also kommt er nicht mehr in die Schule. Seine Mutter ahnt nichts davon, und wenn doch, verheimlicht sie es vor seinem Vater, der wird nämlich schnell rabiat.

Von Montag bis Mittwoch fehlt Rahim. Ich denke mir nichts dabei und genieße die Ruhe. Schnell gewöhne ich mich daran, und erst am Donnerstag merke ich: Huch, der fehlt ja immer noch!

Ich gehe also in der Pause ins Sekretariat und versuche seine Mutter auf ihrem Handy anzurufen (das Telefon im Lehrerzimmer funktioniert nicht bei Mobilnummern, vallah, voll umständlich). Niemand geht dran. In den anderen Pausen versuche ich es immer wieder – ohne Erfolg.

Am nächsten Montag fehlt Rahim immer noch. Das mit dem Handy gebe ich auf und schreibe entnervt einen Brief. Unsere Post geht mittwochs raus, sie kommt aber erst zu einer städtischen Sammelstelle und wird von dort aus zu Rahims Eltern weitergeleitet. Schwups – schon ist die zweite Woche rum.

Fast könnte ich jetzt eine Schulversäumnisanzeige in die Wege leiten. Das darf man sich aber nicht so simpel vorstellen. Ich muss mit dem Jugendamt Kontakt aufnehmen und die

Schulpsychologen verständigen, dann muss ich Rahims Eltern einen Hausbesuch abstatten und lange Berichte über all dies und seine Schulkarriere schreiben. Mit anderen Worten: Das dauert ein paar Tage! Die Bearbeitung meiner Anzeige durch das zuständige Amt nimmt dann richtig Zeit in Anspruch, so etwa zwischen vier Wochen und vier Monaten.

Ich will es kurz machen: Rahim, der ja weiß, dass Frl. Krise fies und gemein ist, beobachtet die Post und klaut inzwischen mein Schreiben aus dem häuslichen Briefkasten. Seine Mutter erfährt also nicht, dass er schwänzt, und der Junge hat wieder ein paar Tage herausgeschlagen. Das ganze Spielchen dauert so lange, bis Karl oder ich unangemeldet bei Rahim zu Hause auftauchen. Meistens ist keiner da. Oder es macht keiner auf.

Wir schreiben den nächsten Brief. (Einschreiben nur im äußersten Notfall, dafür gibt es keinen Finanztopf im Sekretariat, sagt Frau Schnell.) Die Klassenkameraden berichten, dass sie nachmittags öfter mit Rahim chatten und dass sie ihm gesagt hätten, er kriegt schwer Ärger, wenn er wieder in der Schule auftaucht. Sehr hilfreich.

Irgendwann kreuzt dann Rahims großer Bruder in der Schule auf – Rahim hat gestanden und ihm den zweiten Brief gezeigt. Der große Bruder tischt uns ein gewaltiges Märchen von Lungenentzündung mit Beinbruch auf, und er hat auch eine von ihm selbst geschriebene Entschuldigung dabei. Die akzeptieren wir nicht, schließlich ist er nicht erziehungsberechtigt. Als er das nicht einsehen will, gehen wir gemeinsam zur Schulleitung. Herr Fischer, der von sich glaubt, er wäre eine gelungene Kreuzung aus Seelenklempner und Kompaniechef, bearbeitet ihn so lange, bis er die mütterliche Handynummer wählt. «Meine Mutter hat neue Nummer», bemerkt der große Bruder. Das haben wir auch schon gemerkt; es ist somit die vierte Handynummer in zwei Jahren. Festnetz hat kaum noch jemand, leider.

Die Mutter eilt schließlich herbei. Es gibt ein großes Lamento, es heißt, ich sei schuld an allem, Rahim sei so zart besaitet …

Zum Glück bin ich's ja nicht, sonst hätte ich alles, was er mir schon an den Kopf geworfen hat, bestimmt nicht verkraftet.

Wir beraten die Mutter, sagen ihr aber am Ende auch, dass ein solches Schwänzen – ach nein, sorry, das heißt ja heutzutage Schuldistanz – bis zu 2500 Euro Bußgeld kosten kann. Die Mutter erbleicht.

Am nächsten Tag ist Rahim wieder da. Er scheint fast froh zu sein, wieder in die Schule gehen zu können. Ich freue mich ebenfalls. «Endlich», sage ich. «Wir haben dich vermisst, Rahim.»

«Frl. Krise, ich euch auch», sagt er reuig. «Entschuldigung für Fehlen, und meine Mutter hat gesagt, ich soll Sie fragen, ob sie Bußgeld jetzt in Raten bezahlen kann. Ich bringe Ihnen dann morgen 20 Euro mit, erst mal.»

PATRICK SCHWÄNZT

Das Schwänzen nennt man heute «Schuldistanz» oder «Schulvermeidung». Angeblich hören sich diese Begriffe wertfreier an als das diskriminierende Wort «Schwänzen». Aber wie man es auch dreht und nennt, das Problem ist immer noch das alte.

In meiner ersten Zeit als Klassenlehrerin einer sechsten Klasse hatte ich einen kleinen Patrick, der ziemlich verwahrlost aussah und hier und da unentschuldigt fehlte. Ich sorgte mich um ihn und schrieb seiner Mutter mehrere Briefe. Keine Reaktion! Telefonisch kam ich kaum an die Familie heran, es gab zwar einen Anschluss, der war aber mangels Bezahlung meistens abgestellt.

Eines Morgens, Patrick war wieder nicht zum Unterricht erschienen, erreichte ich endlich seine Mutter. Sie schien trotz der frühen Stunde offensichtlich nicht ganz nüchtern zu sein. Das konnte man selbst am Telefon merken. Dafür hatte sie eine völlig plausible Erklärung für sein Fehlen: «Der Patrick kam gestern Nacht erst um zwölf nach Hause. Da lagen wir schon im Bett, und mein Verlobter hat gesagt: ‹Den lässt du jetzt aber nicht mehr rein. Da merkt er endlich mal, dass er zu spät ist!› Keine Ahnung, wo der jetzt ist ...»

Spätestens an diesem Tag habe ich begriffen, dass Kinder mehr gute Gründe haben können, nicht in die Schule zu gehen, als wir glauben.

114 HIRN UND HAAR

In Bio geht's streng nach Lehrplan immer noch um das Nervensystem. Aber nur sehr wenige Fakten haben es bisher geschafft, in den Hirnen meiner Lieben einen synaptischen Spalt zu überwinden. Zu wissen, wie's funktioniert, scheint auch nicht zu nützen.

Macht nichts, finden meine Mädels, Hauptsache, Frau sieht gut aus, oder? Stimmt doch, vallah! Was drinnen im Schädel los ist, sieht sowieso kein Mensch.

Nesrin, die künftige Friseuse, ist heute strafversetzt, sie muss am Unterricht eines Parallelkurses teilnehmen, um mal einen Tag lang von ihrer Busenfreundin Aynur getrennt zu sein. Zusammen sind die beiden im Moment unerträglich. Entweder zanken sie sich lautstark oder lachen und schreien um die Wette. Diese Maßnahme versetzt Nesrins guter Laune keinen Abbruch, trällernd entschwindet sie im Nachbarkurs Bio.

Allerdings kommt sie nach zwei Stunden aufgebracht, laut schnaufend und schimpfend wieder raus und fällt gleich auf dem Flur über mich her: «Vallah, Frl. Krise! Frau Schneider ist voll gemein, echt. Ich habe gar nichts gemacht, nur am Ende von Unterricht dachte ich, Unterricht ist zu Ende, weil alle liefen so rum, und da habe ich so bisschen Haare von Sara toupiert und mit Haarspray gemacht. Sie will mir Tadel geben, Frau Schneider. Is doch nicht schlimm, Frl. Krise? Wegen Haarspray! Reden Sie mal mit Frau Schneider. Wenn sie mir

Tadel gibt, ich bekomm voll Ärger mit meinem Vater, ich schwör!»

Höchst diplomatisch sage ich, dass ich Haarspray im Unterricht völlig deplatziert finde, verspreche aber, mit Frau Schneider zu reden. Ich will es mir nicht ganz mit Nesrin verderben, zumal ich noch zwei Jahre mit ihr auskommen muss – im Gegensatz zu Frau Schneider, die ist sie los. Ein Tadel ist übrigens eine Schulstrafe, eine schriftliche Mitteilung, die zu den Akten genommen wird. Sie wird zwar von den Schülern gefürchtet, ist aber wenig nachhaltig, zumal manche Kollegen ihre Tadel so wahllos wie Taubenfutter unter die Schülerschaft streuen.

Kaum ist Nesrin weg, überfällt mich schon die energische Frau Schneider. Sie ist groß und dick, und ihr ganzer Körper bebt mächtig vor Empörung. Ich bekomme fast Angst vor ihr.

«Also, Frl. Krise, deine Nesrin! Jetzt kriegt die aber einen Tadel von mir! Die ganze Zeit hat sie nur gestört, und dann bin ich eine Viertelstunde vor dem Ende der Stunde mal kurz nach nebenan in die Sammlung gegangen, um das Gehirn (!) zu holen, und in der Zwischenzeit hat die den ganzen Raum mit Haarspray vollgenebelt. Sag mal, das geht doch wohl zu weit!»

Im Stillen denke ich, man sollte Schüler wirklich nicht strafversetzen, das bringt nur noch mehr Ärger. Ich traue mich nicht, der aufgebrachten Frau Schneider zu widersprechen, sie hat ja recht. Irgendwie.

Nach Bio haben wir Deutsch. Nesrin und Hülya aus der Parallelklasse schleichen hinter mir die Treppe rauf. Ich warte auf die beiden und sage: «Mach dich schon mal auf den Tadel gefasst, Nesrin!» Nesrin beginnt zum Steinerweichen zu schluchzen und produziert mit Hilfe ihrer Nase dicke Blasen. Hülya stützt sie und sieht mich vorwurfsvoll an.

«Los, los», sage ich herzlos, «du kommst wieder mit in meinen Unterricht, Nesrin, ehe noch mehr passiert. Und du geh jetzt auch in deine Klasse, Hülya.»

Nesrin kann mir aber nicht folgen, sie ist nicht in der Verfassung. Sie heult und schnieft, sie braucht Trost und Beistand.

Schon eilen Aynur und Jenny von oben herbei, tätscheln und liebkosen sie und stoßen Verwünschungen gegen Frau Schneider aus.

«Guck mal, Frl. Krise», sagt Jenny, «die Hülya hat doch so Scheißhaare, voll ausgetrocknet vom Glätten immer, und da standen die alle so wie … wie … wie Finger in Steckdose. Und Nesrin hat doch nur ein bisschen Haarspray draufgetan, dass die Jungen nicht lachen, abo!»

Ich verstehe, es war ein gutes Werk! Aber Jenny soll sich da mal raushalten.

«Ach, sei still Jenny, du warst doch gar nicht dabei», schnaufe ich kurzatmig (vierter Stock). Immer auf der Treppe diese Debatten! Nicht zum Aushalten.

Ich schiebe Nesrin in die Klasse, alle umringen sie mitfühlend unter lautestem Geschnatter – die Stunde ist jedenfalls gelaufen, noch ehe sie angefangen hat.

Heißt der Montag Montag, weil man alle auf den Mond schießen will? Ich fürchte, ja.

Ich fühle mich wie eine Ruine und sehe auch so aus. Meine Haare! Wie Finger in Steckdose, mindestens …

Muss mir dringend Haarspray kaufen.

«WIE DIE AUSSAHEN!»

Die Schule ist immer schon der Catwalk, auf dem der pubertäre Selbstfindungsprozess zur Schau gestellt wird.

In den Siebzigern ging es im wahrsten Sinne des Wortes uniform zu. Der Schulhof war einheitlich olivgrün und indigoblau. Alle Schüler trugen, genau wie die Studenten und auch viele Lehrer, einen Parka. Nur echt war der von der Bundeswehr, aber mit abgetrennter D-Fahne! Dazu natürlich blaue Jeans mit Schlag.

Der Parka wurde das ganze Jahr über angezogen, im Sommer ohne, im Winter mit bräunlichem Teddyfell. Mit seinen vielen aufgesetzten Taschen nahm er zwar jeder Figur restlos die Form, war aber unschlagbar praktisch. Ein schwarz-weißes Palästinensertuch rundete das kämpferische Outfit ab.

Die Haare der Jungen, leicht fettig, hingen bis weit über die Ohren. Falls barttechnisch schon möglich, züchtete man schöne lange Koteletten. Das alles sah zusammen mit einer blühenden Akne «super» aus. («Cool» oder «geil» sagte man damals noch nicht.)

Die Mädchen malten sich schwarze Balken auf die Augenlider und trugen das Haar lang und in der Mitte gescheitelt. Zwingend dazu gehörte eine Geste: Zwischen Ring- und kleinen Fingern wurden synchron mit beiden Händen die Strähnen links und rechts des Gesichts glatt gezogen. Und das mindestens alle zwei Minuten.

In den Achtzigern wurde es plötzlich neongrell und schrecklich. Auf den Klassenfotos sahen alle aus, als hätten sie die Klamotten ihrer älteren Geschwister entwendet. Jacken und Hosen waren viel zu weit – nur die neu erfundenen wild gemusterten Leggins schmiegten sich knalleng um den Babyspeck. Knöchelturnschuhe, weiße Tennissocken, gestreifte Hosen und Jeans in Karottenform, T-Shirts und Sweatshirts mit bunten Aufdrucken dominierten das Bild. Die langen Haare fielen der Schere zum Opfer, und Vokuhila setzte sich in allen Altersstufen durch. Wer es lockig mochte, ließ sich eine Dauerwelle machen.

Und der Label-Wahn nahm seinen rasanten Anfang! Wenn man als Jugendlicher dazugehören wollte, musste man ab sofort eine Markenjeans tragen. Die Eltern ächzten – dass ihre Kinder ihnen abverlangten, so viel Geld für Kleidung auszugeben, war ein Novum. Sogar auf Elternabenden wurde das Phänomen diskutiert, natürlich von Eltern und Lehrern, die sich selber Markenjeans kauften.

Seit den Neunzigern ist die modische Lage unübersichtlich. Das Jahrzehnt begann mit Buffalos, Holzfällerhemden und viel Farbe in den Haaren. Der letzte große Einschnitt war dann das Aufkommen von Piercings und Tattoos. Zuerst erwischte es die

Ohren. Ohrläppchen und -muscheln wurden gnadenlos eng an eng mit Steckern und Ringen übersät. Dann durchlöcherte man alles im Gesicht und am Körper, was sich durchlöchern ließ. Zum Glück waren gerade superkurze Tops angesagt, sonst hätte man all die herrlichen Bauchnabelpiercings und die rückwärtigen Arschgeweihe gar nicht bestaunen können.

Heute schreien meine Schüler, die sich meine alten Klassenfotos anschauen: «Wie die aussehen!» Necla zeigt auf ein Bild, auf dem alle Mädchen in sackförmigen Jeansjacken versinken: «Voll uncool! Frl. Krise, gab es eigentlich früher gar keine schönen Sachen?»

«Das werden die Kinder in zwanzig Jahren auch mal sagen», gebe ich zu bedenken und zeige auf das ballonförmige Käppi, das schräg auf Hassans Kopf schwebt, und das unvorteilhafte Oberteil im Empire-Style, mit dem Gülten ihren Babyspeck zu kaschieren versucht.

KOPFTUCHDESIGN

Wann tauchten eigentlich die ersten Kopftücher in der Schule auf? Ich weiß es nicht mehr genau, auf Fotos finde ich sie ganz vereinzelt in den späten Neunzigern.

Die ersten Mädchen mit Kopftüchern wurden von jedem bedauert; es waren unterdrückte Wesen, die sich der Herrschaft ihrer Familien beugen mussten. Sie trugen ihre Kopftücher mit wenig Selbstbewusstsein, und sie gaben sogar mehr oder weniger bereitwillig zu, es nicht freiwillig zu tun.

Damals glaubten wir Lehrer, es handele sich um eine Randerscheinung – überkommen und altmodisch –, die sich schnell überlebt haben dürfte. Welches moderne, in Deutschland aufgewachsene Mädchen würde sich schon freiwillig dieser so einengenden Kleiderordnung unterwerfen: langer Mantel, langer Rock, lange Ärmel, verhüllter Kopf?

Aber das Kopftuch und das dazu passende Outfit haben sich schwer verändert. Die Kleiderordnung bewegt sich stufenlos zwischen zwei extremen Polen:

Nur noch eine Minderheit sieht aus wie die Mädchen von damals. Ein Kollege fand einen treffenden Namen für sie, er nannte sie «die Trachtengruppe». Mädchen, die zu ihr gehören, gehen nicht mit der Mode. Sie gehen mit keiner Mode, noch nicht einmal mit der Kopftuchmode. Ihre Kopftücher sind aus einem synthetischen Stoff, sehr groß und oft geblümt oder gemustert und auf eine antiquierte Art und Weise gebunden. Die Mädchen *haben selbstverständlich lange Haare, stecken sie aber unter dem Tuch auf dem Hinterkopf nicht übermäßig auf, wodurch sich eine eher natürliche seitliche Kopfsilhouette ergibt. Sie tragen immer einen langen dünnen Mantel, drinnen wie draußen und oft auch sommers wie winters, darunter ein langärmeliges Shirt oder einen Pullover, und auf jeden Fall haben sie einen langen Rock an. Ihre einzige kleine Konzession an die Mode ist, dass der Mantel manchmal aus einer Art Jeansstoff besteht. Die Mädchen sind ungeschminkt und erinnern mich, wenn sie an mir vorbeischreiten, in ihrem Habitus ein bisschen an Nonnen. Sie sind in der Regel freundlich und zurückhaltend, bleiben unter sich und fallen nur durch ehrgeiziges Arbeiten und gute Noten auf.*

Im krassen Gegensatz dazu befinden sich die topmodischen Kopftuchträgerinnen. Ihre Baumwollkopftücher sind meist einfarbig und kunstvoll geschlungen. Teilweise sind sie sogar fast durchsichtig und lassen Hals und Nacken erahnen. Von den Haaren sieht man jedoch nichts, denn die werden zwar auf dem Hinterkopf unfassbar hoch aufgetürmt, sind aber unter einem kleinen, schlauchartigen Unterkopftuch, dem Bone, versteckt. Reichen den Mädchen die Haare von ihrer Menge her nicht aus, wird mit einer Tuch- oder Watteeinlage Volumen vorgetäuscht. Ein schmaler Streifen des Bones guckt vorne aus dem Kopftuch heraus. Manche Mädchen tragen auch ein Bone, das vorne ein schmales Schirmchen wie ein Käppi hat. Weil das «Spiel» mit den Haaren ausfällt, legen die Mädchen ihre ganze Phantasie in das Gestalten ihres Kopftuchs. Von Glitzerstoff über Schmuck bis zu diversen Klämmerchen, Nadeln zum Befestigen, Borten, Spitzen und Rüschen ist alles erlaubt, was gefällt. Auch die Kleidung dieser Klientel ist modisch: hautenge schwarze Leggins unter einem kurzen Rock, ein körpernahes T-Shirt, Ballerinas oder High Heels. Die Haut ist verhüllt, aber die Konturen bleiben gut sichtbar. Fettes Make-up vervollständigt das Ganze. «Disco-Islam» nennt Frau Freitags Freund das.

120   *Wie man sieht, ist Kopftuch nicht gleich Kopftuch, und jede Trägerin findet irgendwo zwischen Trachtengruppe und Disco-Islam ihren persönlichen Style. Ich hätte mir jedenfalls niemals träumen lassen, dass in unserer Gesellschaft das Kopftuch eine derart steile Karriere als Markenzeichen einer selbstbewussten muslimischen Herkunft machen würde.*

«BIN ICH KNECHT?»

Diese Kinder! Ich frage mich, wie das im Berufspraktikum werden soll, denn sofort nach den Herbstferien geht's los. Teilweise ist es ja wirklich rührend, wie naiv sie sind, aber teilweise kotzt es mich auch an, mit welch laxer Einstellung sie an die Sache rangehen.

Statt Ethik ist heute in der achten Stunde das Praktikum dran. Einige Jungen haben sich immer noch keinen Platz gesucht, deshalb müssen sie in eine Art Berufsschule gehen und dort verschiedene Gewerke kennenlernen. Sie sollen dann jeden Morgen schon um acht Uhr da aufschlagen. Fatalerweise liegt die Berufsschule in einem weit entfernten Stadtteil. Innerlich bin ich voll schadenfroh und bitte mit ernstem Gesicht um äußerste Pünktlichkeit, was allerdings illusorisch sein dürfte – heute waren zur ersten Stunde von einundzwanzig Leutchen genau sieben pünktlich.

«Sooo frühhhhh», entsetzt sich Mustafa. «Das geht nich, Frl. Krise. Ich kenn mich nicht aus da.»

«Dann würde ich in den vierzehn Tagen Herbstferien mal dahin fahren und alles auskundschaften», empfehle ich ihm warm.

«Niemals!» Mustafa ist empört. «Ich hab Ferien, Alta.»

Ich verbitte mir das «Alta» und eröffne eine Fragerunde zum Praktikumsknigge.

«Du hast vormittags während des Praktikums einen Arzttermin, was tust du?»

Meine Schäfchen gucken mich verdattert an. Was ist das für Frage? Arzt gehen, was sonst! Ich weise darauf hin, dass sie sich vormittags keine Termine geben lassen sollen.

Hassan versteht die Welt nicht mehr: «Vallah, kann ich doch nicht dafür, wann Arzt gibt mir Arzttermin.»

Meine Schüler lieben Arzttermine, es gibt nichts Schöneres für sie; bei jedem allerkleinsten Aua rennen sie gleich zum Arzt ihres Vertrauens. (Noch besser sind nur noch Vorladungen bei der Polizei oder bei Gericht.)

So, nächste Frage: «Du sollst etwas machen, das nichts mit deiner eigentlichen Arbeit zu tun hat, zum Beispiel Kaffee kochen oder kehren oder Frühstück einkaufen. Machst du das?»

«Niemals!» Nesrin schreit laut auf. «Bin ich Knecht? Soll ich Klo putzen und einkaufen? Niemals!»

«Wer macht das denn bei euch zu Hause?», frage ich heimtückisch.

«Meine Mutter!»

Prinzesschen Nesrin braucht sich ihre zarten Fingerchen also nicht schmutzig zu machen.

«Aha, die ist also Knecht», stelle ich fest.

«Wollen Sie meine Mutter beleidigen? Abo, voll gemein! Sie beleidigt meine Mutter, was beleidigen Sie meine Mutter? Lassen Sie meine Mutter in Ruhe, geht Sie gar nichts an, was meine Mutter macht, ich sag mein Vater, dass Sie gesagt haben, meine Mutter ist Knecht, vallah, er kommt und sagt Sie Meinung …»

Nesrin redet sich warm, die anderen schreien dazwischen, ich schiele auf die Uhr und kritzele ein bisschen in mein Heft, das wirkt amtlich und sieht nach Sanktionen aus. Schließlich hat Nesrin sich wieder eingekriegt, und ich kann meinen Sermon zum Kaffeekochen loslassen.

Dann fragt Fuat: «Muss ich *immer* sieben Stunden da im Laden bleiben?» Er hat sich eine Stelle bei einem Discounter gesucht und darauf absolut keinen Bock. Er wollte eigentlich Security werden oder Flugplatz oder Fremdenlegion, aber nicht Netto.

Ich sage: «Natürlich, was denkst du denn?»

«Weil, bei mir is anders», erklärt mir Fuat. «Der Mann da hat gesagt, wenn du früher kommst, kannst du früher gehen. Brauche ich also nicht sieben Stunden.»

Ja, ich fasse es nicht. Ich mache den Mund auf – und kann auf einmal nur noch krächzen.

Meine Stimme! Weg! Streikt, will blöde Fragen nicht mehr beantworten. Ich habe volles Verständnis für sie. Ich flüstere noch ein bisschen herum, komme aber nicht mehr zu großen Ansagen.

Es klingelt.

«Tschüssi, Frl. Krise», sagt Nesrin beim Rausgehen und gibt mir Küsschen links und rechts. «Sie sind voll süß ohne Stimme.»

RECHTSLINKSRECHTS

Meine Klasse und ich, wir sind schon längst Teil der Bussi-Bussi-Gesellschaft, auch wenn wir immer noch nicht ganz zur Schickeria gehören.

Wenn Nesrin mich an guten Tagen morgens umarmt, mir zarte Rechtslinksrechts-Luftküsse auf die Wangen haucht und beteuert, sie hätte mich voll lieb, genauso lieb wie ihre Oma (ich schätze diesen Vergleich), dann fällt mir mein Ausbilder Herr Neumann ein, der uns immer predigte: «Körperkontakt nur bis zum Tisch!»

Aber der ahnte ja auch nicht, dass ich dereinst Gülten, Nesrin und Co. unterrichten würde.

EIN VERSUCH

Ich erklimme die Treppe zum Kunstsaal und stelle fest, dass die ganze dunkelgrau-schmutzige Steintreppe über fast vier Etagen mit weißer Farbe aufgepimpt ist. Die Künstlerin in mir sieht verschiedene Strukturen – perlenartige Tropfen in langen Reihen, gewischte Streifen, grobe Kleckse und feine Striche. Die Lehrerin in mir erbost sich über die Verschwendung der teuren Acrylfarbe, und die Hausfrau wird stinksauer beim Gedanken an das Putzen.

Herr Selig, ein bleicher und immer bekümmert dreinblickender Vertretungslehrer, der nur ein kurzes Gastspiel an unserer Schule geben wird, schrubbt im Kunstraum herum und sagt düster: «Das auf der Treppe war der Wahlpflichtkurs Kunst, wo auch deine drin sind. Ich glaube, es waren Fuat, Rahim, Erkan und Hassan.»

Mal wieder die üblichen Verdächtigen.

Ich knöpfe sie mir gleich vor.

Das, was nun kommt, kenne ich zur Genüge: Empörung. Aufgerissene Augen. Schwüre auf den Koran. Schläge mit der flachen Hand auf den Tisch. Wut und gespielte Verzweiflung. Meine Jungs bieten mir das ganze Programm der Unschuldsbeteuerungen.

Ich glaube ihnen kein Wort.

Nach der Deutschstunde bleiben Fuat und Rahim in der Klasse. Rahim fragt stockend: «Können wir, äh … Ihnen was, äh … in Vertrauen, äh … was … sagen?»

Ich nicke erwartungsvoll.

«Frl. Krise, wissen Sie, wer Treppe mit Farbe vollgemacht hat? Erkan hat gemacht, ich habe gesehen, wie er Farbe weggenommen hat, so kleine Flasche.»

Ach! Was ist denn jetzt los? Wieso verpetzen die Erkan? Verrat ist doch schlimmer als Mord und Totschlag – normalerweise.

Da dämmert's mir: Fuat steht im Moment unter besonderer Beobachtung (er war gerade erst drei Tage wegen einer Schlägerei von der Schule suspendiert) und hat Angst, schon wieder überführt zu werden. Er hat gesehen, wie ich mit Herrn Selig sprach, und Rahim, der etwas ausgebuffter ist als Fuat, hat ihm bestimmt geraten, Erkan die Schuld in die Schuhe zu schieben.

«Okay, Jungs», sage ich verhalten, diese Petzerei ist mir unappetitlich.

Am nächsten Tag ziehe ich Erkan beiseite: «Du, Erkan, ich weiß jetzt, wer die Treppe versaut hat, gestern …!»

«Ja? Wer denn?» Erkan hampelt nervös vor mir rum.

«Du!»

Erkan schreit aufgebracht: «Niemals! Wer sagt das?»

Nach diesem kurzen Schlagabtausch lasse ich ihn gehen. Das muss sich setzen, dann wird er gestehen, hoffe ich, wenn er es überhaupt war.

Schon in der nächsten Pause lauert er mir vor dem Lehrerzimmer auf und zieht mich zur Seite. «Frl. Krise, ich will nicht Tadel! Ich sag Ihnen, wer's war. Ehrlich jetzt! Aber bitte, nich weitersagen.»

Ich nicke ergeben.

«Es war Jerome aus 9 a!»

Ups. Es durchzuckt mich. Jetzt oder nie. Auch wenn ich niemals rauskriege, wer das mit der Treppe war, jetzt kann ich Erkan mal was deutlich machen. Ich lehne mich an die Wand, fixiere ihn und schweige einen Moment. Erkan zappelt und hampelt und knabbert an den Fingernägeln.

Ich antworte ganz ruhig: «Das behauptest du ja nur, weil Jerome ein Farbiger ist.»

Erkan starrt mich an; er ist sprachlos. Er schreit auf: «Nein, wie kommen Sie darauf? Nein, nein, niemals! Aber er war's, ehrlich, vallah, ich schwör auf Koran!»

«Komm, hör doch auf!» Ich bleibe ganz kühl und drehe mich ein bisschen, so als ob ich gehen wollte. «Schon klar», fahre ich fort. «Er ist ein Schwarzer … Deshalb sagst du das. Nur deshalb!»

Erkan hält mich fest, er guckt mich hilflos an. «Nein, niemals! Das is bescheuert, wegen schwarz, nein, ehrlich jetzt», stammelt er.

«Erkan, genauso bescheuert machst du das immer mit mir. Erst neulich, weißt du noch? Als die Wände oben bemalt waren. Da hast du mich angeschrien: ‹Sie beschuldigen uns nur, weil wir Türken oder Araber sind!› Siehst du jetzt mal, wie das ist?»

Erkan nickt. Hat er verstanden? Ich glaube schon.

Ich lasse ihn stehen.

Ich weiß immer noch nicht, wer die Treppe versaut hat.

Egal. Das war's mir wert.

GEFANGEN IM NETZ

Ich bin jetzt auch Facebook, vallah! Aber ich habe nur wenige Freunde, nur die Schüler meiner Klasse, denn ich will dieses komische soziale Netzwerk rein pädagogisch nutzen, so wie es mir Frau Freitag vorgemacht hat.

Facebook ist ja wohl der Knaller. Jetzt kann ich sehen, wer mit wem und wann und worüber! Ich bin Frl. Stasi.

Wir haben Herbstferien, da beobachte ich, wie sich der gemeine Schüler meiner Klasse bis 4.23 Uhr in der Früh im Netz tummelt, um unsinnige Familienfotos, geschmacklose You-

Tube-Filmchen und kitschige Sprüche herumzuschicken oder um zu chatten.

Leider switchen die immer vom Deutschen ins Türkische, eigentlich rücksichtslos. Ich sollte ein bisschen mehr Türkisch lernen! Wo sind eigentlich die Bücher von meinem Türkisch-lehrgang, den ich mal besucht habe?

In den Ferien ist mir das Facebook-Verhalten meiner Kinderlein völlig egal. Die sollen ja auch ihren Spaß haben. (Die reschtchreibunk blände ich aus – soweit ich das schafe). Aber mir wird schon blümerant bei dem Gedanken, dass das garantiert in der Schulzeit weiter so läuft, bleich und übernächtigt, wie die morgens immer reinschleichen.

Meine Schüler waren zuerst ganz ungläubig, als ich sie facebookmäßig angeschrieben habe.

«Hallo, Aynur! Ja, ich bin's, Frl. Krise! Bitte nicht erschrecken! Ich wollte das hier für unsere KLASSE nutzen, damit ihr mich z. B. beim praktikum nach den ferien erreichen könnt. Wenn es dann irgendwelche probleme gibt oder so …»

Aynur: «Aha, haha, sehr kommisch Nesrin.»

Ich: «Nein, nicht Nesrin, ich bin's, Frl. Krise. Ehrlich!»

Aynur: «Achso da ist aberein rechtschreib fehler drinne: die klasse und nicht die KLASSE, und hmm da ist doch wer anderer dahinter, ist es vieleicht nesrin oder Fuat? Und Krise ist nicht facebook hat sie gesagt.»

Ich: Stöhn und fluch …

In der Art ging's mit jedem aus meiner Klasse hin und her, bis ich mich endlich aufraffte und ein Bild einfügte. Natürlich war das ausgerechnet ein Foto, das in der Schule aufgenommen worden war, und der misstrauische Ömür bezweifelte immer noch meine Identität.

Ömür: «Aha foto gibt es viele fotos von ihr in schule ich hab welche las das mal nesrin was glaubst du wer du bist du spast.»

So sieht also Rechtschreibung aus, wenn sie wegfällt. Wie oft hab ich schon gesagt: «Vielleicht schreibt man mit zwei ll»?

Und nach den Ferien gibt's erst einmal ein paar Stunden zur Zeichensetzung. Ist ja grauenvoll.

Inzwischen bekam ich aber jede Menge Freundschaftsanfragen von Schülern meiner Schule und ihren Freunden, von Bekannten und Verwandten aus ganz Deutschland und der Türkei. Die waren kein bisschen misstrauisch – die kannten mich nicht mal. Wahrscheinlich deshalb! Sogar mein ärgster Feind, ein ehemaliger Schüler meiner Klasse, der gern die übelsten Storys über mich in der Schule verbreitete, fragte, kaum hatte ich mich angemeldet, ob er sich mit mir befreunden könnte.

Ich habe ihn weggeklickt. Herrlich. Ein super Gefühl: Klick und – weg!

Denn ich will ja nur mit meiner Klasse befreundet sein. Sonst ufert die Sache endgültig aus.

Computersucht! Ich frage mich, wer ist gefährdeter – meine Schüler oder ich?

DIE ARMEN KINDER

«Die Kinder hatten nichts früher, wa, Frl. Krise?», fragte Necla.

«Nichts», bekräftigte ich

Die armen Kinder. Sie hatten nichts, vor allem nichts, an das sich hinten die Endsilbe «-phone» oder «-pad» hängen ließ. Kein Handy, keinen Computer, noch nicht einmal einen eigenen Fernseher. Trostlos. Was haben die nur den ganzen Tag gemacht? Außer Musik vom Radio auf Kassette aufzunehmen, sie abzuspielen und dann mit einem Filzstift zu versuchen, das meist verhedderte Band wieder aufzuspulen und es mit Tesafilm zu kleben? Nicht mal Privatfernsehen gab es!

Necla runzelte die Stirn und sagte ungläubig: «Frl. Krise, bloß zwei Programme! Niemals!»

«Doch, so war das wirklich. Mehr gab es nicht.»

«Frl. Krise, wissen Sie was? Die armen Kinder! Haben die nicht mal gesagt, sie brauchen mehr?»

Necla! Sie kann nicht verstehen, dass die Übersichtlichkeit des Fernsehprogramms auch seine guten Seiten hatte. Beinahe jeden Morgen wurde es durchdekliniert, sowohl im Lehrerzimmer als auch in den Klassen. Mit den schwierigsten Schülern hatte man schon vor dem ersten Konflikt einen kleinen, von allen Problemen unbelasteten Gesprächsanknüpfungspunkt. «Hast du das gesehen? Oder das?» So wie das heute nur noch beim Fußball und Germany's Next Topmodel *funktioniert*.

Und welche Erziehungsprobleme das Fernsehen aufwarf! Ich erinnere mich an lange Diskussionen auf Elternversammlungen. Da wurden Fragen diskutiert, die ich seit bestimmt fünfzehn Jahren nicht mehr gehört habe: «Wie lange darf ein Kind am Tag fernsehen? Welche Sendungen sind für ein Kind geeignet? Ist Fernsehen schädlich für die Augen? Darf man es als Belohnung oder Bestrafung einsetzen? Werden Kinder bei hohem Fernsehkonsum unkreativ? Leidet ihre Phantasie? Oder ihre Konzentrationsfähigkeit? Gibt es eine Fernsehsucht? Kann man es verantworten, einem Zwölfjährigen ein eigenes TV-Gerät ins Zimmer zu stellen?»

Schnee von gestern.

Bei solchen Fragen würde mich nicht nur Necla groß ansehen, sondern auch ihre Eltern.

SUSI HAUT MURAT

«An den Schulen mit überwiegender Migranten-Schülerschaft werden die letzten Deutschen gemobbt und gedisst», erfahre ich in den Herbstferien aus den Medien. Na ja, meine Schule ist ja auch so eine – nur zwei Bio-Deutsche, Jenny und Hanna, sind in meiner Klasse. Vor denen haben aber alle Angst, echt, sogar ich!

Nee, also mal im Ernst, bei uns ist das so: Gedisst werden immer die Opfertypen, ziemlich egal, welche Nationalität sie haben. Die erkennt man schnell: Es sind meistens Jungen, linkisch und unsportlich, leistungsmäßig selten besser als die anderen, aber mit einem professoral zerstreuten oder verschrobenen Verhalten. Sie reden entweder viel zu viel oder viel zu wenig, und sie suchen die Nähe des Lehrers mehr als die anderen.

Sind solche Jungs türkischstämmig, geht es ihnen vielleicht sogar noch ganz gut, denn dann werden sie von den vielen anderen Jungen gleicher Herkunft geschützt. Nicht immer, aber oft! Ist das Opfer ein deutsches Kind, wird der Schutz eher mager ausfallen, wenn es kaum deutsche Kinder in der Klasse gibt. Andersrum läuft es genauso: An einer überwiegend deutschen Schule sind es die drei Türken in der Klasse, die gedisst werden.

Das Dissen ist also nach meiner Erfahrung mehr eine Minderheitenproblematik, weniger eine Deutschen- oder Ausländerfeindlichkeit.

«Respektlosigkeiten muslimischer Schüler gegenüber Frauen», lese ich weiter.

Unsere Schüler sind in der Regel ziemlich unerzogen. *Alle* aller Nationalitäten! Sie haben wenig Benehmen, ein großes Mundwerk und im Grunde kaum Selbstbewusstsein, auch wenn sie noch so tönen. «Respekt» ist zwar ihr Lieblingswort, aber sie wissen gar nicht, was das ist. Direkt frauenfeindliches Verhalten habe ich noch nie erlebt, wohl aber das «normale» lehrer-/lehrerinnenfeindliche Verhalten: «Scheiß Herr Wolf/ Blödes Frl. Krise, sind schuld an Sitzenbleiben von Fuat, vallah!»

Wenn es gelingt, eine halbwegs gute Beziehung herzustellen, sind unsere Schüler supernett, manchmal bis zur gnadenlosen Distanzlosigkeit, gerade zu den Lehrerinnen. Denn freundliche Resonanz schmeichelt ihrem Machotum.

Bin ich jetzt so milde, weil Herbstferien sind?

Nach den Herbstferien

DREIMAL KOPFTUCH

Mesut Özil dürfte, wenn er wollte, bestimmt mit Kopftuch spielen, das wäre allen Fußballfans egal. Hauptsache, er schießt Tore für Schland, für *uns*! (Bei der Burka würde Jogi vermutlich aus modischen Erwägungen Einspruch erheben.) Aber meine kleine Eda aus der siebten Klasse, die ein Kopftuch trägt, wird von einer ziemlich prolligen Passantin angeranzt: «Ey, du da! Schrei mal nich so rum hier! Mit Kopftuch! Aber hier rumschreien!» Und dann sagt die Frau auch noch zu ihrem Mann, der schon vormittags eine Bierflasche in der Hand hält: «Kopftuch! Aber kein Benehmen! So was brauchen wir hier gerade!»

«Hier» ist Deutschland, vermute ich mal. Die Bushaltestelle, an der wir stehen, wird wohl nicht gemeint sein.

Eda hat das Kopftuch noch nicht lange, erst seit dem Ramadan. Sie hat es freiwillig genommen, beteuert sie, alle Frauen in ihrer Familie tragen Kopftuch. Sie gibt unbefangen zu, es sei etwas unbequem und sehr warm, aber sie freut sich schon auf den Winter, sie friert so leicht, und dann ist das Kopftuch bestimmt sehr gemütlich. Zu Hause zieht sie es aus, nur in der Schule geht das natürlich nicht, wegen der Jungen und Lehrer.

Wir sind allein in der Klasse, und sie zeigt mir, wie das Tuch angelegt wird. Es ist ein ziemliches Gewurschtel, bis man zu den hochgesteckten Haaren vorstößt – wegen der Unterkopftücher und der kleinen Kappe, die alles im Verein mit Klammern und Nadeln zusammenhält. Ganz schön kompliziert.

Eda ist stolz darauf, dass sie jetzt zu den Großen gehört.

Eda ist echt süß. Sie hat braune Knopfaugen und ein rundes Gesichtchen. Sie ist immer bester Stimmung, offen für alles, spricht gut Deutsch – und eine passable Schülerin ist sie auch. Das Kopftuch scheint sich für sie so anzufühlen, wie sich damals die erste dünne Strumpfhose für mich angefühlt hat. Mental meine ich! Nein, ich habe mir die Strumpfhose *nicht* über den Kopf gezogen.

Frl. Alice Krise denkt jetzt: Eda, weißt du, das Kopftuch ist in meinen Augen leider ein Zeichen für die Unterdrückung von Mädchen und Frauen. Und du wirst es mit Kopftuch später zudem sehr schwer haben, einen Ausbildungsplatz zu bekommen. Jawohl, ich finde es grässlich, dass du dieser Geschlechterapartheid unterworfen wirst. Ich sage das aber nicht, denn das könnte Eda im Moment gar nicht verstehen.

Yasemin aus meiner letzten Klasse besucht mich in der Schule. Sie war eine total nette Schülerin, zwar faul und vorlaut, aber patent und mein Augenstern. Sie ist verheiratet, hatte schon eine Fehlgeburt, nimmt neuerdings die Pille («Bloß kein Kind jetzt», sagt sie) und macht eine Ausbildung – im zweiten Anlauf. Die erste Stelle hat sie geschmissen.

Sie klopft an die Lehrerzimmertür. Ich öffne und kippe fast aus den Latschen: Yasemin trägt Kopftuch! Das kann ja wohl nicht wahr sein! Ich stoße einen empörten Schrei aus, danach fallen wir uns in die Arme.

«Ach, das Kopftuch», sagt sie. «Ist doch egal.» Und sie fällt mir nochmal um den Hals und schnattert genauso los wie früher. Für sie scheint das Kopftuch ein normales Requisit zu sein, was frau eben so trägt. Meine Aufgeregtheit wischt sie – zack – weg. Soll ich mich jetzt abregen?

Nein!

TURGUT ANTE PORTAS

Das Unheil kündigte sich bereits am Sonntagnachmittag an. Über Facebook meldete sich nämlich Turgut bei mir.

«Hallo frl. krise», las ich, «ich bin's, Turgut.» Dazu grinste mich ein wohlbekanntes Gesicht aus einem Kinderzimmerfoto an. «Mein lehrer hat angerufen, ich hab nich bestanden probezeit. ich komm wieder bei euch in alte Klasse.»

Ich dachte: Jetzt mal ganz ruhig bleiben, Krise, durchatmen und nicht die Nerven verlieren.

«Hallo Turgut», tippte ich scheinheilig in das Nachrichtenfeld. «Was ist passiert?»

Dabei wusste ich es schon: Der feine Herr Turgut war kaum hingegangen zu seiner neuen Schule und hat auch die Praktika, aus denen der Unterricht überwiegend besteht, geschwänzt. Sein Lehrer hatte uns vor einiger Zeit informiert – aber die Hoffnung stirbt ja bekanntlicherweise zuletzt.

Turgut antwortete: «Ja. ich wollte bei projektschule nicht bleiben. meine verhalten verbessere ich dieses jahr. ich schwör. bei projektschule habe ich mich benommen. morgen bin ich um acht bei der Sekreteriat. aber ist doch praktikum? wo soll ich praktikum gehen? und herr wolf meinte mir und Ali, wenn du halbjahr nicht bestehst dann bist du wieder zurück in unsere schule und gleiche klasse. ich will aber nur meine klasse. ich will nicht andere klasse.»

Heute Morgen trafen wir uns dann vor dem Sekretariat – ich hatte schon alles perfekt organisiert (mitten in der Nacht sozusagen). Meinem verdutzten Turgut eröffnete ich, dass er die nächsten drei Wochen den Unterricht einer zehnten Klasse besuchen dürfe, da alle Neuner im Praktikum seien.

«Aber Praktikum, ich will auch Praktikum», forderte Turgut.

«Praktikum hättest du in den letzten drei Monaten jeden Tag machen können», bemerkte ich zuckersüß. «Sogar in einer Autowerkstatt, wie ich hörte. Jetzt geht's ab in den Unterricht. Du wohnst doch nur um die Ecke. Hol deine Schulsachen, und

zur dritten Stunde bist du in der 10b! Mathe! Hier ist dein
Stundenplan. Und bitte pünktlich!»

«Vallah, könnte ich nich vielleicht erst mor…» Turgut versuchte zu handeln, aber ich sagte sehr mentalistisch und ener-
getisch: «*Hayir* und nein!» Und ließ ihn stehen.

Wer um zehn Uhr nicht erschien, war Turgut. Ich loggte
mich sofort bei Facebook ein. Meine Kollegen im Lehrerzimmer waren ganz ehrfürchtig, als ich triumphierend ausrief:

«Da! Da ist er! Er kommentiert ein Video!»

Diese modernen Netzwerke – hach, sie verbinden wirklich!   **133**

Ich schrieb eine gepfefferte Nachricht, worauf Turgut vom
Schirm verschwand. Zehn Minuten später stand er vor der Tür
des Lehrerzimmers.

«Äh … ich dachte … Sie haben … morgen … ich …», stotterte er vor sich hin.

Ich zeigte nur stumm in Richtung 10b.

LEBEN TRIFFT SCHÜLER

Mannomann! Am *ersten* Tag aus dem Praktikum fliegen, ich
fass es nicht! Da labern wir vor dem Praktikum wochenlang
darüber, was man als Praktikant tun und lassen darf, kann,
soll, muss, und dann so was … wegen eines Pfandbons! Das
glaubt mir doch keiner!

Mehrmals, ach, was sag ich, unaufhörlich ja geradezu man-
tramäßig habe ich gepredigt:

«Und bitte, bitte, lasst bloß nichts aus euren Betrieben mitgehen, nichts, wirklich gar nichts! Man nennt das Klauen oder
Stehlen! Es sind schon Leute wegen einer klitzekleinen Frika-
delle oder eines halben Brötchens gefeuert worden, ja sogar
wegen eines Pfandbons. Erst letztes Jahr flog eine Schülerin
wegen einer geklauten Zigarette blablabla …» So sprach ich.
Und niemand hörte zu.

Denn was bekam ich gestern? Am Abend des ersten Prakti-
kumtages? Eine Nachricht über Facebook von Fuat, der ja in
einer großen Lebensmittelfiliale arbeitet: «Hallo Frl. Krise, es
ist was pasiert was nich so erfreuliches. also es war so ich hatte
Feierabend ich wollte mir ein cola kaufen aber hatte zu wenig
geld 30 cent oder so und als ich zu kasse ging in der nähe vom
Lager sah ich ein Leergutschein sozusagen Pfandschein und
ich nahm ihn und ging zu Kasse. als der Kasierer ihn einlösen
wollte ging es nicht und er ging zum Büro und auf einmal ruft
eine frau mich zum Büro später kam auch der Leiter denn ich
gar nicht magg und er sagte zu mir das ich ihn geklaut habe
vom Lager und ich sagte das stimmt nicht ich habe ihn auf dem
boden gefunden und er meinte sagg deinen Lehrern du
brauchst Morgen nicht zu kommen und ich sagte nochmal zu
ihm ich war es aber nicht werendessen sagte er du kannst jetzt
gehen!»

Beim Lesen bekam ich Atembeschwerden wegen der fehlenden Punkte und Komma. Bei wem hat der Junge eigentlich
Deutschunterricht?

Später rief ich bei Fuat zu Hause an. Seine Mutter war dran.
Die Arme tat mir direkt ein bisschen leid. Natürlich verteidigte
sie ihr armes, unschuldiges Kind, das so ungerecht behandelt
wurde. Ihr Mann war inzwischen mit Fuat beim Filialleiter
gewesen, der hatte sich aber als harter Hund erwiesen und sich
nicht dazu überreden lassen, Fuat noch eine Chance zu geben.
(«Noch eine Chance … ich war's nicht … noch eine Chance …
ich war's nicht …» Lieblingssätze meiner Schüler.) Ganz im
Gegenteil: Er drohte sogar mit einer Anzeige, sah dann aber
doch davon ab.

Fuat stand heute früh klein und bescheiden in der Schule auf
der Matte, und ich durfte ihn mit in meinen Unterricht im
siebten Schuljahr nehmen. Er wirkte ein bisschen geknickt und
lächelte mich verlegen an.

Karl ist dann heute noch mal zu dem Discounter gegangen.
Der Pfandbon war übrigens ein Fehlbon; die werden nur

im Lager aufbewahrt. Von wegen, lag auf dem Boden … Na ja, Fuat hat jetzt bis morgen Zeit, sich einen neuen Platz zu suchen. Vallah, ich hoffe, es klappt. Denn langsam kriegen wir ein Problem: Wenn das so weitergeht, haben wir in null Komma nichts zwei Gruppen zu verarzten: eine Gruppe Praktikanten, die Karl und ich besuchen müssen, und eine Gruppe Nichtpraktikanten, die wir unterrichten müssen – ist ja toll!

DIE REINE ERHOLUNG

Praktikum, 3. Tag

Ich möchte weinen. Ich tu mir echt schon richtig leid. Praktikum, das war doch bisher die schönste Zeit in den vier Jahren, in denen man Klassenlehrerin einer Klasse ist. Der Unterricht fällt nämlich für die betreuenden Lehrer teilweise aus, denn man muss ja in der Gegend herumgurken und die Schüler an ihren Praktikumsplätzen besuchen. Ich liebte das bislang. Aber diesmal: Danke schön auch!

Gehen wir mal chronologisch vor, es ist schon alles verwirrend genug:

· Turgut, der seit Montag in den Unterricht einer zehnten Klasse gehen soll, fehlt gleich am Dienstag, meine Kollegin erzählt es mir heute im Nebensatz. Sie guckt dumm, denn ich haue sofort bei Facebook eine giftige Nachricht raus.

Antwort von Turgut gerade eben: «Ehm frl Krise, ich hab magenentzündüng. gestern war ich bei artz und sie meinte komm morgen von 9 Uhr bis 12 Uhr, aber leider hab ich nicht geschafft heute. und deswegen muss ich morgen wieder gehen, aber erst ab 15 Uhr da ich morgen zu schule komme. Morgen bin ich Punkt acht bei schule.»

Wenigstens hat er ein paar Punkte gesetzt. Ansonsten ist der Inhalt ja wohl eher nebulös, würde ich sagen.

- Fuat hat sich gleich gestern eine neue Stelle gesucht. Jawohl. Ich bin erfreut. Gestern Abend hab ich mit ihm gechattet Dass es einmal so weit kommen würde, dass ich mit Schülern chatte! Karl hat ihn schon besucht, und wir ahnten es: Sein neuer Chef ist ein Verwandter. Der wusste natürlich nix vom Rausschmiss.

- Ist euch Rahim noch ein Begriff? Der hat sich doch hier als Schuldistanzierter eingeführt. Was soll ich sagen? Wir bekamen die Kunde, dass er an seinem Praktikumsplatz noch nicht gesichtet wurde. Und die Handynummer der Mutter stimmt anscheinend auch schon wieder nicht …

- Nun zu Hassan. Den hatten wir untergebracht, in dieser Berufsschule, weil es ihm nicht gegeben war, sich selbst einen Platz zu suchen. Aber schon am Montagmittag bekam Hassan so eine Art Migräne, ganz unangenehm. Der Ärmste fuhr gleich nach Hause, um sich ein bisschen abzulegen. Am Dienstag erschien er vorsichtshalber nicht. Heute Morgen rief uns seine Betreuerin von der Berufsschule an, Hassan habe die Praktikumsstelle gewechselt – angeblich in Absprache mit uns.

  Hä?

  Er sei jetzt bei einem Steuerberater.

  Wie bitte?

  Karl klemmte sich gleich ans Telefon. Die Nummer stimmte, und der Steuerberater bestätigte, ja, korrekt, Hassan sei jetzt sein Praktikant. Nein, sprechen könne man ihn nicht, er sei gerade im Außendienst. Nein, Hassan sei nicht mit ihm verwandt. Ach so, ohne Vertrag sei das alles nicht rechtskräftig und versichert wäre er dann auch nicht – na gut, das könne man nachholen. Wenn wir es unbedingt wollen, könne Hassan gern morgen noch mal in die Schule kommen, kein Problem, und einen schönen Tag noch.

- Dann fuhr ich zu Azzize, auch eins unserer Sorgenkinder. Sie schwänzt in letzter Zeit viel, sie will lieber heiraten als in die Schule gehen. Ach, über sie könnte man eine lange

Geschichte schreiben. Jedenfalls, als ich den kleinen türkischen Fotoladen endlich gefunden habe, in dem sie ihr Praktikum macht, muss ich frustriert feststellen: Madamchen fehlt. Ohne Krankmeldung, versteht sich. Weder in der Schule noch im Betrieb hat sie sich abgemeldet. Ein Anruf bei ihr zu Hause ergibt – Mailbox. Allmählich hasse ich diese Dinger.

- Der einzige Lichtblick: Nesrin. Hübsch angezogen, gut frisiert, dezent geschminkt, wohlriechend und übellaunig kehrt sie ihren Friseursalon.

Ja! Sie ist Knecht. Empört flüstert sie mir ins Ohr, wie voll krass doch arbeiten sei! Ich verstehe gar nicht, was sie meint. So ein bisschen sauber machen …

Ach! Ehe ich es vergesse: Vier Stunden Unterricht hatte ich auch noch, aber das war sehr angenehm, fast erholsam – war ja nicht in meiner Klasse.

EIN SILBERSTREIF

Praktikum, 4. Tag

Männe sagt, ich neige zur Übertreibung. Stimmt. Aber was dieses Praktikum angeht, da kann man nicht mehr übertreiben. Zum Beispiel Hanna. Hanna war auf den letzten Drücker von einer liebreizenden Kollegin in einem sehr hübschen kleinen Café untergebracht worden. Als Bedienung. Auch Hanna gehörte nämlich zur «Was-geht-mich-das-Praktikum-an-Fraktion».

Am Montag ist sie dort im Café erschienen, aber am Dienstag und Mittwoch fehlte sie unentschuldigt – und wurde daraufhin in Ungnaden entlassen. Natürlich habe ich sofort wutschnaubend mein Handy gezückt und die Nummer ihrer Mutter gewählt. Was hörte ich: «Die von Ihnen gewählte Rufnummer ist nicht korrekt, bitte überprüfen Sie …»

Langsam hab ich die Faxen dicke.

Aber es gibt auch Gutes zu berichten. Doch. Wirklich!

Heute früh habe ich Gülten in einer Kita besucht. Ach, wie süüüüüüüß können Kinder sein! (Leider gerät das im Umgang mit Pubertären total in Vergessenheit.) Zweijährige kleine schwarzhaarige Jungs mit abstehenden knallroten Öhrchen, die sich klebrige Brotstückchen hochkant in den Mund schieben (mit beiden Händchen) und mir dabei irgendetwas Unverständliches erzählen – zu niedlich, ich war hin und weg. Der Gedanke an Fuat ernüchterte mich jedoch sogleich. Bestimmt war er auch mal so ein Goldchen. Was würde aus diesen reizenden Kinderchen werden?

Und Gülten? Ganz freundlich und höflich und erwachsen. Warum ist sie nicht immer so, vallah? Sie begrüßte mich formvollendet, stellte mich ihrer Kollegin vor und schrie mir nicht ein einziges Mal ins Ohr. Dafür hauchte sie leise beim Abschied: «Frl. Krise – das ist voll anstrengend mit Kindern!»

Ich nickte wissend, und sie grinste wissend, und dann sagte sie: «Ich freu mich auf die Schule!»

Im Hinterzimmer einer Apotheke durfte ich dann mit Mariam Kaffee trinken, der Apotheker war voll des Lobs ob seiner tüchtigen Praktikantin und schenkte mir überschwänglich eine Monsterpackung Tempotücher. Eine schöne Creme oder meinetwegen eine Großpackung Hustenbonbons wäre mir ehrlich gesagt lieber gewesen. Aber man weiß ja, dass es dem Gesundheitswesen schlechtgeht, und er hat sich immerhin Mühe gegeben, das zählt. Mariam findet übrigens Arbeiten auch anstrengend und gleichzeitig langweilig. Sie ist den ganzen Tag mit drei Erwachsenen zusammen, das nervt sie. Das verstehe sogar ich.

Und zuletzt besuchte ich noch Gamze in so einem neumodischen Friseursalon, wo sich urbane Kunden bei lautester Technomusik von stylisch aussehenden Gestalten die Haare schneiden lassen. Hier kommt man sich bestimmt gleich sehr hip und crazy vor, außer man ist eine ramponierte Lehrerin im Praktikum. Ich war fix und foxi, weil ich ja bereits unterrichtet und unglaubliche Strecken teils zu Fuß, teils mit öffentlichen, teils mit meinem privaten Verkehrsmittel zurückgelegt hatte. Am liebsten hätte ich mich auf einer dieser dicken Ledercouchen da zusammengerollt und ein kleines Nickerchen gemacht, denn mir qualmten die Socken. Aber das wäre Gamze, glaube ich, ein bisschen peinlich gewesen.

Sie wurde übrigens auch jäckpottmäßig gelobt. Aber sie winkte mir ein bisschen traurig nach, als ich ging. Durch das Fenster sah ich, dass die Chefin sie sogleich an den Besen beorderte.

Ich schleppte mich lustlos in die Mall gegenüber, es blieb allerdings bei einem kurzen Abstecher. Denn schon im zweiten Laden merkte ich, dass ich mein Schlüsselbund auf Gamzes chromblitzender Kassentheke liegen gelassen hatte …

Jetzt bin ich groggy. Ich habe mir unterwegs noch nichts Schönes gekauft (außer einer Haarbürste), habe ein Knöllchen vom Parken im eingeschränkten Halteverbot erhalten (mein Gott, da parkten doch alle!) und an der linken Ferse eine offene Blase.

Aber Mariam, Gülten und Gamze wurden gelobt!

Meine Erziehung!

WER KLAUT SO WAS?

Ich verliere oft etwas. Aber die Dinge hängen an mir, fast immer kommen sie zu mir zurück. Schon viermal ist mein Portemonnaie geklaut worden, auf der Straße, in der Bahn, bei einem Schulausflug, im Möbelgeschäft. Jedes Mal fand ich es wenige Tage später in meinem Briefkasten wieder, das Geld war weg, aber die Papiere nicht.

«Du hast vielleicht ein Glück!», sagt Frau Freitag ungläubig.

«Man kann sein Glück auch überstrapazieren», sagt Männe düster.

«Eines Tages verlierst du wieder dein Notenheft», sagt meine Tochter drohend.

Ich halte mir die Ohren zu. Das will ich nicht hören.

Das Notenheft zu verlieren ist der Worst Case im Lehrerleben. Viele Kollegen machen auch deshalb doppelte Buchführung, sie tragen die Noten zusätzlich in ein Computerprogramm ein. Das kann sogar die Endnoten berechnen, bis auf die siebzehnte Stelle hinter dem Komma. So etwas ist mir fremd. Ein Computer ist zum Schreiben da, nicht zum Rechnen, finde ich.

Meine Tochter nervt mich. Warum muss sie mich an die Sache mit dem Notenheft erinnern? Ich will nichts davon wissen. Es ist nämlich eine unrühmliche Geschichte:

Mein Notenheft war ein klassischer Lehrerkalender, so wie ihn viele Lehrer haben. Klein, handlich, rot und unersetzlich. Meiner verschwand eines Tages. Ich suchte etwas halbherzig nach ihm, in der Schule, zu Hause, im Auto. Irgendwo musste er ja sein!

Der Kreis der Mitsucher erweiterte sich langsam – meine Kinder, Männe, Kollegen, Schüler, sogar Frau Spieß suchte mit. Ich wurde unruhig. Nach einer Woche begann ich, Stammlokale und Lieblingsgeschäfte abzuklappern. Ich rief das Fundbüro an und nervte den Hausmeister der Schule. Nichts! Nur noch sechs Wochen waren es bis zur Notenabgabe, ich brauchte den Kalender! Ich konnte nicht alle Noten rekonstruieren, auf keinen Fall.

Erste Panikattacken, leichte Schlafstörungen, nervöses Zucken des linken Augenlids. Der Kalender blieb verschwunden. Die Zeit verrann …

Ich begann von Noten zu träumen.

Manche konnte ich nachvollziehen, soweit mir Arbeitshefte und Bilder vorlagen. Andere musste ich schätzen. Ich traute mich nicht, Fünfen zu geben. Alle kamen in diesem Schuljahr bei den Zeugnissen zu gut weg. Die Schüler freuten sich.

Einen Tag nach der Zeugnisausgabe fand ich in meinem Briefkasten zwischen Rechnungen, Werbung und der Zeitung *ein kleines Päckchen. Ich drehte es hin und her. Es war in meiner Stadt aufgegeben worden, ein Absender fehlte.*

Ja! Es war mein Lehrerkalender. Sonst nichts. Kein Brief, keine Erklärung. Ich will heute noch nicht glauben, dass das meine Schüler gewesen sein könnten.

FINITO

«Na, Frl. Krise, vielleicht bist du ja auch Schuld an dem Fiasko», sagt meine Freundin Frau Freitag – schöne Freundin! – und schiebt sich grinsend ein Stück Käsekuchen in den Mund. «Vielleicht hast du ihnen ja nicht richtig erklärt, wie so ein Praktikum funktioniert.» Eben habe ich ihr erzählt, dass das Praktikum in den anderen neunten Klassen unserer Schule relativ reibungslos vonstattengeht.

Gerade machen wir unsere allfreitägliche kleine After-Work-Party in einem Straßencafé. Wir sitzen in der Sonne, trinken Cola light, und ich bin schlecht gelaunt. Frau Freitag meint das humoristisch, ich weiß, und ich würde bestimmt auch so reden, wenn es um ihre Schüler ginge …

Frau Freitag und ich, wir räsonieren immer wieder über das Desinteresse unserer Schüler an ihrer beruflichen Zukunft, und wir fragen uns, ob es wohl ohne unser permanentes Anschubsen und Drängeln anders – vielleicht sogar besser – liefe.

Bei manchen ja, bei anderen nein, entscheiden wir salomonisch. Aber wenn man jahrelang mit Kindern arbeitet, entwickelt man eine Beziehung zu ihnen. Das ist pädagogisch gewollt und gut so. Und auch wenn diese Beziehung störanfällig und wackelig ist, sie ist da. Sie macht, dass man sich verantwortlich fühlt und immer wieder die Initiative ergreift.

Fuat regt mich ja meistens auf, aber manchmal guckt er mich so dackelmäßig treu an, dass ich für einen Moment den liebenswerten Kerl sehe, der er bestimmt mal war und der er sein könnte, wenn er unter anderen Bedingungen groß geworden wäre – und der er, wenn er erwachsen ist, vielleicht wieder sein wird. Aber ob er jemals einen Beruf haben wird? Das hängt von vielen Faktoren ab, nicht nur von der Schule, selbst wenn wir das gern glauben.

Meine Erfahrung ist, dass sich unsere schulentlassenen Schüler jahrelang sehrsehrsehr schwertun. Sie taumeln erst einmal bloß von einer Schule beziehungsweise Maßnahme zur nächsten. Wenn man sie ein, zwei Jahre nach der Schulentlassung auf der Straße trifft, sehen sie zwar hollywood aus, hören sich aber so an:

Yasin, euphorisch: «Frl. Krise! Ich mach Fachabi!»

Ich, erstaunt: «Donnerwetter! Das hätte ich nicht gedacht. Super, Yasin!»

Yasin, betrübt: «Aber ich hab Probezeit nicht bestanden!»

Wenn Maßnahme auf Maßnahme folgt und kein berufliches Weiterkommen in Sicht ist, wird das Leben auch manchmal richtig schwer:

Alican, der seit drei Jahren eine Ausbildungsstelle sucht: «Frl. Krise, ich fühle mich wie siebzig. Ich sitze den ganzen Tag zu Hause. Mein Herz tut weh, was soll ich nur machen?»

Natürlich fielen mir gleich alle seine Sünden ein: Er kam immer zu spät, machte keine Hausaufgaben, schlief gemütlich im Unterricht … Inzwischen hat er eine Kochlehre angefangen.

Im zarten Alter von etwa zwanzig haben sich dann alle so einigermaßen in eine berufliche Existenz reingefrickelt. Bäckerei, Obststand, Handyladen, Putzen. Doll ist das nicht, aber man lebt. Die Mädchen bleiben allerdings beruflich oft auf der Strecke. Wenn der Jobeinstieg nicht sofort klappt, heiraten sie überstürzt den Cousin aus der Türkei oder dem Libanon (oder sie werden verheiratet) und sind schneller schwanger, als man es für möglich hält. Und die nachgeborenen Kinderlein? *Die* werde ich nicht mehr unterrichten!

Bloß … Ich frag mich schon die ganze Zeit: Wenn ich das alles weiß und schon tausendmal erlebt habe, weshalb reg ich mich so auf, wenn diese Kinder aus meiner Klasse das mit dem Praktikum nicht hinkriegen?

Azzize ist heute rausgeflogen. Der Fotoladenbesitzer, ein freundlicher, netter Mann, hat mich angerufen. Donnerstag war sie da, heute fehlte sie wieder unentschuldigt. Zwei Tage Anwesenheit, drei Tage Abwesenheit in einer Woche. Er war es leid, und ich kann ihn verstehen.

Turgut ist nach seiner «Magenentzündüng» nicht mehr in die Schule gekommen, aber er hat mir via Facebook wieder mal eine Nachricht übermittelt: «Hallo frl. krise ich sollte ihnen von der polizei mitteilen. also es war ein streit zwischen mein cousengs und arabern und gestern meinten die kommt in unser straße. wir reden und vetragen dies das. die waren 17 – 19 Jahre alt. und neben uns war kein erwachsener und ein jugendlicher aus ecke hat mich mit schlagring angegriffen gegen mein hinterkopf.

jetzt habe ich ein beule. wir waren bei der polizei haben anzeige usw. gemacht. deswegen konnte ich nicht kommen. nächste woche montag fang ich jetzt an.»

Abo, eine Beule am Hinterkopf! Mein Mitleid hält sich in Grenzen.

Muss ich mir jetzt Sorgen um meine Schäfchen machen?

Nein.

Ich habe Wochenende. Ich habe diese Woche viel gearbeitet und mich noch mehr geärgert. Ich werde ab sofort zwei Tage nicht mehr an Schule, Schüler, Praktikum und dergleichen denken. Ich habe getan, was ich konnte. Mehr geht nicht. Wenn diese Bagaluten es nicht schaffen, ein bisschen Anstrengung in Richtung Zukunft zu investieren, dann kann ich es auch nicht ändern!

Ich möchte jedenfalls kein Magengeschwür, keine scharfen Mundfalten, keine Beule am Hinterkopf und schon gar keine Schlafstörungen kriegen. Jedenfalls nicht noch mehr, als ich schon habe.

ZWISCHEN PARFUM
UND ANGSTSCHWEISS

Praktikum, 6. Tag

Leila hat sich den eindeutig edelsten Praktikumsplatz ausgesucht – eine teure Parfümerie in einer feinen Shopping-Mall, natürlich super weit weg von der Schule. Aber darüber darf ich nicht meckern, weil wir ja wollen, dass unsere Schüler endlich ihre Nasen aus dem Bezirk herausstecken.

144   Heute morgen gegen elf Uhr steuere ich die Parfümerie an – besonders wohl frisiert und gut geschminkt, schließlich will man ja nicht schon von weitem wie eine abgewrackte Lehrerin aus einem Problembezirk aussehen – und werde am Eingang auffallend freundlich von so einer Art Türsteher begrüßt. Er schmeißt sich fast vor mir zu Boden und weist mir den Weg durch die ladenbreite Türöffnung, die selbst ich, kurzsichtig, wie ich bin, nicht übersehen kann.

Eine überschminkte, mittelalterliche Verkäuferin mit hektischen Gesichtsflecken schießt wie eine Rakete auf mich zu, mustert mich von oben nach unten und wieder zurück, lächelt mich honigkuchenpferdmäßig süßlich an und flötet etwas von «Helfen oder erst mal umschauen?».

Schon steht wie aus dem Boden gewachsen eine zweite Angestellte vor mir. Die erste blitzt die zweite an und zischt: «Die Dame wird schon von mir bedient!»

Seit wann schlagen sich in der Dienstleistungswüste Deutschland die Bedienungen um die Kunden? Ich bin höchst irritiert und will gerade meine Identität lüften, als Leila um die Ecke biegt, mich sieht, sich auf mich stürzt und mir die obligatorischen Küsschen rechtslinksrechts gibt.

«Meine Lehrerin», sagt sie bedeutungsschwanger zu den beiden Damen, die mich mit aufgerissenen Augen anstarren.

Ehe ich mich näher erklären kann, sagt die eine enttäuscht: «Ach sooooo, die Lehrerin.» Und die andere unhöflich: «Leila, geh mit deiner Lehrerin nach hinten, sofort!»

«Hier lang», erklärt Leila. Wir setzen uns in einen winzigen, unaufgeräumten Raum, der in herbem Kontrast zu all dem Glasgefunkel, Chrom, Gold, Duft und Glanz des Ladens steht. Leila grinst mich verschwörerisch an: «Vallah, Frl. Krise, die dachten, Sie sind die Frau, die heute kommen soll!»

«???»

«Die alles kontrolliert und so. Die wissen nicht, wann sie kommt und wie sie aussieht. Die warten schon die ganze Zeit.»

Sie erklärt mir, dass in regelmäßigen Abständen solche «Kontrolleure» in Form von schwierigen Kunden den Laden und die Verkäuferinnen checken und alle in Angst und Schrecken davor leben. Leila ist natürlich gänzlich unbeeindruckt davon und findet das ziemlich lustig.

Als ich wieder gehe, stehen alle noch in Habtachtstellung auf ihren Plätzen. Beim Herrenparfum schleicht eine verdächtige Gestalt herum, und ich schwör … mir wird auch schon ganz mulmig. Besonders bei dem Gedanken, dass unsere Schulbehörde so was demnächst auch einführen könnte …

BRITTA UND DIE KURVE

Praktikum, 8. Tag

Das Praktikum hat auch eindeutig gute Seiten! Das muss ich hier mal laut und deutlich sagen. Ohne Praktikum hätte ich nämlich auf keinen Fall heute Britta gesehen.

Ich kletterte gerade auf einem Parkplatz aus meinem Auto, um Hanna auf ihrem neuen Praktikumsplatz zu besuchen. (Ja, ja, das Hin und Her geht lustig weiter. Hanna flog ja wegen Nicht-krank-Meldens raus und füllt jetzt bei einem Discounter die Regale auf – ob das nun mehr Spaß macht, als im Café zu arbeiten, weiß ich allerdings nicht.) Da flog mir ein zartes blondes Wesen um den Hals.

Britta! Aus meiner vorletzten Klasse! Wir rechneten nach,

wie lange wir uns nicht mehr gesehen hatten. Kaum zu glauben, fast sieben Jahre war es her (sie ist jetzt schon dreiundzwanzig). Es war herrlich, dass wir uns hier trafen.

Britta – klein, zierlich, blond und nichts im Kopf als chillen, chatten, shoppen. Null Interesse an der Schule, nie verlegen um eine Ausrede, zu allem ein Widerwort. Ein sauschlechter, einfacher Hauptschulabschluss, mit fünfzehn Jahren schon bombenfest mit einem ebenso schwierigen Jungen liiert und von zu Hause ausgezogen. Sie nervte voll – aber ich mochte sie total gern.

«Frl. Krise, Sie können echt stolz auf mich sein», sagte sie. «Ich habe die Kurve doch noch gekriegt.»

Und wirklich, sie hat einen Job als Bedienung in einem bekannten Lokal, wohnt wieder bei Papa und Mama (sie ist frisch getrennt … na ja, fast getrennt), sieht hübsch aus und scheint zufrieden zu sein.

«Eine eigene Wohnung ist mir im Moment zu teuer», erzählte sie. «Lohnt sich auch nicht, ich arbeite ja so viel, oft an sechs Tagen in der Woche.»

Mensch – Britta und viel arbeiten! Hätte mir das jemand damals gesagt, ich hätte ihn ausgelacht.

Wir gingen zusammen in den Lebensmittelladen.

Da stand auch schon Hanna, in einen kurzen roten Kittel gewandet. Was haben die mit ihr gemacht, dass sie den angezogen hat?, dachte ich. Sie hantierte da zwischen vielen Kartons vor einem Regal und sortierte lustlos weihnachtliche Süßigkeiten ein.

Hanna – groß, sehr dünn, blond und nichts im Kopf als chillen, chatten, shoppen. Null Interesse an der Schule, nie verlegen um eine Ausrede, zu allem ein Widerwort – und doch … Irgendwie bin ich auf einmal ganz zuversichtlich. Die wird das auch noch hinkriegen. Hauptsache, sie rutscht nicht mit ihren komischen Freunden ganz ab.

Hanna begrüßte mich kaum, sprach ganz leise, zuckte mit den Schultern, nein, es gefalle ihr gar nicht hier, das Berichtsheft, ja, ein bisschen hätte sie es schon ausgefüllt, gleich hätte sie Feierabend, die Füße würden ihr wehtun … Nee, für immer sei das nix, kein Beruf für sie, Schule mache mehr Spaß. (Schule, sagte sie – nicht Unterricht!) Beim Reden guckte sie mich nicht an, es war ihr sichtlich peinlich, dass ihre Lehrerin hier im Geschäft aufschlug.

So im Laden wirkte Hanna irgendwie älter, und ich konnte mir plötzlich vorstellen, wie sie mit vierzig aussieht und immer noch im Kittel Regale einräumt, so dünn und schon ein bisschen abgearbeitet und verhärmt. Ich streichelte ihr beim Verabschieden über den Arm, sie zuckte zurück. Tschüs sagte sie nicht.

Draußen auf dem Parkplatz schüttelte Britta den Kopf. «Waren wir auch so, Frl. Krise? Jaaa … wa? Aber nicht ganz so schlimm, oder?»

VORBEREITUNGEN

Der junge Verkäufer auf dem türkischen Markt in unserem Kiez sieht mich fragend an. «Ich guck erst mal», sage ich hastig und hebe unschlüssig eins der Kopftücher hoch. Vor mir auf dem Stand liegen jede Menge Tücher, gemusterte, einfarbige, wollige, seidene, große, kleine, billige, teure, dazu kommen noch Unterkopftücher und Borten. Für jedes Alter, jeden Geschmack und jede Gelegenheit ist etwas dabei. Aber ich fühle mich unsicher, beinahe so wie in der Dübel-Abteilung im Baumarkt.

Was soll ich kaufen? Was passt? Was nicht?

Frau Freitag und ich haben nämlich einen Plan. Wir wollen einen Spaziergang durch die Stadt machen, vielleicht auch ein bisschen shoppen, und dabei sehen, wie sich das so anfühlt, wenn man Kopftuch trägt. Das haben wir schon lange vor, und diesen Sonntag wollen wir es endlich in die Tat umsetzen.

Schließlich kaufe ich aus Verzweiflung gleich eine kleine Kollektion von Kopftüchern, Schals und Bones in verschiedenen Farben. «Viel Spaß!», ruft mir der Verkäufer nach, als ob er wüsste, was ich vorhabe.

Morgen, denke ich, sind erst mal die Kleinen aus der Sieben dran, die müssen mir zeigen, wie's geht.

TESTLAUF

Mehrmals mussten wir ihn schon verschieben, aber heute ist es so weit – der kleine Kopftuch-Selbstversuch soll endlich stattfinden. Eda, Filiz und Derya aus der siebten Klasse sind im Deutschunterricht ganz aufgeregt und zwinkern mir andauernd verschwörerisch zu.

Eda hat mir ja neulich schon eine kurze «Einführung» ins Kopftuchbinden gegeben, aber Filiz und Derya sind der Meinung, Eda hätte mir das sicher nicht gut gezeigt. Und es stimmt: Eda trägt ihr Kopftuch viel nachlässiger gebunden als die beiden anderen, bei denen sitzt es immer wie eine Eins. Die tragen es aber auch schon länger …

Die beiden haben mich regelrecht bestürmt, sie wollen es mir nun richtig beibringen.

«Mit Anziehen?», fragte Filiz.

«Mit Anziehen!», antworteten Eda, Derya und ich aus einem Munde.

Nein, ich bin nicht zur Muslima konvertiert! Ich will bloß wissen, wie das Kopftuchbinden geht, und die drei Kleinen aus der Sieben brennen geradezu darauf, es mir zu demonstrieren.

In der Mittagspause geht es los. Eine hochkonspirative Aktion!

Vor der Tür haben sie Hilal postiert – für den unwahrscheinlichen Fall, dass sich eine männliche Person Zutritt verschaffen sollte. Und wenn schon. Bisher habe ich mich ja auch ohne Verschleierung der Öffentlichkeit präsentiert.

Ich schließe aber gutwillig beide Türen ab, dann fallen die Hüllen.

Spaaaaaß! Dann ziehe ich die Kopftücher, Schals und Bones aus der Plastiktüte. Ein Spiegel hängt zum Glück in der Klasse.

Ich bin gespannt.

Nun beginnen die drei an mir herumzuwurschteln. Derya kämmt mir die Haare zurück und bedauert, dass sie zu kurz sind. Richtig langes Haar könnte man hinten raffiniert hochstecken und würde einen formschönen, ausladenden Hinterkopf erzielen, wie es gerade modern ist. Meiner ist jetzt platt – sehr schade, echt …

«Na, macht nix», sagt Derya tröstend. «Ist bei älteren Frauen egal, aber bei jungen nich.»

Das ist das Nette an Kindern, dass sie immer so schonungslos sind, denke ich und seufze.

Nun kommt das mützenartige Unterkopftuch, das Bone, das die Haare zusammenhalten soll. Ich habe eins zum Binden gekauft. Das gibt es auch als Schlauch, werde ich belehrt, aber die Mädchen finden meins ganz okay.

Wahrscheinlich für ältere Frauen gerade richtig! Es wird straff um den Kopf gelegt und guckt später an der Stirn aus dem Tuch heraus.

Nun ist ein Schal an der Reihe, und ruck, zuck ist er gebunden. Ich will mal in den Spiegel gucken, doch die Mädchen verbieten es mir. Sie lachen sich aber schon halbtot über meinen Anblick. Muss ja sehr komisch aussehen …

«Lass ma das Kopftuch noch drübertun, sieht dann voll gut aus», sagt Filiz – und schon liegt das große braune Tuch auch noch über meinem Kopf. Sie verschließt das Kopftuch unter dem Kinn mit einer Spange. Das finde ich ein bisschen beengend, aber die Mädchen sind gnadenlos. Die beiden Enden des Tuchs werden überkreuzt und lässig über die Schultern gelegt. Fertig!

149

«Wie eine Türkin», prustet Eda. «Sie sieht voll wie eine Türkin aus!» Eda wischt sich die Lachtränen aus den Augen.

«Jaaaa, wie meine Oma, echt!», kreischt Derya und schlägt sich auf die Schenkel.

«???????»

Jetzt führen sie mich zum Spiegel.

Ich blicke vorsichtig auf – und pralle zurück. Eine alte, kurzsichtige Türkin mit Kopftuch guckt mich aus dem Spiegel an. (Die Brille war bei der Operation in Vergessenheit geraten.) Meine braunen Augen sind ohnehin mit Kajal umrändert, und meine relativ dunkle Haut gibt der Sache den Rest.

Original türkisch sehe ich aus! Wirklich! Und mal mindestens zehn Jahre älter. Wie eine Oma – Derya hat leider recht. Und dieses runde, hamsterbackige Gesicht – also nein! Die Mädchen kriegen sich vor Lachen nicht mehr ein. Vallah, endlich haben sie eine original türkische Lehrerin, hahaha.

Zuerst fand ich es ja ganz gemütlich mit dem Kopftuch, aber wegen des Gelächters und der drei Stoffschichten, die eng um den Kopf liegen, wird mir langsam heiß. Alles muss runter, und in null Komma nichts stehe ich leicht zerrupft wieder als Frl. Krise da.

«Schade», sagt Filiz. «Können Sie nich mal morgen so in Unterricht kommen?»

DAS EXPERIMENT

Am nächsten Sonntag geht's los. Unser großer Kopftuch-Selbstversuch!

Frau Freitag ist hochzufrieden, als sie meine Auswahl Kopftücher aus der dünnen weißen Tüte auf den Küchentisch schüttelt.

«Sehr schön, Frl. Krise», sagt sie und angelt sich gleich ein schlichtes schwarzes Tuch heraus. «Das nehme ich, das passt zu meiner Jacke.»

Sie holt Haarspangen und Nadeln aus dem Bad, setzt sich auf einen Stuhl und schaut mich erwartungsvoll an. Jetzt muss ich zeigen, was ich von Filiz, Eda und Derya gelernt habe. Ich schichte die Lagen um Frau Freitags Kopf fachgerecht übereinander und stecke alles sorgfältig fest. Aber Frau Freitag ist nicht zufrieden. Nach einer Lachattacke vor dem Spiegel weist sie auf die platte Rückseite ihres Schädels.

«Was das?», fragt sie vorwurfsvoll.

«Ich würde dir ja gerne einen ausladenden Hinterkopf verschaffen», sage ich, «aber womit?»

Bei Frau Freitags dünner Matte kann man das glatt vergessen, aber sie besteht auf einem Hinterkopf.

«Hol mal dicke Wollsocken», weise ich Frau Freitags Freund an, der uns die ganze Zeit ungläubig zusieht.

Das Sockenknäuel stopfe ich ins Unterkopftuch – und fertig! Vor uns steht die neue verschleierte Frau Freitag, sogar *mit* Hinterkopf. Der Freund trabt im Kreis um sie herum. «Ich glaub es nicht», murmelt er. «Wie sie aussieht!»

«Ich bin Araberin», verkündet Frau Freitag nach einem weiteren Blick in den Spiegel und guckt entschlossen in die Runde.

Inzwischen arbeite ich an meiner eigenen Metamorphose. In kürzester Zeit wird aus Frl. Krise eine türkische Ane, eine türkische Mutter, die ihre besten Zeiten weit hinter sich gelassen hat. Ein dicker schwarzer Mantel gibt ihrer Erscheinung den unschicken Rest. Frau Freitag sieht entschieden flotter aus als ich. Sie trägt Jeans, hochhackige Stiefel und eine kurze, enge Jacke. Außerdem setzt sie sich auch noch eine Sonnenbrille auf. Ich habe meine natürlich vergessen. Ich bin voll neidisch. In diesem Oma-Aufzug soll ich jetzt rausgehen? Niemals!

Wir können auch gar nicht sofort gehen, weil wir einen Lachanfall nach dem anderen haben.

«Wie du aussiehst!», ächzt Frau Freitag, und der Freund argwöhnt, bestimmt sei mein Baba ein waschechter Türke.

Auf der Treppe dann wird Frau Freitag hektisch. «Los, Beeilung! Wenn uns die Nachbarn sehen!», sagt sie kichernd und rast die Treppe runter. In ihrem Haus leben viele Türken. Na und, die würden sich bestimmt freuen, dass wir das Kopftuch genommen haben, denke ich und laufe etwas gebremster hinterher. In meinem neuen Alter muss man sich ein bisschen schonen. Dafür werde ich auf der Straße umso flotter. Hier um die Ecke wohnen Fuat, Gülten und Turgut! Wo ist mein Auto? Das fehlte mir noch, dass mich einer von denen in dieser Kostümierung sieht.

Nichts wie weg! Ich fahre auf einmal schlechter Auto, bilde ich mir ein, nach hinten gucken geht nicht gut, und ich höre auch schlechter. Außerdem wird mir langsam heiß mit dem vielen Stoff um den Kopf. Wo ich doch sonst nicht mal im bittersten Winter eine Mütze trage! Und ich darf auf keinen Fall Frau Freitag angucken, sonst kriege ich gleich wieder einen Lachkrampf.

Wir fahren in die Innenstadt. Ein Glück, dass unsere Schüler sich nicht aus ihrem Kiez heraustrauen, denke ich, als wir über die Einkaufsstraße gehen. Plötzlich steckt sich Frau Freitag eine Zigarette an. Auf der Straße! Das macht eine junge Muslima nicht! Finde ich jedenfalls. Aber Frau Freitag kennt da nix. Die raucht, macht große Schritte, kommt sich schön und toll vor mit ihrem Kopftuch und der schicken Sonnenbrille und schaut jeden Passanten kriegerisch an. Ich hingegen fühle mich unattraktiv und glanzlos, so wie eine abgekämpfte Mutter von acht bis neun Kindern, und schluffe schwitzend hinter ihr her.

Eigentlich beachtet uns kein Mensch, stellen wir fest, obwohl wir wirklich weit und breit die einzigen Frauen mit Kopftuch sind.

Wir fallen in eine Bücherei ein, und ich überlege, ob ich mir das Buch *Die große Verschleierung* von Alice Schwarzer kaufen soll. Aber Frau Freitag rät mir lautstark davon ab. Hier gibt es auch ein kleines Café; wir trinken eine Cola und tuscheln über den Mann am Nebentisch, der liest nämlich das Buch

Der Untergang der islamischen Welt. Der tut einfach so, als ob wir nicht da wären. Tssss. Am liebsten würde ich ihn ansprechen: «Ist nicht gut, Buch nicht lesen ...» Aber ich trau mich nicht.

Dann fotografieren wir uns mit unseren Handys, ein Foto schicke ich an meine Töchter. Die rufen gleich an, kriegen sich vor Vergnügen nicht mehr ein und erkundigen sich nach unserem «geistlichen» Gesundheitszustand.

Zum Abschluss gehen Frau Freitag und ich noch in einen großen Klamottenladen. Allerdings kämpfe ich inzwischen mit der unerträglichen Hitze, die sich besonders um meinen Hals herum breitgemacht hat. Von wegen: «Mir ist nicht heiß!», wie meine Schüler immer behaupten! Ich transpiriere, als ob ich im Sportstudio stünde.

Frau Freitag hingegen ist kühl und frisch. Sie probiert sogar noch mehrere Pullover an und stellt fest, dass hinterher die Frisur beziehungsweise das Kopftuch immer noch wie angegossen sitzt. Na ja, gelernt ist gelernt!

Ich suche mir ein T-Shirt aus, aber ohne es vorher anzuziehen. Nee, danke schön!

An der Kasse passiert etwas Komisches. Als ich dran bin, steht die Kassiererin plötzlich auf und geht ein paar Schritte nach links zu einer Kundin, die einen Mantel anprobiert. Dabei ist das völlig überflüssig; die Dame wird nämlich bereits von zwei Verkäuferinnen beraten.

Ich warte geduldig drauf, dass die Kassiererin zurückkommt, aber nichts passiert. Frau Freitag ergreift die Initiative und ruft genervt nach der Frau, die sich etwas widerstrebend von ihrer Gruppe löst und auf ihren Platz zurückkehrt. Hat die mich nun extra stehen lassen? Oder ist das bloß die übliche Unhöflichkeit von übellaunigem Personal, das sonntags arbeiten muss?

Ich bin ein bisschen verunsichert, und als mein T-Shirt in eine große Tüte gesteckt wird, sage ich ganz leise, bescheiden und mit fast türkischem Akzent: «Nein ... kleine Tüte ...» Frau Freitag amüsiert sich zwar darüber, findet das Verhalten der Kassiererin vorhin aber voll daneben. Ich natürlich auch. Und ich bin ganz sicher: Normalerweise hätte ich laut protestiert, doch da ich in der Minderheit bin, versuche ich mich betont unauffällig zu benehmen. Wer hätte das gedacht?

FAMILIENGEFÜHLE

154 Praktikum, 11. Tag

Bei dem Wetter heute könnte ich glatt in Versuchung kommen, wieder das Kopftuch zu «nehmen», denn ich bin den ganzen kalten Morgen unterwegs, um meine lieben Praktikanten zu beglücken. «Busfahren für A13», nennt Kollegin Herz diese Tätigkeit.

Die letzte Woche vom Praktikum läuft, und ich muss feststellen, dass das Ende dieser Zeit von allen Schülern herbeigesehnt wird. Nicht so von mir. Ich finde es inzwischen wunderbar. Man kommt in der Stadt herum, muss keine Vorbereitungen machen, hat es nur mit einzelnen Schülern zu tun und kann auch noch zwischendurch, falls man nicht zu fußkrank ist, einkaufen gehen.

Besonders Nesrin hat richtig Heimweh nach der Schule. Ich werde geradezu liebevoll mit Küsschen von ihr im Friseursalon begrüßt, wie eine Tante oder Cousine, die sie lange nicht gesehen hat. Sie zieht mich auf eine gemütliche Couch und drängt mir erst einmal einen schönen heißen Kaffee auf.

Es ist kurz nach zehn und noch ziemlich leer. Einer jungen Frau werden gerade die Haare gefönt, und dann arbeitet sie sich selbst, mit Hilfe von Clips, lange dicke Haarsträhnen ins fusselige Hinterhaar ein. Als sie damit fertig ist, hat sie auf einmal eine Bombenfrisur. Ich staune. Nesrin grinst und sagt: «Jeden Morgen macht sie so.»

Erst jetzt kapiere ich, dass es sich um eine Friseurin handelt, die hier arbeitet. Inzwischen hat auch eine zweite Angestellte des Salons Platz genommen, ihr werden die Haare gefärbt. Ich kann ja nicht so ganz nachvollziehen, weshalb das nötig sein soll, denn ihre Haare sind bereits tiefschwarz. Aber vielleicht macht die das auch jeden Morgen.

Die beiden Friseure des Salons sind ebenfalls mit sich beschäftigt, der eine rasiert sich und der andere fuhrwerkt ohne Sinn und Verstand mit verschiedensten Bürsten auf den kurzen Stoppeln seines Kopfs herum. Nur der Chef befummelt nicht sich, sondern ein Handy und telefoniert laut auf Türkisch.

Man hat so ein bisschen den Eindruck, dass der Salon für die 155 Angestellten da ist, und die Kunden sollen bitte schön lieber draußen bleiben. Aber das täuscht sicher.

Vielleicht müssten wir in der Schule auch so den Tag anfangen, schießt es mir durch den Kopf. Frau Herz könnte mir die Haare mit dem Glätteisen behandeln, und ich würde Herrn Böck endlich den kindischen Pony absäbeln, der mich schon so lange stört. Und dann könnte man sich ganz in Ruhe schminken und dabei ein Käffchen trinken. Ein bisschen Maniküre würde den meisten Kollegen übrigens auch nicht schaden, von den langen Haaren, die aus den männlichen Ohren und Nasen wachsen, wollen wir lieber gar nicht sprechen.

«Wir müssen immer Haare perfekt haben», sagt Nesrin und befühlt ihre Frisur, die ganz anders aussieht als in der Schule. Die Haare sind geglättet und gewollt nachlässig hochgesteckt. Die alte Nesrin mit den Locken gefällt mir besser.

Nach einem kurzen Gespräch mit einer der Friseusen will ich dann mal langsam los. Aber Nesrin lässt mich nicht. Jetzt muss ich noch ein Wasser trinken. «Bleiben Sie noch bisschen», sagt Nesrin. «Vallah, ist so schön, dass Sie da sind. Ich freu mich soooo auf Schule. Wir alle dann wieder wie Familie …»

Hat nicht Gamze am Donnerstag schon genauso geredet? Oder war es Gülten?

Ich sollte mir diese Gamze-Nesrin-Sätze unbedingt notariell beglaubigen lassen.

LESEN BILDET

Das Praktikum liegt hinter uns, die Schule hat uns wieder. Meine halbwegs vernünftigen Praktikanten sind in Windeseile zu pubertierenden Schülern mutiert, die froh sind, noch einmal der harten Arbeitswelt entronnen zu sein.

«War schön im Praktikum, aber Schule ist schöner!», bringt es Gülten auf den Punkt.

In früheren Klassen habe ich nach dem Praktikum oft genau das Gegenteil gehört. Aber diese Klasse ist einfach noch nicht so weit, denke ich, bis auf wenige, bis auf Emre und … Aber dann fällt mir niemand mehr ein.

Der Unterricht ist schleppend angelaufen. Besonders in Deutsch knirscht es, dabei habe ich mich auf das Zeitungsprojekt, das jetzt ansteht, schon richtig gefreut.

Zeitung lesen ist ja wohl das Überflüssigste, was man machen kann, finden meine Schüler. Okay, *Bild*-Zeitung, das geht vielleicht gerade noch. Alles andere: nein danke!

Deshalb habe ich zum Vergleich neben der richtig «guten» Tageszeitung, die jedes meiner undankbaren Gören für vier Wochen als Werbemaßnahme kostenlos täglich erhält, auch noch die *Bild* mitgebracht.

Auf der ersten Seite beider Zeitungen geht es um die Verlobung von William und Kate. Dafür bin ich dankbar – bloß nicht gleich was Politisches, sonst ist es mit dem nicht vorhandenen Interesse ganz vorbei.

Die *Bild*-Schlagzeile «Schade, dass Di das Glück ihres Sohnes nicht mehr erleben kann!» verwirrt den armen Ömür.

«Frl. Krise, ist voll falsch geschrieben», sagt Ömür. «Die haben ‹die› nur mit i geschrieben.»

«Dei», erläutere ich. «Das heißt Dei, nicht die. Das ist ein englischer Name. Hast du noch nie was von Lady Dei gehört, Ömür?»

«Nö, kenn ich nicht.»

Ehe ich zu einer Erklärung ausholen kann, schreit Hanna: «Voll den schönen Ring hat die bekommen!»

«Wer? Dei?», fragt Ömür und zeigt auf Kate Middleton.

«Nein, die ist doch nicht Dei», sage ich. «Das ist Kate, die Verlobte.»

«Ja, wer sonst», keift Hanna, «hat die von ihn bekommen.»

«Wer ihn?», fragt Ömür.

«Woher soll ich wissen, wie der heißt?», schnauzt Hanna und schlägt mit der Zeitung nach Musti, der seinen Kopf auf dem Tisch abgelegt hat. Mustafa wächst zurzeit wie verrückt. Er wird langsam zum Riesen der Klasse und ist immer müde.

Die anderen interessiert unser Gespräch sowieso nicht die Bohne. Sie blättern sich unter lautem Gerede und Geraschel durch die Zeitung.

«Noch mal zurück zu der Schlagzeile», rufe ich deshalb unverdrossen, aber ein bisschen heiser. Wir befinden uns in der neunten Stunde, es ist bereits halb vier. «Bitte alle die erste Seite aufschlagen!»

Die Resonanz ist kümmerlich.

«Lady Dei, das ist die Mutter von William», sage ich zu Ömür, damit es endlich weitergeht.

«Was Williams?», fragt Ömür. «Formel 1, wa?»

«Formel 1?» Jetzt bin ich verwirrt.

«Formel 1, der eine ist Weltmeister», schreit Hassan. «Der von Formel 1, hier ist Foto von ihn, guck, bei Sport.»

Ein paar Jungen schlagen den Sportteil auf. Die anderen blättern weiter so vor sich hin, aber ohne zu lesen. Ich bleibe alleine mit Ömür und Lady Di zurück. So wird das nix mit dem geplanten Schlagzeilenvergleich.

«Vallah, ist voll langweilig, die Zeitung», zetert Jenny. «Ich will die verrostete Zeitung nicht lesen.» Sie zerknautscht die ersten Seiten und schiebt sie langsam vom Tisch runter.

«Aboooo», sagt Erkan erstaunt und taucht aus dem Sportteil auf. «Hier ist Artikel von Merkel mit Unterschrift. Hat sie selbst geschrieben die Unterschrift in jeder Zeitung?»

«Nein, nein, das ist doch kein Artikel», erkläre ich leicht verzweifelt. «Das ist eine Anzeige!»

«Was Anzeige? Frau Merkel hat Anzeige bekommen?» Ömur ist auf einmal ganz Ohr.

«Nein», hauche ich erschöpft. «Die hat eine Anzeige in alle Zeitungen gesetzt, die wollte den Leuten …»

«Wenn die Anzeige bekommt, muss die dann bezahlen? So bei zu schnell fahren oder so?», will Musti wissen.

«Ja, natürlich», antworte ich. «Aber jetzt …»

158 «Die Kanzlerin? Bezahlen?», fragt Ömür ungläubig.

«Der Ring kostet 33 000 Eros», schreit Hanna, die anscheinend als Einzige an der royalen Verlobung drangeblieben ist.

«Die Kanzlerin bezahlt nich. Niemals!», behauptet Ömür.

«Hä? Muss Frau Merkel den Ring bezahlen?» Hanna ist verwirrt.

«Schluss, Schluss. Bitte … ach … hallo …» Ich versuche es ein letztes Mal, obwohl es völlig sinnlos ist. Nun geht ja wohl gar nichts mehr. Sollte Zeitunglesen tatsächlich eine völlig überschätzte Freizeitbeschäftigung sein?

«Frl. Krise, ich kann nich mehr», unterbricht mich Musti. «Wann klingelt's denn endlich? Mein Kopf ist wie ausgelöffelt!»

LIES DIESES BUCH, MARCO!

Ach, das Lesen, das ist auch so eine unendliche Geschichte ohne Happy End …

In meinen ersten Dienstjahren war ich richtig entsetzt, wie wenig die Schüler lasen. Dabei hatten die Kinder damals, ohne Computer, noch so viel Zeit dafür. Im Laufe meiner Dienstjahre gewöhnte ich mich daran, konnte mich aber nie damit abfinden. Mein Kampf gegen die Leseunlust ging über viele Runden. Hier nur eine davon:

Meine Schüler brauchen ein Erfolgserlebnis, überlegte ich. Sie sollten spüren, wie viel Spaß Lesen macht! Deshalb musste ich sie dazu bringen, ohne Zwang zu lesen.

Also las ich meiner siebten Hauptschulklasse eine lange Geschichte vor. Das mochten die Schüler. Sie legten ihre Köpfe auf die Arme ab und verfielen in einen lauen Dämmerzustand. Die Geschichte schleppte sich zunächst so dahin und nahm dann langsam an Fahrt auf. Mein Plan war, an der spannendsten Stelle das Vorlesen abzubrechen. Bestimmt werden sie alleine weiterlesen, dachte ich pädagogisch wertvoll und leicht naiv. Sie wollen garantiert wissen, wie es weitergeht. Ich freute mich schon im Voraus.

Um es gleich zu sagen: Der Plan misslang. Fast kein Kind fand die Geschichte so unerhört spannend, dass es freiwillig weiterlas.

«Sie haben das bestimmt schon fertig gelesen», vermutete die schlaue Wanda. «Da können Sie uns doch sagen, wie es ausgeht!»

Ich war ein bisschen geknickt, aber ich überlegte mir etwas Neues: Kurz vor den Herbstferien teilte ich Bücher aus. Die Schüler schrien entsetzt auf. «Sagen Sie nicht, dass wir die in den Ferien lesen sollen», empörte sich Marco und guckte sein Buch an, als wäre es ein giftiges Insekt.

«Auf keinen Fall! Ich verbiete euch sogar, das alleine zu lesen.»

«Wieso das denn? Das dürfen Sie gar nicht!» Nicole war wie immer auf Widerspruch gebürstet.

«Hm ... äh ...», stotterte ich gekonnt. «Es ist besser, wir lesen das zusammen, glaube mir!»

Einige begannen sofort, das Buch neugierig durchzublättern. Es funktioniert, dachte ich und triumphierte.

«Und was passiert, wenn ich es doch lese?», erkundigte sich Marco.

«Nein, das verbiete ich dir! Du liest es einfach nicht. Punkt!», sagte ich energisch.

Vielleicht etwas zu energisch.

Ausnahmsweise haben alle gehorcht.

An dem Tag, an dem Marco aus der Schule entlassen wurde, gab er mir noch ein paar gute Ratschläge für meine Zukunft mit auf den Weg: «Frl. Krise, echt mal. Sie sind zu nett. Sie müssen strenger werden. Sie haben uns viel zu viel geglaubt! Damals, auf der Klassenfahrt in Würzburg zum Beispiel, hatten wir Schnaps dabei! Wodka! Und Sie dachten, das wäre Limo! Und Sie haben immer gesagt, schön, dass die Mädchen nicht rauchen. Aber dabei rauchen die fast alle! Und wissen Sie noch? Ganz früher? Damals mit dem Buch? Das wir nicht lesen durften? Ganz viele haben das gelesen. Heimlich. Warum sollten wir das eigentlich nicht lesen?»

Ich habe es ihm verraten.

Er war sehr überrascht.

Vielleicht liest er ja mal dieses Buch hier … Aber ich fürchte, die Chancen stehen schlecht.

DER FORTSCHRITT IST EINE SCHNECKE

Eine deutsche Schülerin aus dem zehnten Schuljahr ist schwanger. Sie hat schon einen richtigen Baby-Bauch und ist für Gülten ein willkommener Gesprächsanknüpfungspunkt auf dem Schulhof.

«Frl. Krise, haben Sie gesehen? Das Mädchen aus der Zehn? Die ist schwanger! Abooo … voll schlimm!», sagt sie mit dramatischem Augenaufschlag.

Ich habe Aufsicht, friere so vor mich hin und bin eigentlich dankbar für jede Ablenkung.

Aber bloß nicht dieses Thema wieder. Gleich wird sie mit ihrer ominösen «Ehre» kommen, auf die die ganze Familie aufpassen muss, damit sie nicht verloren geht! (Auch in Ethik ein «Lieblingsthema» – aber nicht von mir.)

«Schwanger? Schlimm? Nee, schwierig», sage ich bestimmt.

«Ist doch voll schlimm, die hat jetzt keine Ehre mehr!», erklärt Gülten im Brustton der Überzeugung.

«Ich finde das auch nicht gut, dass sie schwanger ist, Gülten. Aber nicht wegen der Ehre. Ich frage mich, ob man mit sechzehn Jahren das schon alles alleine schaffen kann mit einem Baby. Ich hoffe, ihre Eltern helfen ihr.»

Gülten schüttelt den Kopf. Um das Baby macht sie sich keine Gedanken, aber das Mädchen ist ruiniert. Das steht fest, jedenfalls in ihrer Welt.

«Wissen Sie, wie voll schlimm das bei uns ist, wenn ein Mädchen vor der Ehe …? Mädchen sind Ehre der Familie! Vallah, sie hat Ehre der Familie beschmutzt!»

Ich rege mich innerlich auf. Gülten ist ein aufgewecktes, bildhübsches Mädchen, ihre Mutter ist eine flotte Person, die gut Deutsch spricht, die Eltern arbeiten beide, die Familie ist bestens integriert – und doch …

«Und die Jungen sind wohl nicht Ehre der Familie?», frage ich rein rhetorisch. Natürlich kenne ich die Antwort, ich weiß, was jetzt kommt.

«Bei den Jungen ist das was anderes. Die dürfen das auch nicht. Aber bei denen sieht man das ja nicht. Und wenn sie gut heiraten, ist alles wieder in Ordnung.»

«Ja», sage ich, «super! Das kann ja wohl nicht sein? Allah sieht das nicht, oder? Der sieht das nur bei den Mädchen!»

Aynur hat sich inzwischen zu uns gestellt. Sie ist eine wilde Hummel, die sich gar nichts sagen lässt, aber wenn es um die Familienehre geht, ist sie auf einmal ganz angepasst.

«Guck ma, Frl. Krise», unterbricht sie mich. «Das ist bei uns so! Das verstehen Sie nicht! Wenn Mädchen Familienehre beschmutzt, sehen alle, dass ihr Vater sich nicht durchsetzen kann. Vallah, er muss ihr verbieten!»

«Und wenn ein Sohn kriminell wird? Du erinnerst dich doch an den Raubüberfall neulich. An dem der ehemalige Schüler von uns dabei war. Baris! Der muss jetzt für zwei Jahre in den Knast. Da hat sich der Vater wohl auch nicht durchsetzen können! So eine Tat ist doch schlimm für die Familie.»

Die beiden sehen mich an, als wäre ich «geistlich behindert», wie Fuat das nennen würde.

«Nicht so schlimm wie … vor der Ehe», sagt Aynur, hebt eine Augenbraue und sieht mich bedeutungsvoll an.

«Nein, nicht so schlimm», echot Gülten. «Der Junge geht Knast. Wenn er rauskommt, ist es wieder gut. Ist er sauber, hat er Strafe gehabt.»

«Aber Ehre von Mädchen kann man nicht mehr gut machen», bekräftigt Aynur und tritt mal kurz nach Fuat, der gerade langsam vorbeischleicht. Er hört bestimmt zu.

«Also wirklich, so was darf man sich doch nicht gefallen lassen», protestiere ich lahm. Wie oft haben wir schon darüber gesprochen, und es ist ganz schön schwierig, gegen diese Betonfraktion zu argumentieren. Laut tröste ich mich: «Das wird sich aber noch ändern, war ja früher in Deutschland auch so. Ist noch gar nicht so lange her! (War genau genommen im vergangenen Jahrtausend, aber das sag ich nicht!) Als ich Schülerin war, gab es an meiner Schule auch eine Schülerin, die schwanger wurde. Die flog mitten in der zehnten Klasse von der Schule.»

«Von der Schule geflogen?» Gülten und Aynur sind entrüstet. «Warum das denn? Voll krass! Konnte die nicht mehr Abschluss machen?»

«Nein», sage ich. «Wenn eine Frau damals ein uneheliches Kind bekam, also ein Kind, ohne verheiratet zu sein, galt das als sehr schlimm. Natürlich hat ihre Familie sie nicht verstoßen. Aber in der Schule sollten wir braven Schülerinnen mit so jemandem nichts zu tun haben.»

«Unmöglich», empört sich Gülten und boxt jetzt nach Fuat, der uns abermals umkreist. «Komische Schule! War das Gymnasiumschule? Kann das Mädchen doch ruhig Schule gehen, stört doch keinen!»

«Ja, und kein Abschluss! Die Arme! Kann sie nie Ausbildung bekommen! Voll gemein!», sagt Aynur.

Ach, sollte das vielleicht schon der Fortschritt sein? Immerhin!

Und doch! Manchmal ist es echt zum Verzweifeln …

«BEIM ERSTEN MAL WIRD MAN NICHT SCHWANGER!»

An der Geburt von Vanessa fühle ich mich mitschuldig. Da war *ich nämlich zu spät dran. Mit der Unterrichtseinheit «Sexualität und Verhütung», meine ich.*

Ich hatte dieses Thema ein bisschen vor mir hergeschoben. Aber nur zwei, drei Monate. Und ich hatte auch einen guten Grund, denn alles, was mit Sexualität zu tun hatte, verschaffte zwar hohe Aufmerksamkeitswerte – damals wie heute übrigens auch –, verursachte aber ebenso grässliche Störungen. Und an denen fehlte es in meiner ersten Hauptschulklasse, Mitte der Siebziger, ohnehin wirklich nicht.

Aber nun musste es endlich sein, schließlich würde die Schulzeit der neunten Klasse schon in einem halben Jahr vorbei sein. Gerade wollte ich mit dem Biologieunterricht beginnen, als Kerstin ein bisschen verspätet hereinstürzte. Kerstin war ein anstrengendes Mädchen, sehr burschikos, ziemlich unerzogen und immer eine der Wortführerinnen. Wer es nicht mit ihr konnte, hatte schlechte Karten in der Klasse.

«Entschuldigung, Frl. Krise, ich war noch beim Arzt», sagte sie atemlos und sah mich schräg an. «Hier!» Damit schob sie mir langsam einen weißen Zettel über das Pult zu.

«Befreiung vom Sportunterricht», las ich auf ihm, und «Gravidität».

Kerstin sah angelegentlich auf den Boden, und mir stockte der Atem. Schweigend faltete ich den Zettel zusammen und ließ ihn in meiner Hosentasche verschwinden.

Später sprachen wir über ihre Schwangerschaft.

«*Aber habt ihr denn nicht verhütet?*», *fragte ich.*

«*Nein, haben wir nicht!*», *sagte Kerstin trotzig und sah aus dem Fenster.*

«*Aber warum denn nicht, Kerstin?*» *Ich war ein bisschen fassungslos.*

«*Na, Robert … also mein Freund und ich, wir dachten, beim ersten Mal wird man nicht schwanger.*»

Klassisch! Beim ersten Mal! Ich hätte mich ohrfeigen können. Wenn ich doch nur vor zwei Monaten …

«*Und … äh …*» *Ich zögerte.* «*Du bist ja noch sehr jung, Kerstin, habt ihr vielleicht mal darüber nachgedacht, ob …*»

«*Meinen Sie Abtreibung? Nee, Frl. Krise! Das will ich nicht! Meine Mama hilft uns, hat sie schon versprochen.*» *Kerstin sprang auf und legte eine Hand auf ihren flachen Bauch.*

Sie ging dann doch noch mit ihrer Freundin zu pro familia, um sich über einen Abbruch zu informieren, kam aber unberaten wieder. «*Da war es voll schmutzig, und überall hingen so komische Plakate. Ach nee, da wollten wir nicht bleiben, da hat's uns nicht gefallen!*»

Kerstin schaffte gerade ihren Hauptschulabschluss, bevor sie in Mutterschutz ging. Immerhin. Das Zeugnis war allerdings schlecht, Schule und Unterricht hatten sie nicht mehr interessiert.

Dafür erblickte bald darauf Baby Vanessa das Licht der Welt. Die junge Familie wohnte in der Nähe der Schule in einer winzigen Dachgeschosswohnung, in dem Haus, in dem auch Kerstins Mama lebte. Alles war gut organisiert, und Kerstin und Robert waren rührende Eltern, zwei große Kinder mit einem kleinen Kind.

Manchmal traf ich Kerstin in den nächsten Jahren auf der Straße, aber nach der Trennung von Robert schien sie fortgezogen zu sein.

Dann – Jahre später.

Ich bekam ein neues fünftes Schuljahr. Der erste Schultag war wie immer ein spannender Moment. Während der kleinen Auf-

nahmefeier in der Aula überflog ich die Gesichter und blieb an einem hängen: Kerstin!

Sie winkte mir zu und zeigte auf das Mädchen, das neben ihr saß. Das musste Vanessa sein! Ich konnte es nicht fassen. Elf Jahre waren vergangen!

Kerstin war mit einem neuen Mann verheiratet, sie hatte noch einen Sohn bekommen, arbeitete als Putzhilfe und wohnte wieder in der Nähe der Mama. Die passte auf den Sohn auf, genauso wie damals auf Vanessa. Kerstin lachte so laut wie früher und sah für ihre siebenundzwanzig Jahre ziemlich fertig aus.

«Super, Frl. Krise», sagte sie, «find ich gut, dass Sie jetzt auch noch Nessies Klassenlehrerin werden.»

Ich freute mich, aber ich mochte nicht darüber nachdenken, dass ich jetzt schon die zweite Generation unterrichtete.

Wenige Jahre später wechselte ich die Schule. Wie ich hörte, wurde Vanessa schon sehr jung Mutter. Die dritte Generation! Knapp verpasst.

JENSEITS DER GRENZE

Heute hat der komplette Theaterkurs versucht, mich davon zu überzeugen, dass ein Ehrenmord (ein unmöglicher Begriff!) völlig okay ist. Schließlich geht es um die *Ehre*.

Ja, nur bin ich leider zu vernagelt, um das einzusehen. Aber kein Wunder, ich kann das ja auch nicht verstehen, ich bin ja auch keine Muslima …

Wo leben wir denn? Sind wir im 3. Jahrtausend n. Chr. oder irgendwo hängengeblieben zwischen den Zeiten?

Ich muss mal chronologisch vorgehen.

Theaterkurs: Wir suchen nach biographischem Material, um daraus zwei oder drei kleine Szenen für unser historisches Stück zu erarbeiten, in dem eine junge Frau nach einer Verleumdung als Hexe verurteilt wird. Die zehn Mädchen und zwei Jungen erzählen unter anderem eine Begebenheit, in der es um üble Nachrede ging: Einem muslimischen Mädchen wurde nachgesagt, es habe etwas mit einem Jungen gehabt. Das Mädchen wurde daraufhin von ihren Eltern einige Wochen nicht in den Unterricht gelassen, angeblich war sie krank.

«Na, Mädchen wird aber jetzt nicht als Hexe verbrannt», sagt Nesrin zufrieden.

«Vallah, aber sie kriegt voll Ärger», weiß Necla. «Ihr Vater wird soooo schlagen!»

«Und wenn sie mit ihrem Freund richtig was macht, bringt ihr Bruder ihr um», meint Hülya drohend.

«Das glaub ich nicht», bemerkt Jenny, die einzige Nicht-Muslima des Kurses, die leider nie irgendwas vom Weltgeschehen mitkriegt.

Ali schaltet sich ein: «Jaaaa, aber dann man muss sie umbringen, die Ehre der Familie …»

Ich versuche zu Wort zu kommen, aber alle schreien schon wieder durcheinander, und schließlich erzählt Hülya Jenny relativ sachlich noch einmal die Geschichte von Hatun Sürücü, die 2005 von ihrem Bruder wegen ihres unabhängigen Lebenswandels erstochen wurde. Sie sagt natürlich nicht «unabhängig», sondern «schlecht».

Die Gruppe ist für einen Moment still. Alle sind betroffen.

Da ruft Ali: «Ja, sie hatte aber auch Nacktfotos gemacht, und sie hatte Männer!»

«Ach so, na, dann!»

«Abooo … Nacktfotos, dann musste er machen!»

«Sie hat voll die Ehre verletzt, er musste …»

«Voll haram, geht gar nicht, die Familie musste sie …»

Die Mädchen nicken sich zu. Wenn das so war … Nein, der Familie blieb nichts anderes übrig! Hatun hat ihre Eltern schließlich voll traurig gemacht, die Ehre der Familie in den Dreck gezogen, ja, sie ist sogar schuld daran, dass ihre Eltern jetzt um sie trauern müssen und dass der Bruder im Knast ist.

Immer mal wieder gerate ich mit meinen Schülern an diesen Punkt. Wir haben schon viel versucht: Hilfe von Hodschas geholt, polizeiliche Beratung genossen, islamische Berater eingeschaltet. Es nützt nichts, nein, gar nichts. Was geht in diesen Familien vor sich? Wie erziehen sie ihre Kinder? Wie weit lassen sich die Mädchen wirklich auf all diese Ge- und Verbote ein? Welche Rolle spielt die Religion? Welche Rolle die Abgrenzung zu «uns»?

«In den letzten zwei Jahren wurden in Deutschland an die fünfzig Frauen von ihrer Familie umgebracht, so wie Hatun», sage ich.

Necla antwortet ungerührt: «Mehr nich? Ist doch nicht viel in zwei Jahren …»

Da sitzen sie vor mir, zehn hübsche junge fünfzehnjährige Mädchen, schick angezogen im H&M-Look, mit engen Klamotten, hochhackigen Stiefelchen, geschminkt und mit Modeschmuck beklunkert (nur ein Mädchen trägt Kopftuch). Die Jungen sind nie als besondere Machos in Erscheinung getreten.

Keins der Mädchen ist auf den Mund gefallen, sie lassen sich in der Schule von nichts und niemandem die Butter vom Brot nehmen, und sie pochen auf Recht und Gerechtigkeit. Ihr Verhalten ist oft unerzogen und grenzüberschreitend, aber sie haben auch Charme und Witz und belohnen freundliches Entgegenkommen und Großzügigkeit meinerseits mit Zuneigung und Anhänglichkeit. Wir mögen uns.

Aber hier, an dieser Stelle ist eine Grenze.

Genau hier.

WIR KUSCHELN

Heute war es ganz friedlich. Wir hatten einen Projekttag, deshalb waren Karl und ich den ganzen Morgen zusammen in unserer Klasse. Die Schüler haben betont relaxt in kleinen Gruppen an verschiedenen Themen gearbeitet, wobei sie es geschickt vermieden, in die Nähe von Stress zu geraten.

Turgut kam mit gut einer Stunde Verspätung, aber dafür wenigstens ohne jedes Schulzeug. Ich glaube, er betrachtet die Schule als so eine Art Wärmestube. Er wohnt ja nur fünf Minuten weit weg, und so konnte er gleich wieder umkehren, um seinen Kram zu holen. Aber er ward nicht mehr gesehen.

Sonst gab es keine Vorfälle.

168 Ich habe endlich mal so zwischendurch in Ruhe das Pult und den Schrank aufgeräumt, es reicht ja, wenn man zu Hause keine Ordnung in die Bude kriegt. Nesrin hat mir geholfen, sie hatte «voll Kopfweh» und konnte nicht schreiben.

«Super! Wie ordentlich das jetzt ist.» Zufrieden betrachte ich unser Werk.

«Ja, wa? Weil ich Ihnen geholfen habe», sagt Nesrin strahlend und drückt mich kurz.

Die Mädchen sind seit dem Praktikum ziemlich anhänglich, denke ich. Neuerdings legen sie großen Wert darauf, mich ausführlich zu begrüßen, und sie suchen auch immer wieder Körperkontakt. Mir soll's recht sein! Ich freue mich über jede positive Regung.

Karl hängt gerade die Weihnachtsbeleuchtung in die hohen Fenster (Alle: «Ahhhh» und «Ooohhhhh, voll schöööööön!»), wobei er aussieht, als wolle er die Eigernordwand erklimmen. Es müssen gleich ein paar Fotos mit dem Handy gemacht werden – ausnahmsweise – und von mir dann überflüssigerweise auch noch, zusammen mit meinem süßen, voll kitschigen Minitannenbaum, den ich wieder aufs Pult gestellt habe.

Alle sind glücklich, und ich wundere mich im Stillen, dass nicht schon die ersten Weihnachtslieder geschmettert werden.

Ach, Weihnachten, für alle immer wieder wunderbar. (Bei vielen meiner Schüler steht übrigens zu Hause ein Tannenbaum – das gehört einfach dazu.)

Ganz animiert von all der Weihnachtsdeko, schmieden die Mädchen schon erste Pläne für die Weihnachtsfeier am letzten Schultag vor den Ferien und bestimmen, dass es auf jeden Fall wieder einen Julklapp geben wird. Letztes Jahr hatten sich Emre und Ömür gegenseitig monstermäßig riesige in Weihnachtspapier verpackte Döner überreicht – voll abartig! Es war der Lacher des Tages, und es roch vorübergehend mehr nach Knoblauch als nach Weihnachten.

Plätzchen würden die Mädchen auch gern backen, aber das geht dieses Jahr nicht, unsere Küche wird gerade umgebaut. 169 Überhaupt, das ganze vorweihnachtliche Gedöns war mit daran Schuld, dass eine so friedliche und herzerwärmend freundliche Atmosphäre entstand.

Gestern – die Diskussion im Theaterkurs? Das kommt mir vor wie ein alter böser Traum.

MON-TÄGLICHES

Kaum habe ich die Klasse betreten, da steht auch schon Ömür vor mir. Ich scheuche Aynur von meinem Platz auf, lege meine Tasche aufs Pult und denke, Ömür ist gewachsen, der ist ja auf einmal fast so groß wie ich.

«Frl. Krise», fragt er mit einem drängelnden Unterton, «stimmt das?»

«Was denn? Nein, ich will jetzt anfangen, Ömür. Keine Fragen, die nicht zum Unterricht gehören. Wir haben jetzt Deutsch.»

«Dass die einen Anschlag machen wollen, ich meine, so eine Bombe auf Frau Merkel?»

Was Ömür nur immer mit Frau Merkel hat?

«Ja, in meine Koranschule haben wir auch darüber gesprochen», mischt sich Aynur ein.

«Voll krass, das! Die wollen so ganz großes Attentat machen

wie 11. 9. Die sind schon unterwegs … Ist Al-Qaida, glaub ich …»

«Ehrlich?» Nesrin, die gerade «*Love*» in großen Ballonbuchstaben an die Tafel malt, lässt die Kreide sinken. «Al-Qaida? Attentat? Hier bei uns? Sind die voll bescheuert? Denken die nicht daran, dass hier so viele Ausländer wohnen?»

«Ja, ja», murmele ich so vor mich hin und suche nach meiner Federtasche. «Wenn ich hochgehe bei so einem Anschlag, macht das ja nix.»

«Ach nööö, Frl. Krise», sagt Ömür, «das wär jetzt voll blöd, jetzt ham wir uns gerade an Ihnen gewöhnt.»

ALLE JAHRE WIEDER

Nach dem obermiesen Besuch am Elternsprechtag haben wir allen Eltern unserer Schüler den momentanen Leistungsstand ihrer Leibesfrüchte via Brief mitgeteilt. Ich spreche hier nicht von zwei oder drei Fünfen, die zu erwarten sind, sondern von sieben bis zwölf! Und das bei mehr als der Hälfte der Klasse.

Null Reaktion.

NULL!

Dafür häufen sich wieder die Klagen der Fachlehrer: Hanna kommt und geht, wann sie will, Rahim zeichnet nur irgendwelche Monster ab, Gülten und Azzize quatschen und lachen hemmungslos, Necla schreit grundsätzlich alles, was ihr gerade durch den Kopf schießt, in die Klasse, Turgut kommt höchstens stundenweise (darüber beklagt sich aber niemand, weil er nicht zum Aushalten ist), Erkan schläft, oder er labert ohne Punkt und Komma mit Fuat, Nesrin schminkt und kämmt sich und rastet aus, wenn man es ihr verbietet, Leila und Gamze zanken sich in einer Tour, Jenny ist eigentlich in jeder Hinsicht unbeschulbar … usw. usw.

Da sie das alles gleichzeitig machen, haben die wenigen anderen, falls sie denn ausnahmsweise mitarbeiten, kaum Chancen auf irgendeinen Lernfortschritt. Die Situation war zu Beginn des Schuljahrs wesentlich besser. Der Trend ist negativ.

Ich bin völlig abgenervt. In den ersten Stunden arbeiten wir noch halbwegs normal (nur sieben Schüler sind allerdings pünktlich zur ersten Stunde da!), aber nach der Mittagspause geht gar nichts mehr.

Karl und ich haben Klassenstunde, und wir sprechen die katastrophale Situation wie fast jede Woche an.

«Was labern Sie!», schreit Necla. «Nützt eh nix, können Sie viel erzählen!»

Unsere Lieben sind entspannt, die Versetzung ist noch weit, das Zwischenzeugnis doch auch erst Anfang Februar. Bis dahin sind es sechs Wochen, da lässt sich doch noch was machen.

Karl und ich gucken uns an. Kann das wirklich sein? Rechnen wir ihnen nicht jede Woche vor, wie viel Zeit wirklich bleibt? Wieso kapieren die das nicht? Wann wollen sie endlich aufwachen?

«Leute, ihr habt noch genau drei Wochen, zwei im Dezember und eine im Januar.» Zum zigsten Male schreibe ich die Daten an die Tafel. Alle kreischen auf. «Jenny, wie willst du eigentlich in drei Wochen elf Fünfen wegbekommen?», erkundige ich mich weiter.

Jenny ist sitzengeblieben, sie könnte im Januar eine kleine Prüfung machen, um nachträglich versetzt zu werden. Aber mit so vielen Fünfen wird sie zur Prüfung nicht zugelassen. Dabei rechnet sie fest mit ihrer Nachversetzung – man fragt sich, wieso.

Jenny lacht gerade laut und klatscht sich mit Hanna ab, die halb auf dem Tisch liegt und dabei alle ihre Sachen zu Boden befördert. Ich lege wortlos die Notenliste auf den leeren Tisch vor sie hin.

«Aboooo», schreit Jenny, «voll gemein, alles Fünfen. Scheiße! Mathe Sechs! Ich hab mich verbessert, wieso hab ich Sechs?»

Auch die anderen studieren nun die Listen. Allergrößtes Erstaunen. Vallah, wo kommen all die schlechten Noten her? Man könnte fast glauben, wir hätten nicht schon massenhaft Arbeiten geschrieben und wir würden nicht ständig, auch mit jedem Einzelnen, reden.

Rahim zieht mich in eine Ecke. Er beginnt zu weinen.

«Aber Rahim», sage ich, «du weißt doch schon die ganze Zeit, wie du stehst.»

«Aber ich könnte mich noch verbessern», schluchzt er. «Ich dachte … bis … bis … Februar ist noch … ist noch lang.» Er sieht mich mit großen, erschreckten Augen an.

«Genau drei Wochen hast du noch», sage ich und zeige zum hundertsten Mal auf den Zeitstrang, den wir vor Wochen an die Wand gehängt haben, um den Schülern zu verdeutlichen, wo wir zeitlich stehen.

Ich könnte schwören, Rahim sieht ihn zum ersten Mal mit Bewusstsein an.

«Aber mein Vater schlä…hägt mich tot. Bitte, bitte, Frl. Krise, können Sie nicht den Lehrer sagen, sie sollen mir Vier geben. Ich lerne dann auch, ich änder mich, ich schwör auf meine Mutter!»

«Rahim, niemand gibt dir jetzt einfach eine Vier, das weißt du doch.»

Er jammert: «Ich schwöre, ich schwöre!»

Karl ist in ähnliche Gespräche verstrickt.

Es ist wie jedes Jahr. Kurz vor den Zeugnissen kommt die Erkenntnis, das Staunen, das Wutgeschrei, die Reue, das Flehen, es kommen die Tränen, die Flüche, die Drohungen, das Winseln, die guten Vorsätze.

Die Einsicht? Nein, die kommt nicht. Noch nicht?

In der letzten Stunde haben wir Ethik. Die Klasse ist ein bisschen gedämpft, aber in keiner Weise konzentriert. Erst als ich Hanna, Jenny und Leila, die nicht ruhig werden, nach nebenan in unseren zweiten Raum gesetzt habe, können wir arbeiten, sogar ganz gut arbeiten, etwa fünfundzwanzig Minuten lang.

Am Ende sind fast alle mit sich zufrieden.

«Hab ich schön mitgemacht! Die Fünf in Ethik ist jetzt schon mal weg. Wa, Frl. Krise?», fragt mich Erkan und knallt seinen Stuhl auf den Tisch.

LOVE UND CRIME

«Was ist eigentlich los mit dir?», frage ich Mustafa, der norma-placeholderlerweise durch Anwesenheit, gute Manieren und angenehmes Wesen glänzt. Er ist neuerdings blass, und er wird immer dün-ner, was nicht nur daran liegen kann, dass er in letzter Zeit stark gewachsen ist. Er schleicht alleine über den Schulhof und isst nicht mal mehr seinen obligatorischen trockenen China-suppenextrakt. Jetzt sieht er mich hohläugig an und zuckt mit den Schultern.

«Hm, lass mich raten», sage ich. «Liebeskummer!»

Touché!

Musti erzählt mir die traurige Geschichte einer großen Liebe. Ein paar Wochen waren sie erst zusammen, dann hat sie ihm den Laufpass gegeben. Schrecklich … wegen eines ande-ren, was sonst. Voll gemein!

«Kenne ich sie?», frage ich teilnahmsvoll.

«Ja.» Er nickt. «Sie ist in der 8 c. Yvonne.»

Yvonne! Ich bin ein bisschen enttäuscht. Na, was der wohl an dieser grauen Maus findet …

Zwei Tage später sause ich gerade in der kleinen Pause ohne Mantel durchs Schneegestöber von einem Gebäude zum an-deren, da werde ich von Mustafas Eltern ausgebremst. Ohne Termin? Ich habe Unterricht! Aber sie halten mich fest und berichten mir aufgebracht, dass ihr Sohn Tag und Nacht von irgendwelchen schulfremden Typen angerufen und bedroht wird.

Hm, unschön, aber was habe ich damit zu tun?

«Diese Typen sind Freunde von Yvonne», erklärt der Vater. «Yvonne ... Sie wissen schon, diese ... äh ... na, sagen wir mal ... Kinderliebe.»

Ich falle aus allen Wolken.

«Das kann ich mir gar nicht vorstellen», sage ich. «Das Mädchen ist sehr nett und gut erzogen.»

Aber die Eltern zeigen mir eine SMS: «fingerweg von yvonne sonst mach ich dich killer» und sogar die Namen (Marvin und Sascha) und die Handy-Nummer der Täter. Und sie wollen SOFORT Yvonne sprechen.

Ich lehne das ab, verspreche aber, mich um die Angelegenheit zu kümmern. Ich empfehle eine Anzeige bei der Polizei und verweise auf den Unterricht, den ich jetzt habe – bin schon viel zu spät –, und renne weiter.

Am nächsten Tag spreche ich mit Yvonne. Die reißt ihre blassblauen Augen auf und beteuert, nichts zu wissen. Die beiden Namen kennt sie immerhin, es sind Exfreunde von ihr. So harmlos, wie ich dachte, scheint das Frolleinchen nicht zu sein. Außerdem wird sie ziemlich schnippisch und nennt ihren Ex Mustafa eine «Mistgeburt».

«Na, diese Dame ist ja voll Jäckpott», sage ich zu Musti. «Sei froh, dass du die elegant losgeworden bist.» Der seufzt zum Erbarmen.

Trotz oder wegen der Anzeige lauern die Typen ihm jetzt auf dem Nachhauseweg auf – glaubt Mustafa jedenfalls. Er fühlt sich bedroht, und am Donnerstag ruft er in der Mittagspause ohne Rücksprache mit mir oder der Schulleitung einfach die Polizei an.

Er glaubt, Marvin am Schultor gesehen zu haben. Die Polizei kommt auch sofort – und ist nicht begeistert von seiner Eigeninitiative. Er solle doch bitte in so einem Fall erst einmal mit seinen Lehrern sprechen, sagt der Polizist.

«Was wird denn noch alles passieren?», klage ich, und Karl winkt ab: «Reg dich nicht auf, Frl. Krise, sind ja bald Ferien.»

Dann fehlt Musti drei Tage.

Meine Klasse nimmt inzwischen natürlich voll Anteil. Marvin und Sascha! Vallah, die sollen nur kommen! «Abooo, die schlagen wir klein!», verkünden Hassan und Turgut kriegerisch, und in den großen Pausen brauche ich niemanden von den Meinen mehr aus dem Schulhaus zu komplimentieren. Alle stürzen freiwillig raus, aus lauter Angst, etwas zu verpassen.

Gestern gehe ich vor dem Schlafengehen mal ganz kurz Face-book, um zu kontrollieren, wer von meinen Lieben noch im Netz ist, da springt mich der rote Nachrichtenpunkt an.

Der Vater von Musti hat mir geschrieben. Jetzt geht's wohl los! Ich bin hin- und hergerissen zwischen Erstaunen und Unmut. Diesen Eltern ist wohl gar nichts mehr heilig! Auf der anderen Seite: Ganz gut, wenn sie mir hier schreiben, das ist besser als ihre plötzlichen Überfälle in der Schule.

«Hallo Fräulein Krise. Wir haben mit Eltern von Yvonne telefoniert. Die haben jetzt mit beiden Jungen gesprochen. Sie haben versprochen, nicht mehr anzurufen und nichts zu tun. Mustafa ist aber ganz fertig, er war Arzt und ist bis zu den Ferien krankgeschrieben.»

Uff!

Welcher Arzt eigentlich?

Meine Nerven lassen auch zu wünschen übrig.

VORSICHT VORSÄTZE!

Ich will besser in der Schule werden, ich will immer früh aufstehen, ich will meinen Eltern und Lehrern gegenüber respektvoll sein, ich will im Unterricht aufpassen, ich will immer lesen, ich will mein Leben in den Griff kriegen … Dieses und noch vieles mehr bieten mir meine Schüler an, als ich sie im

Ethikunterricht frage, was sie sich denn im neuen Jahr so vornehmen.

Nun weiß jeder, der ein wenig Lebenserfahrung hat, dass nichts schwerer umzusetzen ist als solch hehre Vorsätze. Also versuchen wir sie gemeinsam runterzubrechen: «Kleine Ziele», predige ich, «je kleiner, desto besser!»

Ich packe meine Schultasche abends, ich stehe eine Viertelstunde früher auf, ich lasse Frl. Krise ausreden, ich setze mich neben Azzize, ich lese jeden Tag fünfzehn Minuten – das hört sich schon besser an.

«Ja, das schaff ich», sagt Hassan zufrieden und malt «Ich nehme meine Mathesachen mit» auf ein blaues Kärtchen.

«Gib mir Lineal!», schreit Hanna, die gerade «Ich spreche leise» auf ein rosafarbenes Kärtchen schreibt.

«Schrei ma nich so», mischt sich Nesrin ein. «Guck ma, was du da schreibst!»

«Na und!», faucht Hanna. «Was geht's dich an, Hässlichkeit!»

«Frl. Krise, sie sagt mir Hässlichkeit!», ruft Nesrin. «Sagen Sie sie, sie soll Maul halten, weil ich nicht darf!» Sie wedelt mit ihren gelben Kärtchen, auf dem «Ich regele meine Koflickte mit friedliche Worte!» steht.

Ich lobe Nesrin und weise Hanna in ihre Schranken – da wird die Tür aufgerissen, mehrere lockere Schneebälle fliegen im hohen Bogen herein, zerschellen am Boden, und schwupp ist die Tür wieder zu. Empörter Aufschrei! Alle springen auf.

Mindestens acht meiner Schüler rasen aus der Klasse und jagen hinter den Übeltätern her. Ich höre einen irren Krach im Treppenhaus, schließlich einen Moment Stille, dann mörderisches Geschrei, dann trampeln sie nacheinander wieder herein.

«War … so … Kleine … aus Sieben», schnauft Fuat und schmeißt sich auf seinen Stuhl.

«Ham sie erwischt», keucht Rahim.

«Das machen die nie wieder», kreischt Hanna, und Nesrin

hustet vor Anstrengung und würgt dann ein «Hab einen gewaschen mit sein eigenen Schnee!» hervor.

«Gut, gut», sage ich erfreut. An sich bin ich ja nicht für Selbstjustiz, aber das war das dritte Mal seit gestern, dass so eine Schneebombe bei uns reinplatzte. Langsam reicht's.

«Nächstens rennt ihr aber nicht einfach so raus, ohne zu fragen», füge ich anstandshalber hinzu.

«Frl. Krise», sagt Gülten und schüttelt missbilligend den Kopf, «Sie müssen sich auch was vornehmen, am besten schreiben Sie: ‹Ich überleg mir, was ich will!›»

177

GLEITZEIT

Nevsat kommt jeden Morgen zu spät. Statt um acht Uhr betritt er Punkt acht Uhr zehn den Klassenraum. Man kann die Uhr nach ihm stellen.

«Wenn du jeden Tag pünktlich zu spät kommst, kannst du doch auch pünktlich pünktlich kommen», halte ich ihm erfolglos entgegen.

Dieser Satz verblüfft meine Schüler schon seit Jahrzehnten. Allerdings musste ich ihn nie so häufig sagen wie in den letzten Jahren. Schon immer gab es Schüler, die sich morgens gerade noch mit dem Klingeln hereinmogelten oder auch ein paar Minuten verspätet in den Klassenraum huschten. Aber heute kommen unsere Schüler nicht nur zur ersten, sondern einfach zu jeder Stunde zu spät.

Die wachsende Unpünktlichkeit der Schüler führte übrigens merkwürdigerweise dazu, dass die Lehrer immer pünktlicher wurden. Ging man in den Siebzigern erst nach dem zweiten Klingeln geruhsam zum Unterricht los und rauchte auf jeden Fall unterwegs noch seine Ernte 23 (Frau Horn) oder Camel (ich) zu Ende (die Kippe wurde lässig auf dem äußeren Fensterbrett des Flurfensters ausgedrückt), so stürzen die Kollegen heute

teilweise schon weit vor *dem ersten Klingeln aus dem Lehrerzimmer.*

*Sie sagen: «Das gute Vorbild ist wichtig! Und die Schüler
müssen wissen, dass man sie erwartet! Sie sollen merken, dass sie
zu spät kommen! Sonst kommen sie womöglich gar nicht!»*

*Früher warteten die Schüler auf den Lehrer, in alten Filmen
sieht das so aus: Die Tür wird aufgerissen, der Lehrer positio-
niert sich für einen Moment im Türrahmen. Seine Blicke schwei-
fen durch den Raum. Die Schüler flitzen auf ihre Plätze. Dann,
während der Lehrkörper gemessen zum Pult schreitet und dort
seine Tasche deponiert, erfolgt kollektives Aufstehen.*

Zackiges «Guten Morgen, 9 a!».

Leieriges «G u t e n m o r g e n   H e r r   T e s c h n e r …».

*Heute zelebrieren andere den großen Auftritt: Die Tür wird
aufgerissen, der Schüler verweilt einen Moment im Türrahmen,
nuschelt etwas, das sich im besten Fall wie «Tgung, vschlafn …»
anhört, küsst sich dann durch die Klasse, dreimal bei jedem,
rechtlinksrecht, das dauert, und so weiter und so weiter.*

*Kaum hat sich der Verspätete umständlich niedergelassen,
wird die Tür aufgerissen – und alles geht von vorne los.*

WENN DER JULKLAPP KLAPPT

«Frl. Krise, in den ersten Stunden waren Turgut, Rahim und
Fuat nicht da», sagt Frau Süß in der Pause. Sie unterrichtet
einen Teil meiner Kapalken in Chemie. «Herrlich! Die anderen
haben zwar auch nicht mehr viel gemacht, aber wenigstens hat
keiner gestresst.»

Kunststück! Heute ist der letzte Schultag vor den Weihnachtsferien. Da arbeitet wohl keine Klasse mehr regulär, denke
ich. Dabei schwant mir nichts Gutes: Bestimmt geht das mit
den Geschenken beim Julklapp nicht auf. Zur Weihnachtsfeier
müssen doch *alle* Kinderlein kommen!

Kurz vor dem Klingeln laufe ich mit Karl nach oben in unseren Klassenraum. Als Überraschung hieven wir den voll geschmückten großen Weihnachtsbaum, der jedes Jahr im Kunstsaal steht, rüber in unseren Klassenraum. Da stürmt auch schon die ganze Klasse in bester Stimmung die Treppe herauf ... Und siehe da: Keiner stöhnt und jammert, und sogar die verlorenen Söhne sind dabei.

«Ohhh, ein Tannenbaum ... voll schöööön ... Warum machen wir nicht immer so?» Aynur und die anderen Mädchen sind von der Deko begeistert. Die Jungen interessieren sich mehr für die Fressalien.

Ratzfatz sind die Tische zu kleinen Gruppen zusammengeschoben und gedeckt, ist ein kleines Büfett aus den mitgebrachten Sachen aufgebaut – wie kommt's, dass die auf einmal so schnell sein können? Die Geschenke liegen unterm Weihnachtsbaum, die Rollläden sind heruntergelassen, und ich stürze im Dunkeln über irgendeine Tasche, die mitten im Weg liegt. Kerzen, wir haben Kerzen vergessen! Nesrin findet glücklicherweise Teelichter vom letzten Jahr im aufgeräumten Klassenschrank. Es wird richtig gemütlich.

Ich staune immer wieder, was Pubertierende für unglaubliche Mengen verdrücken können, und das in rasender Geschwindigkeit. Der Bulgursalat von Nesrims Ane ist aber auch Grimme-Preis-verdächtig. Der türkische Kartoffelsalat dagegen zeichnet sich durch zu viel Mayonnaise aus, jedenfalls für meinen Geschmack.

Sam plant laut, während er ein Brötchen quer reinschiebt, nächstes Jahr zur Abwechslung eine Mikrowelle mitzubringen, dann könnte man endlich mal Chinapfanne und Frühlingsrollen anbieten. Sams Eltern stammen aus China und betreiben ein kleines Restaurant. Sam ist der Stillste in unserer Klasse, so viel wie heute hat er lange nicht geredet. Und Ömür, der offensichtlich von allen Diäten Abschied genommen hat, klopft sich satt und zufrieden auf seine kleine Wampe. (Die letzten zwei Tage hat er gefehlt – wie üblich: Bauchschmerzen).

Dann der Höhepunkt: Gülten verteilt unter großem Applaus die Geschenke. Sie scheint die Aktion mehr als eine Art Lotterie aufzufassen und gratuliert jedem zu seinem Geschenk.

Unerträglicher Parfumgeruch macht sich breit, ich muss *sofort* ein Fenster aufreißen, um eine beginnende Kopfschmerzattacke abzuwenden. Gleichzeitig werde ich von Nesrin eingenebelt: «Riech mal, Frl. Krise, Esprit, voll geil, wa!»

Mein Geschenk – es ist von Azzize –, Stifte und ein Stiftebecher, sind geruchsneutral, was ich sehr begrüße. Die Geschenke wandern herum. Natürlich hat sich keiner an die verabredete Fünf-Euro-Grenze gehalten – ich auch nicht.

Wieso haben sich Ömür und Emre keinen Döner geschenkt wie letztes Jahr? Vallah, was das? Wochenlang haben sie von nichts anderem geredet, irgendwie schade …

Am Ende geht sogar das Aufräumen halbwegs gesittet über die Bühne. Übrigens werden die leeren Flaschen nicht etwa mitgenommen – sich das Flaschenpfand zu holen gilt bei unseren Schülern als voll uncool.

Und als endlich alle mit vielen «Tschüßßßßßßiiiiiiiiiis» und «Schöne Feeeeeerien» und «Guten Rutsch» und Küsschen rechtslinksrechts raus sind, setzen Karl und ich uns noch einen Moment hin.

«Ich kehre gleich», sagt Karl.

«War aber voll nett, oder?», sage ich, und dann sagen wir beide wie aus einem Munde: «Gott sei Dank, FERIEN»!

WEIHNACHTLICHE KRISE

«Weil du jetzt schon seit genau dreißig Jahren an unserer Schule bist!», sagte unser Schulleiter und überreichte meiner Kollegin Heidi galant eine gelbe Rose. Dieser Satz ging mir in den nächsten Wochen immer wieder durch den Kopf. Es muss doch einfachere Methoden geben, mit einer Rose bedacht zu werden, als

sein ganzes Leben an einer Schule zu bleiben, überlegte ich mir, und: Oh Gott, ich bin auch schon seit zwanzig Jahren hier an der Gesamtschule-Süd! Zuerst das Referendariat und dann nicht mal ein Schulwechsel! Langweiliger geht's ja wohl nicht mehr!

Unbewusst wartete ich vielleicht zu diesem Zeitpunkt nur noch auf einen Schubs, der mich in Bewegung setzen würde.

Es war der letzte Schultag vor den Weihnachtsferien. Ich dekorierte mit meinen Schülern unseren Klassenraum für die Weihnachtsfeier. «Ich hänge die Kugeln dahin», verkündete Pascal und wedelte mit dem Karton in Richtung Fenster. Leider hielt er den Karton falsch herum, und schon lagen meine schönen Weihnachtskugeln in Form von tausend Scherben auf dem Boden. Das störte aber niemanden: Die Mädchen hatten sich vor dem Unterricht gezankt und waren immer noch mit Diskussionen à la «Da habe ich gesagt und da hat er gesagt» beschäftigt. Die Jungen kickten zwei leere Trinkpäckchen durch die Gegend. Außerdem lachten sie über Pascal, der nun, anstatt die Scherben wegzufegen, auf dem Besenstiel durch die Klasse ritt. Ich schmückte, leicht verbittert, die Tische mit Tannengrün und Kerzen und schnitt meinen Stollen in Scheiben. Sonja und Diana gaben vor zu helfen, naschten aber eigentlich nur die besten Plätzchen von den Weihnachtstellern weg. Dann entriss Marco Pascal den Besen und vollführte mit dem Stiel wilde Ehestandsbewegungen, und die Jungen rissen zotige Witze, und die Mädchen kreischten um die Wette.

«Iiiehh, nicht den von der Krise!» Tina wies meinen Stollen angeekelt zurück, und Manfred tat, als ob er gleich kotzen müsste.

Weihnachtsstimmung? Der Julklapp verlief chaotisch, Christoph und Marco schlugen sich wegen eines Geschenks, und Carmen weinte, weil in ihrem Päckchen nur ein paar zerdrückte Dominosteine lagen. Keiner wollte singen, und bei jedem Spiel gabt es Zank und Streit.

Am Ende geriet das Aufräumen zur Zerreißprobe. Ich war restlos bedient. Es klingelte, und alle verschwanden sang- und

*klanglos. Ich ging nicht einmal mehr ins Lehrerzimmer, sondern
fuhr sofort nach Hause.*

*In meiner Küche setzte ich mich an den Tisch. Tränen liefen
mir über das Gesicht. So eine schlechte, unfähige Lehrerin war
ich! Nicht einmal eine doofe Weihnachtsfeier klappt bei mir,
dachte ich. Alle, alle Probleme und Enttäuschungen der letzten
Zeit stiegen geballt in mir auf. Ich war doch immer gern an meiner Schule gewesen, aber auf einmal mochte ich nicht mehr. Die
Klasse, die Kollegen, die Schulleitung – alles erschien in einem*

182 *dunklen Licht. Plötzlich war Schluss! Zwanzig Jahre … genug!
Jetzt musste einfach ein Wechsel her!*

*Ich schüttete einen großen Cognac auf ex hinunter. Was war
los mit mir? Ich trank noch einen und noch einen und fühlte
mich immer schlechter. Vor allem tat ich mir sehr leid. Hatte
ich das verdient? So eine Weihnachtsfeier? Schließlich hatte
ich mich doch immer so reingehängt … Der Alkohol gab meiner
schlechten Stimmung den Rest, aber ich war schon nicht mehr in
der Lage, das noch zu sehen.*

*Überraschend kamen drei Freundinnen zu Besuch. Sie woll-
ten gemütlich Kaffee mit mir trinken und den Ferienbeginn feiern. Aber ich konnte nicht feiern und Kaffee trinken. Ich musste
weinen und weinen und einen Cognac nach dem anderen hin-
unterkippen.*

*«Ich lasse mich versetzen», schluchzte ich. «Ich geh da nie
wieder hin!»*

*Meine Freundinnen trösteten mich, redeten mir gut zu, be-
stärkten mich und machten große Pläne für meine Zukunft.*

*Irgendwann gegen Abend – meine Tränendrüsen waren leer,
die Flasche auch und ich voll wie eine Haubitze – brachten sie
mich ins Bett.*

*Nach den Ferien ging ich sofort zum Schulrat. Der fackelte
nicht lange. Zum nächsten Schuljahr war ich versetzt – an die
große integrierte Franca-Magnani-Gesamtschule am Stadtrand.*

TRAUMBERUF

Der Sachbearbeiter der Adoptionsabteilung wiegt den Kopf. Er putzt sich die Nase mit einer kleinen türkischen Fahne. «Hm», sagt er und sieht mich zweifelnd an. Warum geht der nicht raus zum Naseputzen? Ich rege mich auf. Keine Manieren hat der Mann. Keiner meiner Schüler würde sich so vor mir die Nase putzen. Überhaupt, was denkt sich dieser Mensch? Könnte der wohl mal mit mir reden, statt nur in dieser komischen Akte zu blättern?

«Prinzipiell», nuschelt er jetzt und macht eine bedeutungsschwangere Pause, «prinzipiell sind Sie …»

Das Telefon klingelt.

Er nimmt den Hörer ab, ohne mich dabei aus den Augen zu lassen.

«Neurologie, Männerstation, Borowski», meldet er sich vorschriftsmäßig und setzt sich bolzengerade hin.

Ich wundere mich, wie förmlich der sein kann.

Borowski bückt sich nach vorne, sein Taschentuch liegt auf einmal auf dem Boden. Er will es aufheben. Drei Fieberthermometer fallen dabei aus der Brusttasche seines weißen Dienstkasacks, aber sie gehen zum Glück nicht kaputt; eine schöne Sauerei wäre das sonst mit dem Quecksilber. Typisch, dass die Adoptionsstelle noch diese altmodischen Thermometer hat, denke ich. Ich hebe sie auf und lege sie vorsichtig in meine kleine hellblaue Handtasche.

«Ja, Herr Professor», sagt Borowski jetzt untertänig, «ja, die ist hier, Moment mal bitte …»

Er reicht mir den Hörer. Auch das noch.

«Schwester Krise, schönen guten Morgen!»

Ich frage mich, was das alles soll. Was will der Professor? Ich wollte die Thermometer ja schließlich nicht klauen.

«Waffenschmidt hier», posaunt der Professor. «Schwester Krise, ich habe gehört, Sie wollen uns verlassen? Wie kommen Sie denn auf den Schwachsinn? Und weshalb wollen Sie eine ganze Klasse adoptieren? Schnapsidee so was. Sie sind doch auch nicht mehr die Jüngste. Bleiben Sie mal schön bei uns im Nachtdienst. Einundzwanzig Nächte Dienst, zehn Nächte frei – von 20 bis 24 Uhr Unterricht, danach leichte Sitzwachen, was wollen Sie noch mehr? Und die Neurologie-Männerstation ist ein sehr angenehmer Arbeitsplatz. Mit dem Borowski sozusagen als Stationspfleger …»

«Schon», hauche ich und drehe mich um, damit der blöde Borowski mir nicht mehr ins Gesicht gucken kann. «Aber das ist es ja, Herr Professor. Neuro-*Männer*! Da sind doch gar keine Kinder.»

«Ach so …» Der Professor stutzt. «Gar keine Kinder?»

«Nein! Neulich hatten wir ja wohl mal diesen einen dementen Jugendlichen, aber sonst … und der war auch nicht gerade … irgendwie …»

«Ach», der Professor überlegt. «So, so, hm, hm. Das ist ja dumm. Und welche Klasse wollten Sie noch mal adoptieren?»

«Na, die Klasse, die ich jetzt habe. Die in der Schule, wo ich Tagdienst mache. Und weil ich ja nur eine Dreizimmerwohnung habe, dachte ich, die Kinder könnten auf Station wohnen, neunzehn Stück sind das.»

Der Professor schweigt einen Moment. Dann sagt er: «Schön, schön, warum eigentlich nicht. Platz haben wir ja. Wer weiß, sicher haben die auch neurologische Erkrankungen.»

«Ja … äh.» Ich komme ein bisschen ins Schleudern. «Muskeldystrophie, Akne, Entwicklungsstörungen, Tourette-Syndrom und so … und vielleicht … Windpocken? Ich bin ja keine Ärztin, nur Kunstlehrerin mit dem Schwerpunkt Gips und Verbinden.»

Der Professor seufzt.

Auf einmal bin ich im Keller der Klinik. Ein langer Gang liegt vor mir. Es ist still und ganz hell. An den Wänden hängen Glasvitrinen mit lauter kleinen Uhren drin. An den Türen steht etwas … ich kann es nicht lesen.

Ich soll hier irgendwo die Thermometer abgeben und eine Fernbedienung für meinen Wecker holen.

Mein Mund ist ganz trocken, und mir ist heiß.

Plötzlich kommt mir Elton John entgegen. Er hat ein Kind an der Hand. Es ist Turgut.

Sein neuer Sohn, den er adoptiert hat. Er geht an mir vorbei, ich gucke ihm nach.

Turgut! Elton geht bestimmt zu Borowski, Kind umtauschen.

«But it's no sacrifihihice ... No sacrifihihice ... It's no sacrifihihice at all ...», plärrt es aus meinem Weckradio.

Elton heult bestimmt schon seit drei Minuten in mein Ohr.

Vallah, adoptieren ... meine Klasse! Niemals! Turgut! Und Elton John ... Neuro-Männer!

Gääääääähn. Was ist los? Wie spät ist es? Habe ich verschlafen?

Ach nein, es sind ja Weihnachtsferien!

Ruhe! Elton soll sofort mit Singen aufhören!

Warum hab ich keine Fernbedienung für diesen Scheiß-Wecker?

Im neuen Jahr

WÜRFELN WÄRE WITZIGER

Nur noch wenige Tage bis zu den Zeugniskonferenzen für das Halbjahreszeugnis. Wieder beginnt das große Rechnen …

Das Notenmachen ist kein pädagogischer Orgasmus, wie meine Schüler heimlich vermuten.

«Bestimmt voll geil», sagt Emre träumerisch. «Können Sie sich rächen an Schüler, wenn der Sie geärgert hat. Geben Sie einfach schlechte Note, null Punkte – macht bestimmt voll Spaß!»

Ich gebe zu bedenken, dass es bei den Zeugnissen um Objektivität geht. Wenn es um das «Rächen» ginge, sähen die Zeugnisse wohl noch schrecklicher aus.

«Es gibt nämlich keinen, über den ich mich nicht schon mal geärgert hätte, Emre!»

«Aber doch nich über mich, Frl. Krise!» Emre überlegt. «Oder?»

«Du bist ja auch voll Lieblingskind», sagt Gülten. «Voll der Knecht! Haben Sie sich schon mal über mich geärgert, Frl. Krise? Nee, wa?»

«In den letzten zwei Wochen nicht», gebe ich zu.

«Siehste!» Gülten guckt triumphierend in die Runde. Dass sie fast zwei Wochen krank war, hat sie, so scheint's, vergessen.

Die Notenermittlung ist wirklich unerbaulich. Echt jetzt!

Es fängt immer harmlos an: Zuerst rechne ich ganz kühl und technisch und ohne pädagogischen Hintersinn die Noten zusammen, die schriftlichen, die mündlichen, die sonstigen und überhaupt. Am besten mit dem Taschenrechner. Das ergibt dann natürlich eine krumme Zahl, die genau zwischen zwei Noten liegt, sagen wir mal, bei Mustafa in Deutsch zwischen Vier und Fünf.

So, jetzt geht's los. Soll ich ihm nun die bessere oder die schlechtere Note geben? Gebe ich ihm eine Vier, ruht er sich darauf aus – eine Fünf entmutigt ihn bestimmt. Oder spornt ihn an. Oder nicht. Oder doch?

Was ist mit dem Trend los? Gibt es einen Trend bei Mustafa? Womöglich einen positiven, den man belohnen müsste? Unterstützen, aufbauen, verstärken? Nee, es ging mehr bergab! Er fing schwach an und baute dann stark ab. Obwohl er eigentlich will!

Könnte der Schock einer Fünf den Sturz ins Bodenlose vielleicht abbremsen? Aber er hat schon einige Fünfen, das beeindruckt den eh nicht mehr.

Oder wäre eine Vier beflügelnd? Aufmunternd? Motivierend? Eigentlich ist Musti doch ein Sensibelchen, auch wenn er versucht, den Coolen zu markieren.

Hach, wäre ich doch Bäckereifachverkäuferin geworden. Den netten Kunden hätte ich immer die schönsten Brötchen gegeben …

Mustafa hat viel gefehlt. Da war nicht alles entschuldigt … Kann man deshalb noch was abziehen? Möchte ich? Soll ich? Muss ich?

Und wie oft kam der zu spät in den Deutschunterricht? Nö, im Grunde war der immer pünktlich, erstaunlich eigentlich. Erfreulich!

Er hatte als Einziger neulich sein Referat ordentlich getippt – wer weiß, wer das für ihn gemacht hat. Und er hatte sein Buch immer dabei, sogar als ich gesagt habe, wir brauchen das erst mal nicht. Das ist wohl mehr ein schlechtes Zeichen, unorganisiert und unflexibel nennt man das.

Und er hat wochenlang freiwillig den Zeitungsstapel mehrere Treppen hochgeschleppt.

Und er grüßt mich immer, wenn er mich auf dem Hof sieht.

Und Freitag hat er gesagt, er will jetzt unbedingt in meinen Theaterkurs.

Und er hat so einen trockenen Humor, neulich hat er gesagt ...

STOPP!

Spätestens an dieser Stelle rufe ich mich zur Ordnung. Das ist alles nicht notenrelevant, Frl. Krise, bleiben wir mal schön objektiv, sage ich streng zu mir und schreibe eine unbarmherzige Fünf in mein Heft. Die Versetzung ist auch ohne meine Note gefährdet, murmele ich mein schlechtes Gefühl nieder. Schließlich muss ich dem mal zeigen, wo es langgeht! Der meint auch, er bekommt alles nachgeschmissen. Das ist nun mal nicht so im Leben, Mustafa. Tut mir leid!

Beim Eintragen der Fünf in die Zeugnisliste im Computer geht's dann wieder los. Mir fällt plötzlich ein: Da war doch im Herbst der Opa gestorben. An dem hing der Junge. Er war eine Weile richtig depressiv. Na ja, depressiv ist vielleicht ein bisschen übertrieben, er war bedrückt. Aber schließlich haben alle ihr Päckchen zu tragen, Azzizes Papa ist auch krank und sie ...

Es klopft. Kollege Böck macht die Tür auf und ruft: «Kundschaft für dich, Frl. Krise.»

Vor der Tür steht Mustafa. Er lächelt mich an und sagt: «Hier, Frl. Krise, Ihre Eddings, die haben Sie oben liegen lassen!» Ich bin gerührt. Meine neuen Edding-Stifte! Die anderen hätten die garantiert gnadenlos eingesteckt und sexistische Parolen im Klo in grauenhafter Rechtschreibung an die Wand geschrieben.

Notenmachen soll ein Vergnügen sein? Nein wirklich nicht, Emre!

Was ich Mustafa in Deutsch gegeben habe? Verrate ich nicht. Aber er wird sich freuen. Ich muss ihm nur eindringlich sagen, dass das mehr als knapp war.

ZUKUNFTSMUSIK

Nächste Woche ist das Halbjahr vorbei. Man glaubt nicht, wie schnell das geht. Und das Sommerhalbjahr ist noch kürzer, da gibt es Pfingsten, Osterferien, Feiertage, Brückentage, Hitzefrei – und dann sind wir schon im zehnten Schuljahr. Teilweise jedenfalls. Etwa zehn Schüler werden es wohl nicht schaffen, falls nicht noch zehn Wunder geschehen. Nesrin glaubt fest daran.

Heute Morgen kommt sie zwanzig Minuten zu spät in den Deutschunterricht. Nein, das war nicht ihre Schuld, ganz ehrlich. Sie hat den Bus verpasst. Abooo, was kann sie dafür, wenn sich das neckische Band auf ihrem Kopf weigert, sich so binden zu lassen, dass eine Art spitzer Schleife entsteht. «Echt, jetzt, vallah … Das ist schwierig! Versuchen Sie das mal, Frl. Krise!»

Ich kann mich kaum noch einkriegen. So viel Ignoranz! Wenn ich das schon höre: «Was kann ich dafür, wenn ich den Bus verpasst habe?» Ich fühle mich wie ein Atomkraftwerk, das sich kurz vor einer schweren nuklearen Havarie befindet. Aber cool down, Frl. Krise, sage ich mir mühsam, soll sie doch machen, was sie will. Es hat überhaupt keinen Sinn, dass du dir hier sinnlos dein Nervenkostüm ruinierst und sich die Zornesfalte auf deiner Stirn noch tiefer eingräbt. (Bezahlt der Schulträger eigentlich Botox-Spritzen für Lehrerinnen in Brennpunktschulen? Vielleicht aus dem Topf für Verbrauchsmaterial? Ich komm mir schon ziemlich verbraucht vor … Muss mal Frau Freitag fragen, die ist firm in so was.)

Nach Deutsch habe ich eine Freistunde. Das Wort «Freistunde» täuscht, ich habe jede Menge zu tun. Ich sitze im Lehrerzimmer, eingeklemmt zwischen Frau Herz und meinen Bücherstapeln, und arbeite. Briefe schreiben, Bilder benoten, Arbeitsblätter aufsetzen.

Es klopft.

Kollege Böck macht wieder mal auf und ruft: «Frl. Krise, da ist ein junger Mann für dich.»

In der Tür steht ein großer, kräftiger Kerl, der mich so begeistert anstrahlt, als wäre ich die Paris Hilton der deutschen Pädagogenszene.

«JACK!!!»

«FRL. KRISE!!!»

Er fällt mir um den Hals – gut, dass ich so stabil bin.

«Ich wollte Sie mal besuchen», sagt er. «Ist ja schon sooo lange her … Ich wundere mich, Sie haben mich ja gleich erkannt.»

Jack und John, wie könnte ich die wohl vergessen!

Zwei Brüder aus schwierigen familiären Verhältnissen. Sie waren ganz passabel in der Schule, jedenfalls bis zum neunten Schuljahr. Ihr tadelloses Benehmen und ihre gepflegte Ausdrucksweise waren außergewöhnlich … Aber dann passierten schreckliche Dinge, und beide verließen die Schule ohne Abschluss und Perspektive, dafür mit hoffnungsvollen Ansätzen für eine steile kriminelle Karriere.

«John und ich, wir machen beide gerade eine Ausbildung», sagt Jack. «Hat ja ein bisschen gedauert, bis wir kapierten, dass unser Leben in eine Schieflage geraten war.»

Er drückt sich immer noch so gewählt aus!

«Wir sind jetzt fast fertig und werden auch von unseren Betrieben übernommen!»

Ich rechne innerlich: Dreiundzwanzig Jahre muss er alt sein. So alt wie Britta, die ich neulich traf und die in dieselbe Klasse wie Jack und John ging.

«Wir haben noch oft von Ihnen gesprochen, Frl. Krise», sagt er und grinst mich an. «Und ich dachte, ich muss mich mal bei Ihnen melden, weil doch noch was aus uns geworden bin!»

Als ich wieder vor meinen Büchern sitze, kann ich mich kaum konzentrieren.

Ich bin schwer beeindruckt. Jack und John! Damals hätte ich keinen Pfifferling mehr für sie gegeben! John knackte Autos, Jack versuchte es mit Drogenhandel – und nun sind sie brave Fliesenleger.

Alles kann sich zum Guten wenden, mit dem Erwachsen-
werden kann die Einsicht kommen; Britta hat's ja auch
geschafft. Mein kleines Atomkraftwerk hat sich wieder beruhigt.

Nesrin, wenn du morgen wieder so zickst, sage ich keinen
Ton!

Ich schwör's!

Ich warte einfach acht Jahre ab …

GEDULD, GEDULD!

*Was werden meine Schüler? Ärzte, Alkoholiker, Anwälte, Aus-
wanderer, Animateure oder Abfallberater? Ach, diese Frage ist
nicht leicht zu beantworten.*

*Gelegentlich werde ich auf Klassentreffen eingeladen und
staune im ersten Moment, wie fremd mir diese Erwachsenen
sind, die einmal meine Schüler waren. Soll ich die jetzt siezen?
Nein. Man winkt ab, wir duzen uns. Und trotzdem! Erst im
Laufe des Abends erkenne ich in den fremden Menschen meine
alten Schüler wieder: Alina labert noch immer ohne Punkt und
Komma, und Tom sitzt wie einst verträumt neben dem schwei-
genden Murat. Etwas von der früheren Vertrautheit kommt
langsam wieder auf.*

*Ich staune aber auch darüber, dass viele, sehr viele, sich ganz
anders entwickelt haben, als von mir prognostiziert. Der träge
Alper präsentiert sich als cooler Freeclimber, die mathematisch
hochbegabte Marie ist mehrfache Mutter und jobbt in einer Bäckerei, und Aggro-Paul macht einen auf seriös mit seinem Fach-
handel für Weihnachtsdekoration. Wer als ehemaliger Schüler
zum Klassentreffen erscheint, weist normalerweise irgendetwas
vor: Auto, Beruf, Haus, Ehepartner, Kind. Von den anderen, die
genauso wie damals unentschuldigt fehlen, weiß man nichts
oder wenig.*

Manchmal gibt es auch nur schlechte Nachrichten: Die Klasse, die ich vor einigen Jahren aus meiner jetzigen Schule, der großstädtischen Julie-Manet-Schule, entließ, traf sich genau ein Jahr später wieder, und die Bilanz war bestürzend: Keiner hatte eine Lehrstelle. Sie waren alle in der Probezeit entlassen worden. Einige befanden sich in berufsvorbereitenden Maßnahmen, drei sollten getestet werden, ob sie überhaupt ausbildungsfähig seien. Vier Jungen waren bereits ihren Führerschein wieder los. Nick hatte ohne Führerschein mit dem Auto seiner Mutter

einen schweren Unfall verursacht. Cindys Schwangerschaft endete mit einer Fehlgeburt, und Evis Verlobter war ohne Angabe von Gründen entschwunden. «Frl. Krise, wir sind eine Loserklasse», stellte Kerim selbstkritisch fest. Alle benahmen sich so schlecht im Lokal, dass ich richtig froh war, als ich endlich gehen konnte.

Jetzt erst, meist über Facebook, erreichen mich lauter gute Botschaften. Sie sind doch noch erwachsen geworden und haben ihren Weg gemacht! Fast alle!

Eigentlich sollte mich das beruhigen. Sie kriegen die Kurve. Es dauert nur ein bisschen länger.

BAKTERIELLE BERECHNUNG

Dritte Stunde Biologie, meine Klasse, aber nur die Hälfte der Schüler – ein kleiner Kurs, acht Jungen und drei Mädchen. Trotzdem, die Noten auf den Halbjahreszeugnissen sind erschreckend schlecht.

Kein Wunder. Erkan liegt wie eh und je mit dem Kopf auf dem Tisch, Gülten und Necla kommunizieren schon die ganze Zeit unauffällig über den Raum hinweg miteinander (aber nicht unauffällig genug), Turgut singt halblaut in der letzten Reihe ein türkisches Lied vor sich hin und ist nur kurz ruhig, wenn ich ihn wild angucke, Sam hat Kopfschmerzen, und Leila ist gerade erst gekommen («Ich war Arzt») und muss sich noch «mentalistisch» berappeln, ehe sie mitarbeiten kann. Dabei ist die Stunde fast um.

Viel geschafft haben wir nicht. Es mussten noch lebenswichtige Fragen zum Volleyballturnier am Nachmittag geklärt werden. Bestimmt werden wir wieder Vorletzter oder Letzter!

So, jetzt aber Bio. Endlich!

Im Moment geht es um Bakterien. Bekanntlich vermehren die sich unter günstigen Verhältnissen wie verrückt – alle zwanzig Minuten kann sich so ein kleines Viech durch Zellteilung verdoppeln. Ich zeige eine Petrischale, in der eine Bakterienkolonie mit bloßem Auge sichtbar ist.

«Hä?»

Emre und einige andere gucken mich ziemlich intelligenzfrei an.

«Wieso sieht man die kleinen Dinger auf einmal?», fragt Emre.

«Ganz einfach», sage ich, «rechne mal aus, wie viele Bakterien aus einer Bakterie werden, in … na, etwa einer Stunde.»

«Ist doch ganz leicht: acht», ruft Emre.

«Wie jetzt?» Ömür furcht die Stirn und rechnet schriftlich. «Genau, acht», murmelt er dann.

«Richtig», sage ich. «Und nach zwei Stunden?»

«Sechzehn», meint Ömür.

Alle sind sehr zufrieden mit der Antwort.

«Stimmt nicht», sage ich.

Dann rechnen wir an der Tafel, und ich mache kleine Zeichnungen. Und wir rechnen im Kopf, und wir rechnen mit dem Taschenrechner, und ich mache noch eine Zeichnung, nämlich lauter Bakterien. Und wir zählen und rechnen und zählen, und es dauert und dauert, aber am Ende haben wir es raus: Es sind vierundsechzig! Und die, die mitgerechnet haben, wissen auch, wieso.

Wir rechnen noch ein bisschen weiter; macht Spaß auf einmal – Kopf aus, Taschenrechner an, voll easy.

Drei Stunden ... vier ... Die Zahlen werden sehr schnell sehr groß.

«Vallah, voll viele», staunt Emre. «Warum sieht man die nicht? Muss doch alles voll fett mit Bakterien sein, die ganze Erde, alles hier!» Er blickt sich suchend nach einem sichtbaren Bakterienteppich im Raum um.

Gülten weiß die Lösung: «Du Spast», sagt sie, «ist doch voll einfach. Die sind ja auch überall! Aber die sind alle in so ... so ... wie ... äh ... wie soll ich sagen ... in so was wie Gelee.»

«Was Gelee? Wo Gelee?» Ömür guckt auf den Fußboden.

«Nicht hier!» Gülten wird ärgerlich. «Ist über uns!»

Automatisch gucken alle zur Decke. Ich auch. Von Gelee keine Spur, zum Glück.

«Viel höher», sagt Gülten. «Ganz da oben ... wie heißt das noch mal?»

«Atmosphäre?», fragt Mustafa.

«Genau, Atmosphäre», wiederholt Gülten zufrieden.

«Wie hoch ist das, Atmosphäre?», fragt Ömür.

«So 33 000 Kilometer hoch», antwortet Mustafa.

«Ach, und da ist Gelee mit Bakterien?» Wenigstens Emre klingt ein bisschen ungläubig.

«Ja, das ist so ein Schutzteil oder so», sagt Gülten.

Alle gucken mich erwartungsvoll an.

Ich schüttele mein weises Haupt und ... da klingelt es. Allah sei Dank!

Nächste Woche muss ich das aber schleunigst großräumig aufarbeiten.

Wenn ich nur wüsste, wo ich da anfangen soll?

ZU (VER) LÄSSIG

Klassenfahrt – mein Unwort des letzten Jahres. Ach, was sag ich, der letzten zweieinhalb Jahre! Immer wieder beschwören uns unsere Schüler, dass wir nun aber endlich eine machen müssen. Wenn nicht dieses, dann aber spätestens nächstes Jahr.

«Solange ihr nicht mal ein bisschen zuverlässig seid, könnt ihr das knicken», lautet eins der Mantras von Karl und mir. «Ihr kommt und geht, wann ihr wollt. Ihr haltet euch an keine Regeln und an keine Absprachen. Und da sollen wir mit euch wegfahren? Möglichst noch ins Ausland?»

«Jaaaa, Türkei!»

«Nein, Spanien!»

«Italien, auf jeden!»

«Aber nur mit Flieger!»

«Kommt bitte morgen pünktlich zum Wandertag», sagte Karl gestern, und er schrieb genau an die Tafel, wo und wann wir uns treffen, wie viel der Eintritt kostet und welche Fahrkarten benötigt werden. «Abmarsch um neun und nicht um fünf nach neun!»

Wir wollen auf eine große Messe, wo es richtig viel zu sehen gibt. Eine schöne Gelegenheit, um zu zeigen, ob nun endlich die Zeit der finalen Zuverlässigkeit angebrochen ist.

Zehn vor neun stehen Karl und ich noch ganz alleine auf dem Schulhof und warten.

Ein paar Schüler kommen in den nächsten Minuten. Acht sind schließlich da.

Neunzehn müssten es sein.

Zwei Minuten vor neun trudeln noch Gamze, Azzize und Nesrin ein. Es schneeregnet, die Mädchen sind zu dünn angezogen und haben schlechte Laune. Nur Karl ist munter wie immer, reißt Witzchen und sammelt das Eintrittsgeld ein.

Mit immerhin elf Leutchen setzen wir uns um 9.08 Uhr in Bewegung. Elf!

«Tschüüüüsch! Wir müssen warten», schreit Jenny. «Frl. Krise! Gülten kommt noch, die hat verschlafen. Ich hab sie auf Handy angerufen.»

«Wir müssen gehen, wir haben da einen Termin», sage ich. «Und erinnerst du dich nicht mehr an unseren letzten Wandertag? Nesrin wollte da auch noch aufkreuzen. Wir haben endlos gewartet, und dann tauchte sie doch nicht auf.»

«Also, los jetzt, weiter!» Karl wird langsam ärgerlich.

«Ey, voll gemein, voll krass, Herr Wolf, voll link, echt. Die ist gleich … die geht doch gleich zu Hause los!» Jenny fuchtelt wütend mit ihrem lilafarbenen Handy in der Luft herum.

Wir latschen zum Bus. Betont langsam, aber nicht wegen Gülten, sondern weil unsere Schüler immer betont langsam gehen. Langsam gehen ist cool. Rennen ist voll uncool.

Plötzlich grinst mich Sam von der Seite an. «Huch, wo kommst du denn auf einmal her?», frage ich.

«Och, hab verschlafen. Was kann ich dafür? Wecker», murmelt Sam etwas nebulös und reicht mir das Eintrittsgeld.

Zwölf kleine Schülerlein …

Unterwegs treffen wir Frau Herz. Sie sieht uns triumphierend an, denn neben ihr gehen wie zwei begossene Pudel Hanna und Hassan.

«Die Herrschaften wollten gerade Richtung Einkaufscenter verduften», sagt Frau Herz. «Ha! Ich habe sie verhaftet.»

«Vallah, was glaubt Sie, wer Sie ist? Wir wollten gerade Schule gehen. Hässlichkeit! Voll die miese Lügnerin!» Hanna pumpt sich auf und guckt Frau Herz finster an, eine Augenbraue dramatisch hochgezogen. (Ich übe das auch schon die ganze Zeit, das sieht so herrlich prollig aus. Sogar Frau Freitag kann das! Aber mir fehlen da Muskeln an der Augenbraue, es klappt einfach nicht.)

«Hanna, ich mag dich auch», sagt Frau Herz ungerührt und geht weiter.

Jetzt haben wir vierzehn Schüler; ich zähle lieber öfter nach, man verliert womöglich die Übersicht.

Jenny dirigiert Gülten immer noch fernmündlich, aber irgendwann stellt die ihr Handy ab; wahrscheinlich liegt sie inzwischen wieder gemütlich im Bett. Auf einen Fehltag mehr oder weniger kommt es ja aufs Leben gesehen wirklich nicht an.

Wir fahren ein paar Stationen mit dem Bus. Dann laufen wir ein Stück und warten auf die Tram. Beim Einsteigen zählt Karl noch einmal unsere Schäfchen.

Eins fehlt!

«Ach, das ist bloß Turgut, Herr Wolf», sagt Emre heiter.

«Wo ist der?»

«Och, der ist eben gleich nach Aussteigen aus dem Bus in andere Richtung gegangen.»

Karl und ich sehen uns an.

Frechheit!

«Dreizehn», sage ich, «das bringt Unglück.»

Klassenfahrt?

Gerne! Hat jemand eine nette Klasse? Ich fahre mit! Am liebsten natürlich ins Ausland – Türkei, Spanien, Italien! Aber nur mit Flieger!

KLASSENFAHRT MIT BUS

Edda und ich freuten uns aus unterhaltungstechnischen Gründen sehr über eine flotte neue Kollegin namens Lara. Sie war genau wie wir Ende zwanzig, aber schon geschieden, also gerade Single, und sie ließ – auch in der Schule – nichts anbrennen. Zum Glück hielt sie uns immer schön ausführlich über ihre Liebschaften auf dem Laufenden. Zu dritt zusammengequetscht saßen wir in den Pausen auf einem Stuhl und tuschelten. (Es gab nicht genügend Stühle für alle.) Je mehr Rücksicht wir dank der Brisanz der Mitteilungen auf die zarten Seelen unserer Kollegen nehmen mussten, desto leiser wurden wir, bis wir manchmal nur noch flüsterten.

«Morgen früh geht's los! Der Bus kommt um neun! Meine Klasse freut sich wie verrückt auf die Klassenfahrt», sagte Lara und nahm einen Schluck aus meiner Kaffeetasse. *«Nur ich nicht ... für mich springt da nichts raus!»*

«Wie meinst du das?», fragte Edda.

Lara dämpfte ihre Stimme: *«Na, an meiner alten Schule war ich immer mit äußerst netten, attraktiven Kollegen unterwegs ... Und mit denen, also, wir haben ... ihr wisst schon!»*

Ich flüsterte: *«Echt? Ihr habt ...? Und wer fährt jetzt mit?»*

Lara grinste. *«Herr Frank!»*

Edda seufzte mitleidig, und ich schüttelte mich.

Kollege Frank war nicht gerade der Reißer. Uralt, bestimmt schon Mitte vierzig, ein unregierter Bart, eine Baustelle im Mund. Und er lachte bevorzugt über seine eigenen Witze.

Unvorstellbar der Gedanke, dass ...

Edda und ich erwarteten Laras Rückkehr mit Spannung.

Sie quetschte sich gleich zu uns auf den kollektiven Stuhl.

«Wie war's?», fragte ich laut.

«Sehr schön! Die Kinder wollten gar nicht mehr weg. Wetter, Unterkunft, das Programm – hätte alles nicht besser sein können.»

«Echt? Äh ... auch ...?» Edda, halblaut.

Lara lachte und hob den Daumen.

«Du willst doch nicht sagen, dass ...?», flüsterte ich.

«Natürlich!», zischte Lara.

Eine haarsträubende Mitteilung! Edda und ich guckten uns bestürzt an.

«Der Frank!», hauchte Edda.

«Quatsch!», sagte Lara laut. *«Der Busfahrer!»*

WUNDERTÜTE 9 B

Eigentlich müsste ich stocksauer sein, aber ich bin ganz entspannt und ziemlich gut gelaunt. Gerade haben wir eine Woche Winterferien hinter uns, und ich glaube, ich befinde mich im Erholungsmodus. Das hält vielleicht drei oder vier weitere Tage vor. Die Nerven flattern nicht wie sonst im Winde, und das Adrenalin ist noch nicht in jede einzelne Körperzelle geschwemmt worden.

Kollegin Müller hingegen, die viel gutmenschlicher ist als ich und sonst auch immer so verdammt politisch korrekt, sagt gleich am ersten Schultag nach einer Vertretungsstunde in meiner Klasse: «*Das* ist ja wohl die Mülltonne der Schule.»

Das tut weh. So etwas will ich nicht hören.

Besonders unsere Mädchen machen uns schwer zu schaffen, sie laufen völlig aus dem Ruder. Genau genommen sind es nur fünf, die den Unterricht zum Erliegen bringen. Zum Glück treten sie in den meisten Stunden nicht alle zusammen auf, nur in Kunst und in Ethik, wenn ich alleine unterrichten darf.

Vielleicht mal ein Beispiel. Achte Stunde, Ethik. Ich komme in die Klasse. Grauenhaft.

Ein paar Mädchen schreien sich gerade komplett nieder. Zum Glück auf Türkisch, da verstehe ich wenigstens nicht alles. Nesrin hat Zahnschmerzen, sie hält sich beim Schreien ein Coolpack aus dem Seki an die Wange. Das scheint aber ihre Lautstärke nur noch anzufeuern. Die anderen sind ohne Kühlung schon heiß gelaufen.

Der Rest der Mädchen unterhält sich gemütlich in einer Ecke und negiert das Chaos. Die Jungen trullern etwas unschlüssig durch den Raum, sie würden ja gern mitmischen, halten sich dann aber vorsichtshalber doch zurück. Ich kann's verstehen.

Nur Erkan kann sich nicht zurückhalten und wird von Hanna kurzerhand grob zu Boden befördert. «Da werden Weiber zu Hydranten», hat ein ehemaliger Kollege in solchen Situationen immer mit einer gewissen Ehrfurcht gesagt.

Unter Aufbietung meiner restlichen autoritären Kräfte treibe ich die Streithühner auseinander und scheuche sie auf ihre Plätze. Für Momente ist es ruhig, dann bricht der Krieg wieder aus. Es ist völlig unmöglich, irgendwas zu klären, weil sofort die Schreierei wieder losgeht.

Wir quälen uns durch die Stunde. Jenny und Nesrin, die nicht zu befrieden waren, sitzen im Flur, Aynur aus dem selben Grund nebenan. Trotzdem flammt der Streit immer wieder auf. Worum es geht, ist nicht herauszubekommen. Die anderen nutzen die günstige Gelegenheit, um zu quatschen, sich die Nägel zu feilen, dem langen schwarzen Haar seine stündlichen hundert Bürstenstriche zu verpassen, ohne die es wahrscheinlich auf der Stelle verfilzen würde, und Briefchen zu schreiben.

Inzwischen wabert der Streit auch zu den Jungen rüber, die sich mit Jenny und Nesrin solidarisieren. Ich gebe mein Bestes, aber das ist nicht genug. Langsam werde ich richtig wütend, aber irgendwie mit kaltem Herzen. So kann man nicht arbeiten. So nicht.

Es ist zehn vor drei. Der Unterricht endet um drei.

Ich setze mich ans Pult, notiere das Unterrichtsthema in mein Kursheft und sage, ohne hochzuschauen: «Ich breche ab. Ich mache so nicht weiter. Ihr könnt gehen.» Ich sage das noch zweimal, dann ist es durchgedrungen. Es wird ziemlich ruhig. Man sieht mich verwundert an.

Ich packe ganz ruhig meine Sachen zusammen, schiebe meine Ordner in meine Mappe, stehe auf und sage noch mal leise: «Ihr könnt gehen. Ich sehe keinen Sinn mehr darin, euch zu unterrichten.»

Ich verzichte auf mein übliches Mantra – «Stühlehochstellen,fensterschließen,hebmaldaspapierauf,wemgehörtdieflasche,kehrtnocheiner?» – und schreite langsam, ohne Blick und Gruß, aus der Klasse. Anschließend sause ich wie ein geölter

Blitz die Treppe runter und verstecke mich ein Stockwerk tiefer im Lehrerklo.

Es bleibt mehrere Minuten ruhig. Dann gibt es Geräusche auf der Treppe, aber ziemlich verhaltene. Kein Stuhl wird runtergeworfen, niemand kreischt, keiner klopft an fremde Klassentüren.

Hm.

Als es wieder ruhig ist, laufe ich rauf. Ich muss ja noch die Klasse abschließen – und ich bin gespannt wie ein Flitzebogen. Wenn es im Raum schlimm aussieht, werde ich die Stühle nicht hochstellen, sondern dem Putzkommando eine Message an die Tafel schreiben: «Diesen Raum bitte nicht sauber machen!»

Ich öffne ganz vorsichtig die Tür. Alle Stühle stehen oben, die Fenster sind geschlossen, die Tafel ist gewischt, der Boden gekehrt.

Nein, ich mache mir keine Hoffnung, dass das der pädagogische Durchbruch sein könnte. In keiner Weise! Aber vor einem halben Jahr wären die einfach alle abgehauen, ohne aufzuräumen. Ich schwör's!

Soll ich mich ein bisschen freuen?

CROSS OVER

Ich habe Volkan getroffen, einen ehemaligen Schüler, über den ich an der Kasse im sonntags geöffneten Edeka stolperte. Das heißt, er ist mehr über mich gestolpert …«Hallo, Frl. Krise!»

«???»

Sämtliche Schülerdateien in meinem Kopf öffneten sich blitzartig, aber der passende Namen sprang mir nicht entgegen. Also überspielte ich das Manko gekonnt und schlug in die Pranke ein, die mir entgegengereckt wurde.

«Meine Güte, dich habe ich ja kaum noch wiedererkannt», sagte ich freudestrahlend.

Und das war nicht gelogen.

«Ja? Wissen Sie noch? Ich war Frau Herz Klasse», sagte der Riese, und da fiel es mir wie Schuppen von den Augen.

«Volkan!»

Der saß doch immer in der Pause auf der Treppe mit Wiehießdenndernochmal? und ließ einen nicht durch, wenn man eilig hochwollte.

«Ich weiß, ich bin voll verändert», sagte Volkan selbstzufrieden. «Ich bin übertrieben breit geworden.» Er klopft sich auf die Brust.

«Du machst bestimmt Wachschutz», vermutete ich. Dazu gehörte nicht besonders viel Phantasie, viele meiner Ehemaligen sind in diesem dubiosen Metier beschäftigt.

«Genau, ich bin Security.» Erfreut über meinen Treffer, haute er mir vorsichtig auf die Schulter.

«Und Sie, Frl. Krise, immer noch Lehrerin?» Er guckte mich fast mitleidig an.

«Na klar! Was sonst? Beim Wachschutz will mich ja keiner.»

«Hahaha! Sind Sie immer noch daahaaa?» Er wies mit dem Kopf nach hinten, in Richtung Schule.

Ich nickte. Volkan guckte ungläubig.

Komisch, ehemalige Schüler scheinen immer zu glauben, dass das Leben in einer Schule aufhört zu existieren, bloß weil sie abgehen.

«Hast du noch Kontakt zu den anderen, Volkan?»

«Nee, eigentlich nicht. Farruk sehe ich manchmal. Der hat schon Kind!»

«Nein!»

«Doch. Ich bin auch verlobt!»

«Mit wem?»

Volkan grinste breit. «Sie ist draußen. Warten Sie. Ich zeige Ihnen.»

Vor dem Laden stand ein weibliches Wesen mit einem Kampfhund an der Leine. Das Tierchen war wie das Herrchen übertrieben breit und schnüffelte sofort an mir herum.

Ich schreckte ein bisschen zurück, zum Glück trug es wenigstens einen Maulkorb. Die blondierte Maid nahm ich erst auf den zweiten Blick richtig wahr.

«Jacqueline!»

Jacqueline war damals in meiner Klasse, Volkan in unserer Parallelklasse. An Jacqueline erinnerte ich mich auch deshalb so besonders gut, weil sie eine eineiige Zwillingsschwester hatte, Nadine.

«Ihr zwei seid verlobt?»

Beide nickten stolz. Die kleine dünne Jacqueline hatte sich kaum verändert, sah man mal von den fast fehlenden Augenbrauen und der braunen Kriegsbemalung ab.

«Und das ist euer Baby?» Ich zeigte vorsichtig auf das wilde Tier. Keineswegs wollte ich es reizen, Maulkorb hin oder her.

«Leider nicht. Das ist Nadines Baby», erklärte Jacqueline und tätschelte liebevoll den viereckigen Kopf des Viehs. «Volkan will keinen Hund. Ich leih mir den hier ab und zu mal aus. Was, Tyson?»

Tyson hatte Ohren wie «Ferkel» aus Pu der Bär …

Sie ist arbeitssuchend, erzählte Jacqueline, gelernt hat sie nichts. Nadine hat auch ihre Ausbildung abgebrochen und stattdessen geheiratet. Sie ist schwanger, sechster Monat.

Ihre Mutter? Kein Kontakt mehr. Aber Volkans Familie ist voll nett. Sein Vater ist vor drei Jahren gestorben. Herz.

Was der wohl zu einer deutschen Schwiegertochter gesagt hätte?, fragte ich mich im Stillen.

Jacqueline wurde dann ganz wehmütig: «Frl. Krise, das war echt die schönste Zeit in der Schule, damals, mit unserer Klasse … Wissen Sie noch?»

Ich nickte.

Immer wieder höre ich diesen Satz. Kommt wirklich nichts Schöneres mehr nach der Schule? Ein trostloser Gedanke.

Volkan bot uns Marlboro an. Ausnahmsweise nahm ich auch eine.

Da standen wir nun. Eine junge deutsche Frau in hellblauer Steppjacke und weißer Jogginghose mit Kampfhund an der Leine, neben ihr ein junger, voll aufgepumter Hüne, türkischstämmig, gewandet mit einer Art schwarzer Alphajacke und Basecap, und ich, deren Nationalität etwas undefiniert ist (ich ginge eventuell auch als Türkin durch) – alle drei rauchend und Deutsch sprechend.

Wäre ich nicht Lehrerin, würde ich «solche» Leute gar nicht kennen, dachte ich, und schon gar nicht mit ihnen auf der Straße herumstehen. Ganz im Gegenteil, ich würde einen so großen Bogen um die drei machen, wie die Passanten es gerade tun. Die können ja nicht wissen, wie nett die beiden sind.

Und auf einmal war ich wieder mal ganz ausgesöhnt mit meinem Beruf.

Am Ende der Zigarette verabschiedeten wir uns.

«Haben Sie immer noch das kleine rote Auto?», fragte Volkan, schon im Abgang.

Dass der das noch wusste!

«Ich habe jetzt ein schwarzes, aber auch ein Franzose!»

«Immer noch kein BMW! Sie verdienen doch voll viel! Kaufen Sie sich mal richtiges Auto, Frl. Krise!», rief Volkan mir nach.

Bevor ich um die Ecke bog, drehte ich mich noch einmal um.

Baby Tyson kackte gerade mitten auf den Bürgersteig.

Manta Manta

Kurzsichtig studierte ich den Busfahrplan. An einem einzigen Tag hatten wir – Edda und ich – versucht, die ganze DOCU-MENTA IX in Kassel zu besichtigen. Wir waren fix und fertig. Die Zugfahrt hatten wir hinter uns, wir mussten nur noch die letzten Kilometer mit dem Bus zurücklegen.

«*Ich glaube es nicht!*» *Eddas Stimme klang ehrfürchtig. Ich drehte mich um und starrte Meik an, einen ehemaligen Schüler der Gesamtschule-Süd. Begeistert schüttelte er Eddas Hand und klopfte mir auf die Schultern.*

Er hatte sich kaum verändert, vielleicht sah er ein bisschen erwachsener aus. Leider saß sein Haaransatz immer noch kurz über den Augenbrauen, und seine leicht schielenden schwarzen Äuglein huschten wie früher unruhig hin und her. Dass heißt, soweit man das unter dem schwarzen Schlapphut sehen konnte. Zu diesem Hut passte sein offen über Jeans und besticktem Hemd getragener schwarzer Ledermantel, der ihm fast bis auf die Füße fiel. Die steckten wiederum in abgewetzten Cowboystiefeln. Die Schuhspitzen waren unfassbar spitz und lang und bogen sich abenteuerlich himmelwärts. Wie konnte man mit so etwas laufen? Aber Meik konnte. Er schob uns vor sich her und verkündete großspurig: «Egal, wo ihr hinwollt, Mädels, ich fahre euch!»

Edda und ich guckten uns bestürzt an. Meik kann Auto fahren? Seit wann? Mit Führerschein oder ohne? Hatte er überhaupt ein Auto? Oder wollte er noch schnell eins knacken?

Meik jedoch war bester Stimmung. Er dirigierte uns auf einen soliden alten Benz zu, und ich drückte erfreut Eddas Arm. Aber hinter dem Benz tauchte plötzlich ein Manta auf. Orange! Nur die Motorhaube war stumpf schwarz lackiert. Nein! Ein Manta! Mit Fuchsschwanz! Wir rissen die Augen auf und Meik die Türen. Ich krabbelte gottergeben nach hinten auf den Leopardenplüschbezug, und Edda setzte sich tapfer auf den Todessitz.

Meik ließ den Motor aufheulen, kurbelte sein Seitenfenster runter, legte seinen linken Unterarm lässig auf dem Fensterrahmen ab und schmiss mit der rechten Hand eine Kassette ein. «Roland Kaiser!», sagte er stolz und drehte die Musik laut. Hinter mir auf der Ablage wummerten die Bässe.

Schon glitten wir die Bahnhofstraße hinunter. An der ersten Ampel standen zwei Schülerinnen unserer Schule, die, als sie uns in diesem Gefährt erblickten, fast von der Bordsteinkante fielen.

Aber Edda und ich hatten uns inzwischen gefasst und sahen selbstbewusst, um nicht zu sagen überheblich aus dem Auto. So wurde schließlich nicht jeder chauffiert ...

Auf der Landstraße gab unser Fahrer richtig Gas. Die Alleebäume flitzten an uns vorbei, und ich klammerte mich furchtsam an den Vordersitz.

Meik klopfte auf das Lenkrad. «90 PS», vertraute er uns an. «Gebraucht gekauft, aber von einem Kumpel neu aufgebaut.»

Edda, die hin und wieder zu Taktlosigkeiten neigt, fragte nach seinem Führerschein. Natürlich habe er einen, versicherte Meik. Er sei zwar ein paarmal durchgefallen, aber nur durch die Theorieprüfung. Das beruhigte.

Roland Kaiser sang inzwischen dramatisch von Liebe und Abschied. Ich bat Meik, mich doch am Anfang der Ortschaft, in der ich wohnte, abzusetzen, denn das fehlte mir noch, dass mich das ganze Dorf aus diesem Auto aussteigen sah. Mein guter Ruf! Was sollten die Nachbarn denken!

Doch Meik kutschierte mich genau bis vor die Haustür. Das ließ er sich nicht nehmen.

«Damit dir nichts passiert», sagte er fürsorglich. Er lächelte mich an.

«Danke, Meik.»

«Frl. Krise», sagte er, «war doch schön in der Schule, oder?» Dann winkte er und gab Gas.

Die Nachbarin hing im Fenster und guckte so, als sei mir schon etwas passiert.

HL. VALENTIN, HILF!

Valentinstag! Ein wichtiger Tag für unsere Schüler. Überall werden Blumen überreicht und entgegengenommen, natürlich rote Rosen – die von der Tanke, was sonst! Ich bin überzeugt, meine Schüler glauben, die wachsen da auch, vielleicht im Keller, genetisch bedingt schon in durchsichtige Folien gehüllt. Fikri, ein Junge, der früher in unserer Klasse war, hat Hanna auch so eine geschenkt. Fünf Euro hat die gekostet, erzählt sie stolz.

Leider wird die Rose den Tag nicht unbeschadet überleben.

Hanna muss der Mädchenwelt demonstrieren, dass sie eine Auserwählte ist, die eine Blume von einem *Jungen* bekommen hat, und schleppt sie deshalb den ganzen Morgen mit sich rum. Vom Klassenraum zum Bio-Raum und zurück, in die Mittagspause auf den Hof, wieder in den Klassenraum und schließlich auch noch in die Turnhalle einer benachbarten Schule. Bis 16 Uhr ist heute Unterricht – ganz schön lange für die arme Blume, so ohne Wasser … Und dann noch die mechanische Beanspruchung …

In Deutsch ist es Hanna langweilig, also zerfusselt sie schon mal ein paar Blättchen, und als Musti ihr zu nahe kommt, setzt sie das bedauernswerte Gewächs wie eine Fliegenklatsche ein. Je länger so eine Rose ist, umso besser geht das, stelle ich fest.

Hannas Rose ist zum Glück außergewöhnlich lang.

Das heißt, sie war es, denn bei einer der Attacken bricht der Stängel.

Nun ist die Rose etwas kürzer, Fikri hätte gleich eine etwas billigere nehmen können, denke ich. Hanna schreit auf und geht auf Musti los, diesmal ohne Rose. Sie beruhigt sich aber schnell wieder – der Triumph, als Einzige aller Mädchen in der Klasse von einem Jungen (!) eine Rose erhalten zu haben, wird durch die Stängelreduzierung ja nicht geschmälert.

In den Augen der anderen Mädchen ist diese Gabe allerdings nicht unbedingt positiv zu werten, in ihren Augen ist Hanna «deutsche Schlampe». Wie sie immer mit Fikri herumknutscht!

Zum Glück ist das Hanna herzlich egal. Aber ich fürchte – oft genug habe ich das erlebt –, auch Fikri wird nach Beendigung der «Affäre» so über sie reden, und das könnte schon mehr schmerzen.

Die anderen Mädchen haben sich gegenseitig Rosen geschenkt, die billigen, die zu 2,50 Euro. Besser als nichts.

Freunde haben sie ja keine. Ist verboten! Die Jungfernschaft ... das Jungfernhäutchen, ich fang lieber nicht davon an, sonst rege ich mich auf. Dazu passt, dass mir heute eine Kollegin erzählte, eine Schülerin aus dem neunten Jahrgang habe in Bio die Vorstellung geäußert, das bewusste Häutchen sei transparent und hinter ihm sei so etwa ein halber Liter Blut gestaut. O heilige Unaufgeklärtheit!

208 In einer achten Klasse, in der ich Vertretung habe, geht es natürlich auch um den Valentinstag. Ich werde herzlich bedauert, dass ich keine einzige Tankstellenrose geschenkt bekommen habe. (Ja, echt, Männe, ich bin auch ein bisschen enttäuscht. So eine Fliegenklatschen-Rose hätte ich bei der Aufsicht heute gut brauchen können.)

Eine kleine Mädchengruppe nutzt dann die günstige Gelegenheit, ein paar Fragen zum Thema Liebe und Sexualität loszuwerden. (Die hatten aber alle schon Sexualkunde! Auch die Neuntklässlerinnen!) Nach einigem Gekichere werde ich gefragt, was eigentlich in einem Swinger-Club geschähe? Zu dumm, dass ich noch in keinem drin war! Meine Informationen stammen leider nur vom Wissenschaftskanal RTL.

Die Mädels nehmen meine leicht verworrenen Mitteilungen gefasst auf. Hatice sagte mit Grabesstimme: «Neben unserem Haus ist Swinger-Club!»

«Wenn das deine Mutter wüsste», sagte Sara, die offensichtlich der Meinung ist, dass Mütter noch an die unbefleckte Empfängnis glauben.

HASSAN AUF DEM FALSCHEN DAMPFER

«Wenn es um richtige Probleme geht, muss Mann entscheiden!», sagt Hassan und zieht sofort den geballten Widerspruch aller Mädchen und der Deutschlehrerin auf sich. Die Deutschlehrerin bin ich.

Wir haben gerade ein Lesestück gelesen, in dem sich der Vater – aus der eher türkischen Sicht meiner Schüler – aus der Verantwortung für die Tochter schlich. Er war nämlich nicht dagegen, dass sie mit sechzehn einen festen Freund hatte. (Was für den Inhalt des Textes übrigens unbedeutend war, es ging um ein ganz anderes Thema.)

«Was nennst du denn ein richtiges Problem?», frage ich.

Hassan überlegt eine Weile und sagt dann: «Na ja, äh … hm … ja, also … zum Beispiel, ob man ein Kind kriegen soll, wenn Frau nicht will.»

Huh! Wären meine Mädels jetzt bewaffnet, hätten wir auch ein Problem, nämlich die unauffällige Entsorgung einer Leiche.

«Was denkt er, wer er ist, voll der behinderte Spast!»

«Geh Kinderarzt, du Missgeburt!»

«Denkst du, Frau lässt sich alles gefallen! Niemals!»

«Schon mal was von Pille gehört?»

«Sind wir Knecht, oder was!»

«Vallah, voll übertrieben der Junge, ich schwör's!»

«Tschüüüsch! Nimmt man heimlich Pille!»

Die Mädchen gehen das Problem pragmatisch an. Heimlich Pille nehmen und fertig.

Hassan weiß sofort, wie er reagieren würde: «Dann schließ ich Frau ein, dass sie nicht mehr rauskommt!»

Jetzt geht's aber richtig los. Die Mädchen sind zum Teil aufgesprungen, sogar Nesrin hat ihren Schminkspiegel fallen lassen und fuchtelt mit der Bürste in der Luft herum. Ich höre die Begriffe «Gesetz» und «Polizei».

Hassan zieht den Kopf ein, und ich versuche mit Macht, etwas Struktur in die Schreierei zu bringen. Ich frage Hassan: «Hassan, möchtest du später mal eine Ehefrau oder eine Gefangene haben?»

Hassan schluckt und wird ein bisschen rot. «Nein», sagt er, «so habe ich das nicht gemeint. Aber meine Mutter fragt meinen Vater auch immer, bevor sie rausgeht.»

Sofort fangen alle gleichzeitig an zu erzählen, wie das zu Hause ist, wer das Sagen hat, wer wen was fragen muss und wer nicht.

Viel verstehen kann ich nicht, aber es hört sich eigentlich ziemlich ausgewogen an.

Menno, die sollten doch jetzt eine Inhaltsangabe machen, denke ich. Wie sollen die jemals irgendeine Prüfung schaffen, wenn wir das alles nicht richtig üben?

Aber die Inhaltsangabe muss warten.

Ömür, der mit seiner Mutter alleine wohnt, berichtet, dass er die Bankgeschäfte erledigt. «Meine Mutter spricht zu schlecht Deutsch, aber sie macht jetzt Deutschkurs», sagt er.

Emre findet es richtig, wenn der Mann das Sagen hat. Na ja, seine zwei Jahre ältere Freundin, mit der er heimlich so gut wie verlobt ist, befindet sich schon mitten in der Ausbildung. Die wird sich wohl hoffentlich nicht die Butter vom Brot nehmen lassen, denke ich. Er fragt mich, ob ich das okay fände, wenn sie so mit fünfundzwanzig das erste Kind bekäme. Ich bin gerührt. Wie die schon ihre Zukunft planen, irgendwie süß. Emre ist gerade mal siebzehn. Ich finde das mit den fünfundzwanzig Jahren sehr okay.

Necla sagt, sie würde immer erst ihre Mutter fragen, wenn sie was wollte. «Die schickt mich dann zu meinem Vater, und der sagt, frag deine Ane, und die sagt, nee, frag Baba, und dann mach ich meistens, was ich will.» Das kann ich mir genau vorstellen …

Die Mädchen schießen immer noch böse Blicke auf Hassan.

Es klingelt zur großen Pause.

Wieder nichts Richtiges gemacht, denke ich und packe meinen Kram zusammen. Morgen kommt aber die Inhaltsangabe dran. Egal, was passiert.

Hassan, Necla und Azzize gehen mit mir zusammen aus der Klasse.

«Frl. Krise», brummelt Hassan ein bisschen verlegen, «ich bin wirklich nicht so, ich würde meine Frau nicht einschließen.»

«Das wäre auch gar nicht erlaubt», sage ich. «Und denk mal, Hassan, wie das für ein Kind wäre, das von seiner Ane nicht gewollt ist. Deine Mutter wollte dich doch, oder?» 211

«Natürlich!» Hassan wird gleich fünf Zentimeter größer. «Und wie die mich wollte! Ich war doch erste Junge nach allen Schwestern, da …»

Azzize holt schon tief Luft und dreht sich nach Aynur um.

Himmel! Bloß das jetzt nicht!

Ab durch die Mitte!

IST DAS INTEGRATION?

Gürkan sieht im Moment kein bisschen so aus wie er heißt. Falls das stimmt, dass Gürkan «starkes Blut» heißt. Gürkan geht ins achte Schuljahr. Er ist klein, dicklich, mittelblond, sommersprossig und nicht mein Schüler. Ich kenne ihn nur, weil Aynur aus meiner Klasse seine Freundin ist und er öfter in unserem Klassenraum abhängt. Nein, eine Freundin ist Aynur eigentlich auch nicht, sie ist seine «Schwester».

Meine Schüler haben viele Brüder und Schwestern; sie sind schnell bei der Hand, wenn es darum geht, jemanden in diesen familiären Stand zu erheben.

«Was ist los mit Gürkan?», frage ich Aynur in der Hofpause.

«Wieso?» Aynur ist so vorsichtig, dass ich gleich weiß, da ist was im Busch.

«Na, er ist so anders … Guck mal, er sitzt wieder dahinten und bläst Trübsal.»

«Was bläst er?» Aynur kriegt sich nicht mehr ein.

«Mensch, Aynur! Hör mal auf mit dem Scheiß! Sag mal lieber … Wegen Gürkan …!»

«Ja, also!» Aynur kommt sich wichtig vor. Sie nähert sich mir und flüstert: «Seine Eltern haben sich gescheidet. Sein Vater ist weggezogen.»

«Geschieden meinst du. Und deshalb …»

Aynur nickt. «Er will lieber bei sein Vater bleiben. Aber das geht natürlich nicht.»

«Wieso natürlich?»

«Na, sein *Vater*! Und außerdem hat der jetzt keine Wohnung, nur Zimmer bei sein Bruder.»

Nach der Schule erzähle ich alles Frau Herz. Die hat Gürkan in Englisch und beschwerte sich erst gestern bei der Klassenlehrerin, dass Gürkan so abgebaut habe.

«Aha», sagt Frau Herz. «Soll die Frau mal froh sein, dass die den los ist, dieser Mann war doch ein schrecklicher Kerl.» Frau Herz ist immer so entsetzlich pragmatisch.

«Aber der arme Gürkan …» Ich versuche es noch einmal. «Der hängt so an seinem Vater!»

«In meiner Klasse sind fast alle geschieden», behauptet Frau Herz. «Merkst du was, Frl. Krise?»

Ich schüttele den Kopf. Muss Frau Herz nach einem anstrengenden Tag unbedingt in Rätseln mit mir sprechen? Wo wir gleich noch eine Konferenz bis mindestens halb sieben haben.

«*Die Türken!*», sagt Frau Herz. «Ist nix mehr mit heiler Großfamilie und so. Die lassen sich jetzt auch alle scheiden. Das nenne ich mal Integration.»

«In meiner Klasse aber nicht», widerspreche ich, «da ist nur eine türkische Familie geschieden. Und die beiden deutschen Familien, natürlich.»

«Ja, deine Klasse», sagt Frau Herz und grinst gemein. «Bei

deinen Schülern kann man ja mal sehen, was so eine intakte Familie wert ist.»

Dabei waren sie alle heute ganz besonders liebreizend. Aber das konnte Frau Herz ja nicht wissen.

FRAU HERZ

Kollegin Herz ist eine Seele von Mensch, aber nicht immer ganz kompatibel mit normalen bildungsbürgerlichen Höflichkeitsanforderungen. Meinen morgendlichen Gruß erwidert sie nur selten.

Warum auch?

«Wir sehen uns doch jeden Tag», sagt sie ungerührt und schiebt mir einen Kaffee rüber. Taten, nicht Worte! Das ist ihr Motto.

Sie ist die Klassenlehrerin meiner Parallelklasse, und wir beide arbeiten nicht nur eng zusammen, sondern sitzen auch so im Lehrerzimmer nebeneinander. Frau Herz ist zwar schlank, aber enorm raumgreifend; ich muss zwischen uns kleine Mauern aus Büchern und Ordnern bauen, sonst würde ihr Arbeitsmaterial eines Tages meinen Platz überwuchern.

Frau Herz ist eine lupenreine Pragmatikerin, und sentimentale oder gar romantische Anwandlungen liegen ihr fern. Trotzdem hat sie immer das Wohl aller im Blick. Sie sammelt das Geld für Grillfeste ein, nimmt freiwillig Schüler meiner Klasse mit auf ihre Klassenfahrt und versorgt die Kollegen fürsorglich mit frischem Obst und Nüssen. Ohne Frau Herz würde ich regelmäßig in der Schule kollabieren.

In einem anderen Leben hat Frau Herz im Gesundheitswesen gearbeitet, was ihren Wortschatz nachhaltig geprägt hat.

«Alles Patienten!», ruft sie unnachsichtig und weist auf die Neuntklässler hin, die sich auf dem Hof mit Eicheln bewerfen. Schulakten bezeichnet sie als «Kurven», und das plötzliche Erscheinen unseres Chefs, Herrn Fischer, im Klassenzimmer ist in ihren Augen eine «Visite».

Die Berichte gewisser Kollegen, die euphorisch von plötzlichen großartigen pädagogischen Durchbrüchen berichten, kommentiert Frau Herz trocken mit einem herzlichen «In der Schule wird fast so viel gelogen wie auf dem Friedhof!».

Wegen ihrer klaren Ansagen wird sie von ihren Schülern geliebt und gefürchtet.

Die Jungen der neunten Klassen haben Sport auf dem Bolzplatz.

«Mensch», sagt Frau Herz zu mir, «guck dir das an, diese Jungen! Die sind nur die ganze Zeit dabei, sich ihrer Männlichkeit zu versichern.»

Das hat sie aber schön ausgedrückt! Eigentlich haben sie aber bloß andauernd eine Hand in der Sporthose. Muss man das machen? Gerät da beim Spielen irgendetwas durcheinander?

Da! Ein Ball rollt aus dem Spielfeld genau vor unsere Füße, und Sadi trabt herbei, um ihn zurückzuschießen – und natürlich gräbt er dabei mit einer Hand in den Tiefen seines Gemächtes.

«Na, Sadi?», fragt Frau Herz teilnahmsvoll und schüttelt nachdenklich ihre roten Locken. «Sortierst du deine Eier?

KINDERMUND

An meiner zweiten Stelle – der Franca-Magnani-Gesamtschule – war ich Klassenlehrerin einer fünften Klasse mit dreiundzwanzig Kindern. Elf Kinder hatten einen migrantischen Hintergrund. Ihre Eltern stammten aus Aserbaidschan, der Türkei, dem Iran, Weißrussland, Ägypten, der Mongolei, Kasachstan, Marokko und Eritrea. Alle sprachen gut Deutsch. Kein Wunder! Deutsch war die einzige Sprache, in der sie miteinander kommunizieren konnten. Diese Kinder waren wie alle Kinder: Viktor schlug sich mit Tobias wegen eines Fußballs, Angela verkrachte sich mit Karima, weil die ihr Lukas ausgespannt hatte, und Arife weinte, weil ihre Freundin Jenny sich neben Makena gesetzt hatte. Eine Klasse mit so vielen Nationalitäten ist auch nicht viel anders als die anderen, stellte ich fest.

Dann kam ein neuer Schüler dazu, Philipp. Zugezogen aus Frankfurt, ein hübscher dunkelhaariger Junge mit Brille. Seine Leistungen waren sehr gut, er spielte Querflöte, las gern und redete ein bisschen viel und altklug. Die Jungen mochten ihn nicht besonders, er war ihnen zu unsportlich und wehleidig. Auch die Mädchen verhielten sich ablehnend. Das ist doch kein richtiger Junge, fanden sie.

Nach einigen Wochen sprach ich mit seiner Mutter, sie war besorgt.

«Frl. Krise, Philipp hat noch so wenig Anschluss an die Kinder in seiner Klasse gefunden. Er sitzt nachmittags immer alleine zu Hause herum. Haben Sie nicht mal einen Tipp für mich, wie ich ihm helfen könnte, neue Freunde zu finden?»

«Lassen Sie Philipp doch ein paar Kinder zu sich nach Hause einladen», schlug ich ihr vor. «In Ihrer Nähe wohnen doch einige, Waldemar und Olga zum Beispiel.»

Die Mutter zuckte zusammen. «Russen?», fragte sie wenig begeistert. «Die aus der Siedlung am Bauhof?»

«Mama, das sind doch keine Russen», sagte Philipp, «das sind Kinder aus meiner Klasse!»

Besser hätte man es nicht sagen können.

DER ERNST DER SCHULE

Heute durfte ich endlich mal superstreng sein. Nein, ich durfte es nicht, ich musste es sein! Ich war dienstlich dazu verpflichtet.

Das kam daher, dass wir heute eine sogenannte Vergleichsarbeit geschrieben haben. Da wird der Lernstand eines ganzen

Jahrgangs in allen Schulen mit ein und derselben Arbeit getestet. Die Schüler eines Gymnasiums bekommen sie wie die, die sich am entgegengesetzten Ende der Leistungsskala befinden. Das ist kein bisschen Jäckpott, vallah, aber den Schülern bekannt, was es natürlich nicht besser macht. Noten gibt es keine, aber die Ergebnisse werden statistisch ausgewertet. Allerhöchste Stellen ziehen kluge und weniger kluge Schlussfolgerungen daraus, die wiederum zu irgendwelchen sinnvollen und weniger sinnvollen Veränderungen des Schulalltags führen. Das ganze Verfahren ist selbstverständlich genormt, und man muss sich genau an die Vorgaben halten, damit alle Gruppen gleich benachteiligt sind.

Und wer ist schuld? Irgend so ein Turm in Pisa, das hat mir jedenfalls neulich Harry aus dem siebten Schuljahr glaubhaft versichert. Seine Klassenlehrerin hat ihm das angeblich erzählt. Was die Kollegen so alles von sich geben … Schlauer wird übrigens keiner von der ganzen Testerei. Aber das soll wohl auch nicht Sinn der Übung sein.

Die Deutschtruppe, die ich beaufsichtigen muss, kommt schon mal zu spät, weil alle Schüler, die dazugehören, vorher in der ganzen Schule versprengt unterrichtet wurden und die meisten Gören selbstverständlich vergessen haben, dass wir diesen Test nicht im Klassenraum schreiben. Wegen irgendwelcher Baumaßnahmen soll es da zu laut sein. Die wenigen Pünktlichen hibbeln vor der verschlossenen Tür des Ersatzraums auf und ab, während ich drinnen, streng nach Vorschrift, die Arbeiten auf die Tische lege. Ich komme mir sehr wichtig vor. Direkt staatstragend, wie eine Beamtin. Und ich bin ja auch eine.

Eine Kollegin treibt mir die letzten verlorenen Schafe zu, und endlich sitzen alle. Ich muss die Anweisungen vorlesen. Bin ich ein Roboter? Ich? Aber Vorschrift ist Vorschrift. Es ist mucksmäuschenstill, alle hören hochkonzentriert zu.

Komisch, dass jetzt niemand stöhnt und jammert, tausend Fragen stellt, versucht, über den Umfang der Arbeit zu verhandeln oder einfach nur den Nachbarn kitzelt. Auch vermisse ich zum ersten Mal den Satz: «Hat mal jemand 'ne Patrone für mich?»

Offensichtlich sind sie krass beeindruckt von diesem offiziellen Klimbim und arbeiten – natürlich erst auf mein Signal hin – los, als ob sie es bezahlt bekämen. Gut, einige halten nicht bis zum Schluss durch. Die Konzentration reicht nicht aus. So viel lesen! Und dazu die ganzen Fragen beantworten! (Meine Klasse hat es letztes Jahr geschafft, ungefähr zehn Minuten an diesem Test zu arbeiten, dann war es aus und vorbei.)

Ich bin nicht nur beeindruckt, sondern auch ein bisschen gerührt, wie sie da gebeugt über den Aufgabenheften brüten. Ganz ernsthaft und angestrengt, mit roten Köpfen und einem Gesichtsausdruck, der verrät, dass man hier eine wichtige Aufgabe zu erledigen hat. Nicht mal bei der Realschulprüfung nehmen manche Delinquenten das so ernst!

Dann ist die Zeit abgelaufen, und die Arbeiten werden eingesammelt. Die Schüler verwandeln sich wieder in zu laute dreizehnjährige Pubertanten und -onkel und tun so, als hätten sie gerade das Abitur mit Erfolg abgelegt. Und mir fällt auf, dass ich ja jetzt noch mehr zum Korrigieren habe …

EINE FRAGE DER METHODE

Klassenarbeiten gehören zur Schule wie die Wespe zum Pflaumenkuchen. Keiner mag sie, aber ganz ohne sie geht es anscheinend auch nicht.

Im Laufe der letzten Jahrzehnte verschwanden die klassischen Arbeitshefte. Heute bestehen Arbeiten in der Regel aus mit Aufgaben bedruckten Blättern, in die der geneigte Schüler nur noch die möglichst richtigen Antworten einflechten muss.

Die Abschaffung der Arbeitshefte ist zwar praktisch – wer schleppt schon gern ständig Stapel von zwanzig bis dreißig Hef-

ten mit sich herum –, erhöht aber auch deutlich die Gefahr für den Lehrer, Arbeiten zu verlegen oder zu verlieren. Schließlich kämpft man ohnehin schon täglich mit einem unübersehbaren Papierwust, den in Griff zu behalten nicht jedem gegeben ist.

Ich erinnere mich an meinen lieben Kollegen Schwarz, der seine Arbeiten ständig irgendwo liegenließ. Weshalb er sich das antat, immer mit einer Tasche voller Hefte durch die Gegend zu laufen und sie sogar auf Reisen mitzunehmen, habe ich nie verstanden. Mal in Moskau, mal in Monschau oder auch mal im Bus oder auf einer Friedhofsbank vergaß er sie. Ob er das mit voller Absicht tat oder unbewusst, ob er sich vor der Korrektur fürchtete oder heimlich hoffte, jemand würde ihm die Fehlersuche abnehmen, konnte nie ermittelt werden.

Und von mir will ich in diesem Zusammenhang lieber gar nicht sprechen. Immerhin schaffte ich es, alle Arbeitshefte, die ich beim Aufschließen der Autotür eigentlich nur vorübergehend auf dem Autodach deponiert hatte, nach kurzer Fahrt mit Hilfe einiger Passanten fast unversehrt und vollständig wieder einzusammeln ...

TURGUT UNGUT

Ein bisschen Turgut gefällig? Von dem hörte man ja hier schon längere Zeit nichts, aber er existiert noch.

Er kommt und geht, wie es ihm gefällt, besonders die späten Randstunden hängt er gern ab. Und in der Mittagspause türmt er fast regelmäßig, leider ist das nicht allzu schwer. Das Hoftor darf nämlich auch in der Pause nicht abgeschlossen werden. Neulich kam er mit einem triefenden Döner wieder in den Unterricht zurück – sehr lustig.

Er will die Schule partout nicht wechseln. Er hat nach dem Scheitern an der Projektschule viel zu viel Angst davor, und gegen seinen Willen kann man nichts machen. Sein familiärer

Background plus Betreuer – ach, von denen höre ich gar nichts mehr. Alle Ämter wissen Bescheid, aber die Mühlen der Bürokratie mahlen so langsam wie die der Kirche, und wahrscheinlich werden wir ihn wohl niemals loswerden.

Er wird weiter dasitzen, breitbeinig in seinen weißen Klamotten, schrille Töne absondern, wenn er die geringste Chance zum Stören wittert, Fuat negativ beeinflussen, uns alle in den Wahnsinn treiben und nichts, aber auch gar nichts lernen. Die Schüler haben ebenfalls genug von ihm; man schneidet ihn zwar nicht, aber er wird mehr oder weniger links liegengelassen.

Nur ich muss mich noch an ihm abarbeiten, so wie heute in Kunst.

Ömür teilt die fast fertigen Bilder der letzten Stunde aus, und es ist kein Blatt für Turgut dabei. Aber das fällt mir erst mal gar nicht auf, denn ich muss Material holen, herumrennen und mich mit Erkan streiten, ob die Fenster geöffnet sein dürfen oder geschlossen werden müssen, und Nesrin und Hanna befrieden und Hassan umsetzen und zum dritten Mal meinen Schlüssel suchen und meiner Kollegin im Nebenraum das UHU leihen und schließlich am Pult auf den Stuhl fallen.

Mehr oder weniger sitzen endlich alle und zeichnen unter mittellautem Gequatsche vor sich hin. Es könnte so schön sein …

Da kommt Turgut, baut sich vor mir auf und stößt ein Wort hervor: «Blatt!»

«Was willst du, Turgut? Sprich mal im Satz zu mir!»

«Mein Blatt!»

«Es sind alle Blätter ausgeteilt. Wenn deins nicht dabei ist, hast du keins abgegeben.» Ich wühle ein bisschen in den leeren Blättern vor mir herum. Reine Übersprunghandlung. Turgut hatte noch nie ein Blatt.

«Wohl! Blatt!» Ganze Sätze überfordern Turgut.

«Turgut, wenn du eins abgegeben hättest, wäre es hier. Du warst doch überhaupt nicht da, letzte Kunststunde, oder?» Es

wäre praktisch, wenn ich das Kursheft hätte, wo die Anwesenheit vermerkt ist. Wo ist das? Muss ich mal suchen bei
Gelegenheit.

«Wohl!»

«Wir fangen gleich mit dem neuen Thema an, ich erkläre
es in fünf Minuten. Dann arbeitest du eben daran.» Turgut
und das Verb «arbeiten» – das sind zwei Magnete, die sich ab-
stoßen.

Turgut zuckt mit den Schultern, schlurft ab und verbreitet
auf dem Weg zu seinem Platz nichts als Stress. Hier gibt's einen
Nackenklatscher, da nimmt er einen Stift vom Tisch weg, dort
tritt er jemandem auf den Fuß. Alles natürlich nur Spaaaaaß …
Abooo, dass die Lehrers aber auch immer so humorlos sind!

Etwas später erkläre ich das neue Thema. Wir stehen dabei
alle um einen Tisch herum, nur Turgut ist nicht dabei. Der
Kunstraum ist riesig, und ich möchte wissen, in welcher Ecke
er schon wieder sein Unwesen treibt. Aber nein, er ist ganz weg.
Aus dem Raum entschwunden. In ein paar Minuten wird er
wieder da sein und behaupten, er hätte sich bloß draußen die
Nase geputzt.

Nochmals erkläre ich die ganze Chose nicht!

Emre, der Gute, will das übernehmen, als Turgut tatsächlich
wiederauftaucht. Aber Turgut hört gar nicht hin, sondern brüllt
quer durch den Raum irgendwelche türkischen Beschimpfungen zu Nesrin rüber, die daraufhin aufschreit, aufsteht und sich
anschickt, ihn zu schlagen. Turgut ist leider doppelt so groß
und breit wie Nesrin, deshalb versandet ihr Versuch schon im
Ansatz. Er guckt triumphierend in der Gegend herum und
sucht nach neuen Betätigungsfeldern. Emre gibt auf.

Nun gut, die Stunde tröpfelt so vor sich hin, die Sonne
scheint in den Raum, es ist warm, alle sind friedlich, wenn auch
zu laut. Immerhin vergesse ich Turgut für einen Moment.
Ich helfe hier und erkläre da, doch plötzlich steht er wieder
vor mir.

«Machen?», blökt er mich an.

«Ach, du», sage ich spitz. «Emre hat doch versucht, dir alles zu erklären.»

«Hää? Was Emre?»

Ich kriege leichtes Herzsausen, besonders wegen seines Tons und seines dummdreisten Grinsens, erkläre aber in Kurzfassung, was erklärt werden muss. Schließlich soll ich ja mein Geld im Schweiße meines Angesichts verdienen, so steht es in der Bibel.

Turgut weiß nicht, was in der Bibel steht, und den Koran kennt er bestimmt auch bloß von außen. Gearbeitet hat er trotzdem nicht mehr, außer an meiner Pulsfrequenz. Und um eins ist er dann endgültig verschwunden, obwohl er bis 15 Uhr Unterricht gehabt hätte.

Es ist Freitag! Das Freitagsgebet! Da muss er hin! Sagt er jedenfalls im Abgang.

Lieber Gott, solltest du identisch mit Allah sein, wovon ich ausgehe, dann tu bitte was. Schmeiß Hirn vom Himmel oder finde eine andere Schule für Turgut. Wenn's geht, noch diese Woche! Amen!

ARABELLA RUFT

Manni kam nicht gerade aus einem bildungsbürgerlichen Haushalt. Sein Vater war Frührentner, und seine Mutter arbeitete gelegentlich als Küchenhilfe. Er hatte zwei große Brüder, einen Hund und kein einziges Buch. Wozu auch? Niemand las in dieser Familie. Man schaute in die Röhre, das machte mehr Spaß. Es war die Zeit der nachmittäglichen Talkshows in den Neunzigern, und Manni sah sie jeden Tag. Alle! Mittags war er immer einer der Ersten, die aus der Klasse stürzten. Manchmal, besonders wenn der Inhalt des Talks sein Familienleben tangierte, erzählte er mir davon.

«Frl. Krise! Gestern war da so eine Frau bei SAT.1, die hat ge-

sagt, sie haut ihrem Mann eins in die Fresse, wenn er fremdgeht. Da hat meine Mutter zu meinem Vater gesagt, das passiert dir auch, wenn du so was tust.» Ich überlegte nach solchen Bemerkungen immer, ob das Familienleben bei Mannis wohl als wirklich harmonisch zu bezeichnen sei.

Eines Tages machte mich meine Freundin Edda, seine Klassenlehrerin, darauf aufmerksam, dass Manni anscheinend neuerdings ein Instrument spiele. Tatsächlich: Er schleppte oft außer seinem Schulrucksack noch einen schwarzen Koffer mit sich herum, der entfernt an einen Geigenkasten erinnerte. Offensichtlich hing er sehr an seinem Instrument, denn er ließ den komischen Kasten nie unbeaufsichtigt. Wir rätselten, was dadrin sein könnte, eine Geige, eine kleine Gitarre oder eine Ukulele? Manni hielt sich dazu bedeckt.

«Die Fragerei ist ihm peinlich», sagte ich zu Edda, und: «Vielleicht steckt doch mehr in dem Jungen, als wir vermuten.»

Edda wiegte bedenklich ihr Haupt, und sie sollte recht behalten. Eines Tages nämlich erschien die Polizei in der Gesamtschule-Süd und lüftete das Geheimnis. Einen stabilen Bolzenschneider schleppte Manni mit sich im Geigenkoffer herum! Wie praktisch!

Wenn er zu faul war zu laufen, knackte er damit rasch ein Fahrradschloss. Mit dem «geliehenen» Rad kam er dann gerade noch pünktlich zu seinen geliebten Talkshows zu Hause an.

Da soll noch einer sagen, Fernsehen mache unkreativ!

NESRIN HAT FRAGEN

«Meine Eltern verstehen mich nicht!» Nesrin ist empört.

Und ich bin erstaunt. Solche Sätze aus dem Mund meiner Schüler kenne ich nicht.

Das, was deutsche Pubertierende nicht müde werden durchzufechten, scheint nämlich in Familien mit Migrationshintergrund keine große Rolle zu spielen: Die Rebellion der Heranwachsenden gegen die Konventionen der Eltern. Die Ablösung, das Selbständigwerden in der Pubertät. Findet das überhaupt statt?

Die Jungen in meiner Klasse machen ohnehin mehr oder weniger, was sie wollen, und viele Mädchen werden gerade in der Pubertät immer fester in einen familiären Kokon eingesponnen, aus dem sie sich kaum befreien können. Das Credo meiner Schüler ist normalerweise der Satz: «Meine Familie ist das Wichtigste in meinem Leben. Ich liebe meine Mutter, sie ist das Höchste für mich …» Eine seltsame Mischung aus Zuneigung, Abhängigkeit und Kitsch. Ja, Kitsch, denn die Theatralik, die dramatische Gestik und Mimik, die mit diesen Sätzen verbunden sind, hebt sich von den alltäglichen Meinungsbekundungen deutlich ab: Hand aufs Herz, Augenrollen, süßlicher Tonfall …

Nesrin kommt in Fahrt. «Hallo? Meine Mutter ist wie eine Freundin, sagt sie! Ich soll alles erzählen. Aber wenn ich mache, gibt es voll Ärger!» Die anderen nicken. «Und sie weiß gar nicht, wie es in Schule ist. Ich sage immer zu meiner Mutter, ist nicht mehr wie früher, ich benehme mich in Schule wie zu Hause.» Das war ja mal ein wertvoller Hinweis. Die Eltern beteuern nämlich gern in Gesprächen, dass die Kinder zu Hause völlig unproblematisch sind.

Nesrin sagt: «Meine Eltern vertrauen mir nicht. Warum nicht? Ich mache nichts Schlechtes. Aber immer denken sie, ich will was Schlechtes machen.»

«Was meinst du denn mit ‹was Schlechtes›?», frage ich nach.

«Keine Ahnung, was mit Jungen oder so. Aber mach ich nicht. Wissen die doch auch.»

Wenn aber Jenny und Hanna sagen: «Dürft ihr nie abends weg? Am Wochenende auch nicht? Voll gemein!», bildet sich gleich eine Phalanx mit dem Tenor: «Wir wollen gar nicht weg. Ich will gar nicht in die Disco. Wir gehen ja weg, zu Hochzeit oder Verwandten.»

Sind das saure Trauben? Jenny und Hanna gehen übrigens auch nicht in die Disco, sie hängen nur in Jugendclubs ab oder auf der Straße herum.

Nesrin berichtet dann von Schwierigkeiten mit den Eltern, und sie stellt mir Fragen: «Wie war das denn bei Ihren Töchtern?» Sichtlich sucht sie nach einem Modell, das sie vielleicht mit dem ihrer Eltern vergleichen kann.

Ich erzähle ein bisschen von meinen Töchtern. Von den üblichen Streitigkeiten, dem Ver- und Aushandeln, den mütterlichen Sorgen, den Schulproblemen und dass eine meiner beiden Töchter kurz vor dem Abitur von zu Hause ausgezogen sei. Alle sind entrüstet.

Besonders Nesrin. Dass ich das erlaubt habe! Frl. Krise – sehr schlechte Ane!

Ich sage, nein, keine schlechte Ane! Es wäre mir auch nicht leichtgefallen, aber immerhin sei es für unsere Beziehung besser gewesen.

Doch das geht zu weit. Außer Jenny und Hanna sind sich alle darin einig. Nesrin guckt mich streng an. «Frl. Krise! Und Sie sind nicht verheiratet, stimmt's?»

«Sie ist geschieden und hat ihren neuen Mann schon ganz lange, das weißt du doch», sagt Aynur ungeduldig.

«Warum soll sie denn andauernd heiraten?», verteidigt mich Emre.

«Ihr Deutschen macht das alles mit den Kindern und dem Heiraten so … so … so … wie ihr wollt», stellt Nesrin kopfschüttelnd fest.

Ich verschlucke meinen Standardsatz «Du bist auch Deutsche» und sage: «Wie ich will? Ja, aber ich denke vorher drüber nach und entscheide dann. Wer kann mir denn eigentlich vorschreiben zu heiraten?»

Nesrin ist verwirrt. Aynur und Necla nicken.

Es klingelt. Wir hatten übrigens gerade Ethik.

«Frl. Krise», sagt Nesrin, «nächste Stunde müssen Sie aber unbedingt weiter erzählen. Von Ihrer Hochzeit! Was Sie anhatten. Und warum Sie geschieden sind. Wie Sie leben, ist voll komisch. Aber da lernt man voll viel bei.»

Wie ich lebe!

Nur eine Möglichkeit von vielen, die man hat!

Wenn Nesrin das sehen könnte, wäre ich schon sehr zufrieden.

KLARA SCHREIBT KRANK

Den ganzen Nachmittag habe ich beim Arzt verbracht. Grauenhaft. Ich hasse Wartezimmer. Und Arztbesuche!

Meine Schüler dagegen gehen, wie gesagt, gern und oft zum Arzt. Am liebsten zu Klara Kunze, ihres Zeichens Allgemeinmedizinerin, gleich bei uns um die Ecke. Offenbar gibt es für meine «kränklichen» Kinderlein nichts Schöneres, als stundenlang in ihrem Wartezimmer Zeitungen durchzublättern, am Handy herumzunesteln und sich dem in Wartezimmern erwünschten Nichtstun hinzugeben. Krank zu sein ist für sie mit einem Lustgewinn verbunden: Es ist das Attest, das sie glücklich macht, und das bekommt man hier leicht.

Ömür hat eine Woche gefehlt.

«Na, Ömür, wieder gesund?», frage ich aufbauend. «Was hattest du denn?»

«Ja, ich war voll krank», erzählt Ömür fast stolz. «Ich hatte Fieber und so Schmerzen hier und da.» Er pikt sich mit dem Zeigefinger in seinen rundlichen Bauch. «Ich war Arzt», sagt er weiter und hält mir ein Attest entgegen. Sehr schön.

Allerdings stammt die Krankschreibung aus der Feder von Frau Klara Kunze. Das gefällt mir weniger. Mensch! Deren Atteste möchte ich am liebsten gar nicht mehr annehmen. Ich habe nämlich den berechtigten Verdacht, dass diese gute Frau ohne großartige Untersuchung jeden krankschreibt, der sich ihr nähert. Bevorzugt meine Schüler.

Turgut fehlte lange Zeit jede Woche ein- bis zweimal, immer mit einem Attest von Frau Kunze. Bis ich eine Schulversäumnisanzeige machte. Frau Dr. Kunze müsste das doch auffallen, wenn so ein strammer Bursche wie Turgut alle paar Tage angeblich krank bei ihr aufkreuzt, oder?

Ein anderes Beispiel: Ali gibt mir ein Attest ab, das sehr komisch aussieht, nämlich so, als ob sich jemand mit Tipp-Ex an dem Namen zu schaffen gemacht hätte. Eine äußerst plumpe Fälschung.

Der Sache gehe ich sogleich auf den Grund: Ich durchleuchte den Wisch, kratze mit einem Skalpell vorsichtig einen Teil der weißen Schicht ab und entdecke einen ganz anderen Namen, nämlich den von Fuat. Aha. Schlau, aber nicht schlau genug. Diese Halunken!

Ich rufe in der Praxis von Dr. Klara Kunze an und bekomme nach einigem Hin und Her die Bestätigung: Fuat war wirklich am Ausstellungstag des Attests in der Sprechstunde.

Ich befrage Ali und Fuat, zuerst einzeln, dann zusammen. Fuat beteuert, er sei nicht in der Praxis gewesen.

«Aber dein Name steht auf dem Attest, das kannst du doch nicht leugnen!»

Fuat windet sich trotzdem und streitet alles ab.

Schließlich gibt Ali zu, er sei mit Fuats Krankenkassenkarte zu Frau Kunze gegangen. Die kennt offensichtlich nicht jeden Patienten persönlich, was man ihr bei dem großen Patientenstamm nicht verdenken kann. Warum er nicht seine eigene Karte benutzen konnte, bleibt im Dunkeln.

Leider hat Klara Kunze dann Fuats Namen auf das ersehnte Attest geschrieben. Das hatten die beiden Spezialisten nicht bedacht, und so kam zur Erschleichung der Krankschreibung auch noch eine Dokumentenfälschung dazu.

Beide Jungs sehen blühend aus und sind garantiert kerngesund. Ich frage mich, wie diese mehrtägige Krankschreibung zustande kommen konnte.

«Das kann ich Ihnen sagen», verrät mir Sonja aus der Zehn.

«Man erzählt Frau Kunze einfach irgendwas, und sie fragt dich, wie lange du krankgeschrieben werden willst.»

Die ganze Schule scheint in der Praxis Kunze aus und ein zu gehen.

Nur ich war immer noch nicht da.

Braucht jemand eine Auszeit?

Ich empfehle Klara Kunze – gleich bei uns um die Ecke.

MFG

Und immer wieder Deutschunterricht. Es geht um das Thema Briefe. Nein, leider nicht um Liebesbriefe (gibt's die noch?), sondern um offizielle Briefe!

Unsere Schüler schreiben so etwas oft, nämlich ihre Entschuldigungszettel fürs Fehlen. Ob die Eltern dazu morgens zu verschlafen sind oder keine Zeit oder Lust haben, soll hier nicht erörtert werden. Jedenfalls unterzeichnen sie brav das Kindergeschreibsel, und fertig ist die Entschuldigung.

Meistens bekomme ich einen abgerissenen, karierten Zettel, der etwa ein Drittel so groß wie ein DIN-A4-Bogen ist. Abgerissen, nicht geschnitten. Man spart, wo man kann.

Der Text tut noch ein Übriges:

Liebes Frl. Griese.
Ich möchte mein sohn Theo endschuldigen, weil er gefelt hatt, weil er hate eine gripalen Infegt. Ich möchte sie bedanken für das Verstendnis.
Mfg
Krickelkrackel
(Unterschrift)

Insgesamt dringend überarbeitungswürdig. Das wäre doch ein super Einstieg ins Thema Briefeschreiben …

Ich habe diese durchschnittlich grässliche Entschuldigung also kopiert und teile sie aus. Das heißt, Hanna teilt aus. Sie liebt das. Die Namen in der Entschuldigung sind geschwärzt. Die Klasse wird ja nicht erwähnt.

Die Schüler sollen nun in Partnerarbeit nach allem fahnden, was falsch ist. Am interessantesten finden sie natürlich die geschwärzten Stellen. Alle wollen unbedingt herausbekommen, was da ursprünglich stand. Eifrig wird das Blatt hin und her gewendet, gegen das Licht gehalten und mit einem zusammengekniffenen Auge genau geprüft; es werden Vermutungen ausgestoßen und ausgetauscht.

«Vallah, ich kenne die Schrift! War Ali aus 9 a.» Hassan ist sich sicher.

«Was redest du! Ist voll Mädchenschrift!», findet Aynur.

«Kinder, darauf kommt es doch überhaupt nicht an», sage ich ungeduldig. «Jetzt fangt mal endlich an!» Ich drängele, schließlich hatte ich ungefähr acht Minuten für diese Phase eingeplant, und sechs sind schon rum.

Alle berappeln sich und schreiben brav auf den Zettel, was fehlt, Datum und Zeitraum des Krankseins und …

Nein! MfG geht nicht! Das heißt «Mit freundlichen Grüßen». Natürlich muss ich, von einem kleinen inneren Teufel gezwungen, sofort leise «MfG – mit freundlichen Grüßen / die Welt liegt uns zu Füßen, denn wir stehn drauf / Wir gehn drauf …» von Fanta4 skandieren. Zum Glück kennen das «meine» Kinder nicht mehr, sonst wäre gleich wieder alles zusammengebrochen. Nur Emre guckt mich schräg von unten an, als sorge er sich ein bisschen um meine «geistliche» Gesundheit.

Die Rechtschreibfehler werden mit Hilfe des Dudens unter großem Gestöhne dingfest gemacht, und mit den richtigen Wörtern und unter meinem mütterlichen Zureden wird ein neuer Text gebastelt.

Dann dürfen alle ihre Entschuldigung auf eine Overheadprojektor-Folie schreiben. Großes Geschrei, jede Minigruppe will ihre zuerst an die Wand schmeißen. An der steht dann schließlich, von Hanna und Gülten verfasst:

Liebes Frl. Krise   *1. März 2012*
Bitte entschuldigen Sie das Fehlen von meinen Sohn xxxxx,
Klasse 9 b. Er hatte einen grippalen Infarkt von 12.–13. 2. 12.
Er war Arzt.
Mit freundlichen Grüßen,
Unterschrift

229

Na bitte! Geht doch! Fast perfekt! Allerdings der Infarkt … Na, das klären wir demnächst mal in Bio.

Die anderen wollen ja auch noch drankommen.

TALK-TALK-TALK

Leilas Eltern sehen mich zweifelnd an. Haben sie mich richtig verstanden?

Ich gucke wahrscheinlich genauso kariert wie sie. Verstehen die mich überhaupt?

Ach, warum ist mein Türkisch nicht besser? Oder deren Deutsch? Aus ähnlichen Gründen, vermutlich.

Ich versuche gerade diesen anscheinend sehr netten Eltern zu verklickern, dass ihr liebes Töchterlein null Interesse mehr an der Schule zeigt. Sie hat in letzter Zeit sehr viele Stunden geschwänzt. «Randstunden abgehängt» heißt im Schuljargon, wenn jemand aus der Mittagspause nicht wiederkommt.

«Auf dem Zeugnis steht das auch», bemerke ich.

«Ja, sehr schlecht, immer sagen Leila Schule gehen!» Der Vater sieht mich etwas verlegen an.

Die Mutter dagegen wirkt kritisch. Denkt die, ich erzähle Märchen?

«Wenn Ihnen meine Frage zu persönlich ist, brauchen Sie sie nicht zu beantworten.» Ich wage einen Vorstoß. «Gibt es vielleicht zurzeit familiäre Probleme? Leila ist oft so traurig.»

Vater und Mutter schauen sich an.

«Keine Probleme! Nix Probleme!», stellt der Vater nachdrücklich fest.

Ich seufze innerlich. Irgendwas ist da im Busch. Aber ich werde nicht dahinterkommen, nicht heute, nicht an diesem Elternsprechtag.

230

Karl und ich haben uns vierzehn Eltern bestellt. Neun kommen. Das ist unfassbar viel.

Alle sind im Bilde: Die Kinder arbeiten nicht für die Schule, sie interessieren sich für alles Mögliche, aber nicht für den Schulabschluss. Sie stressen herum. Und die Erziehungsberechtigten berichten, dass ihre Zöglinge auch zu Hause nicht mehr ganz so sind, wie man es gern hätte.

Vallah, was tun? Die Pubertät holt alle ein …

Die Mütter sind verzweifelt und hilflos, die Väter gucken böse. Die Kinder sitzen kichernd neben ihnen und lugen Karl und mich verschwörerisch an.

Sorry, Gülten, aber das muss ich jetzt deiner Mutter erzählen!

«Sie interessiert sich nur noch für ihr Äußeres. Sie findet es normal, sich im Unterricht ungeniert die Wimpern zu tuschen und sich alle zwei Minuten in ihrem kleinen Taschenspiegel zu bewundern.»

Die Mutter ist entsetzt. Was das? So benimmt man sich doch nicht in Schule! Sie blickt ihre Tochter strafend an. Die sieht übrigens ganz anders aus als noch heute Morgen. Irgendwie so natürlich. Nur eine ganz dezente Bräune ist auf ihrer Haut zu sehen. Getönte Feuchtigkeitscreme, denke ich, wo sind die krass fetten Make-up-Schichten geblieben? Und was ist mit ihren Wimpern los? Getuscht, ja. Aber sehr dezent.

So sieht sie viel netter aus, überlege ich weiter und höre gerade noch, wie die Mutter sagt: «Make-up in der Schule habe ich verboten.»

Aha. Gut zu wissen. Gülten sieht mich von unten an.

Jetzt geht es um Koalitionen. Mit wem verbünde ich mich? Mit der Mutter? Mit Gülten? Auf jeden Fall muss ich mir die mütterliche Autorität im Hintergrund sichern, aber ich darf es mir auch nicht ganz mit Gülten verscherzen, mit der habe ich jeden Tag zu tun.

Also versuche ich es mit Diplomatie: «Jetzt siehst du ganz toll aus, Gülten. Du bist doch ein sehr hübsches Mädchen! Und so lenkt dich das Make-up nicht mehr im Unterricht ab. Du kannst nun konzentriert mitarbeiten und dich verbessern.»

Gülten nickt, die Mutter nickt, und Karl lächelt fein. Wir werden sehen.

Dann erscheint Emre mit seinem Vater. Der Vater hört sich unsere freundliche Einschätzung an und guckt dabei auf seinen Sohn, als sei er ein exotisches Insekt. Vielleicht versteht er mich auch bloß nicht. Aber er scheint zufrieden zu sein. Nur das mit dem Realschulabschluss …

«Emre Realabschluss?»

Wir versichern, wir werden Emre unterstützen, wo wir können. Und wir wissen ja, dass auch Emre sein Bestes geben wird, aber – es gibt eine Menge «aber» – man muss sehen, wie es weitergeht. Eine genaue Prognose können wir heute nicht abgeben. Emre ist schwach in Deutsch und damit auch automatisch in Mathe. Die neuen Aufgabenformen in Mathe sind schwierig für solche Schüler, es gibt vielmehr Textaufgaben als früher.

Das Gespräch läuft holzschnittmäßig ab, wie viele andere auch. Ja, Emre guter Junge, ja, gut lernen, ist fleißig, Papa stolz, wir auch. Unbefriedigend! Die Sprachbarrieren verhindern ein differenziertes Kommunizieren.

Emre sitzt ganz klein neben seinem Vater. Im Unterricht kommt er mir immer groß und erwachsen vor, aber jetzt ist er auf einmal ein kleiner Junge mit seinem Papa.

Am Ende erscheint noch ein Vater mit seinen beiden schönen Töchtern. Die eine von ihnen, Sarah, ist vor vier Wochen in unserer Klasse gelandet. Eine schlimme Schulkarriere hat sie hinter sich. Aber jetzt will sie es schaffen. Wir hoffen, sie hält durch. Der Vater erzählt vom Jugend- und Schulamt, von falschen Freunden und Polizei. Na ja, das Übliche eben.

«Nächstes Jahr kommt noch eine Tochter zu euch an die Schule», sagt er.

«Drei Töchter haben Sie?», frage ich aus Small-Talk-technischen Gründen.

«Nein.» Er schüttelt energisch den Kopf. «Acht!»

Himmel … acht Töchter! Der Mann muss Nerven wie Drahtseile haben.

Nach drei Stunden fällt die Klappe. Die Heizung ist runtergefahren, es ist ganz schön kalt geworden im Klassenraum.

Sollen wir noch ein Bier trinken gehen?

Karl will nach Hause. Na, dann bis morgen.

Dann wird sich weisen, ob das ganze Gerede einen Sinn hatte.

«DARF ICH REINKOMMEN?»

Die Gesamtschule-Süd lag mitten im Wohnquartier unserer Schüler, und es war ein Leichtes, rasch mal auf der Heimfahrt bei missliebigen Schülern, wie zum Beispiel Okan, an der Haustür zu klingeln. Natürlich nur im äußersten Notfall, wenn die Eltern kein Telefon hatten oder auf meine Briefe nicht reagierten. Ich fand Hausbesuche immer spannend – und besonders natürlich bei meinen Schülern mit türkischer Herkunft.

Meistens verhandelte man bei diesen Besuchen mit sämtlichen Personen, die sich gerade in der Wohnung befanden – Nachbarn, Freunde und Verwandte eingeschlossen. Die sprachliche Verständigung kam, wenn auch mühsam und schleppend, durch das kollektive Zusammenwerfen aller Vokabeln der gerade

Anwesenden zustande. Allerdings wurde vor und nach jedem deutschen Halbsatz intensiv auf Türkisch diskutiert, was das Gespräch nicht gerade beschleunigte und der vorgebrachten Problematik einiges ihrer Schärfe und Dringlichkeit nahm.

Die kleineren Kinder der Familie machten unterdessen charmante Annäherungsversuche, der Fernseher lief im Hintergrund, es gab Tee und süßes Gebäck, irgendjemand klapperte mit den Töpfen in der Küche, und man fühlte sich schon ganz familiär und begann sich im Stillen ernsthaft zu fragen, wieso man mit Okan, der sich unauffällig in eine Sofaecke drückte, überhaupt Probleme gehabt hatte.

Dann, als das große Palaver beendet war und man sich zum Gehen anschickte, öffnete sich die Wohnzimmertür, und Okans Mutter/große Schwester/Tante/Cousine trug ein köstliches Essen auf, das abzulehnen sehr unhöflich gewesen wäre.

Am Ende des langen Nachmittags schied man satt und freundschaftlich voneinander, mit viel Händegeschüttel, guten Wünschen und Rechtslinksrechts-Küsschen. Noch in der Haustür wurde ein letztes Mal gelobt, sich ab sofort bessern zu wollen (Okan), sich hier und da in der Schule blicken zu lassen (Vater), sich mehr um alle Schulangelegenheiten zu kümmern (Mutter und große Schwester) und das Kind verstärkt zu unterstützen (Frl. Krise).

Okans Verhalten veränderte sich in der Folge nicht die Bohne. Die Eltern blieben schwer erreichbar. Und ich bekam einen Jungen neu in die Klasse, gegen den Okan geradezu ein Musterschüler war.

FRL. KRISE IST UNMODERN

«Frl. Krise, können wir mal draußen Unterricht machen?» Nesrin, die holde Närrin, schaut sehnsuchtsvoll in den blauen Himmel.

Ich schließe energisch das sperrangelweit geöffnete Fenster und drehe das Ventil des Heizkörpers auf drei hoch. Zwei Grad unter null ist es draußen und kurz vor acht.

«Ja, gern, aber im Juli», sage ich und überlege: Im Juli werden wir schon Sommerferien haben.

Noch zehn Wochen und ein Schuljahr … und diese Klasse hat fertig. Nicht daran denken, mit welchen Bildungsdefiziten die mal ins Leben gehen werden.

Necla stürzt gerade mit dem Klingelzeichen in die Klasse.

«Noch pünktlich!», betont sie und überreicht mir eine kleine rote Rose, die sie draußen von irgendwelchen Parteileuten bekommen hat.

«Für Sie», sagt sie generös, «weil gestern Rosenmontag war. War doch, oder?»

«Die Rose ist nicht von Rosenmontag», erklärt Hassan, «die ist von was anderes.»

«Frauentag?», schlage ich vor – und alle gucken mich erstaunt an.

«Gibt's auch Männertag?», fragt Emre gleich, der sich letzte Woche aufgeregt hatte, als er erfuhr, dass es im April einen Girl's Day gibt. «Nee, wa? Voll gemein, das!»

«Lasst uns mal langsam mit Deutsch anfangen», schlage ich vor, denn wenn ich mich jetzt in Frauen- und Männertagen verliere, ist mein Unterricht gleich mit verloren. «Nach den anderen Tagen fragt mal in Geschichte.»

«Wer hat seine Tage?» Fuat wacht auf.

Schluss jetzt! Es hat geklingelt, die Stunde beginnt, und wir stürzen uns in die Arbeit. Alle haben noch mit den Briefen zu tun, und ich umkreise die Herde wie ein Hütehund, damit bloß niemand ausbricht. Na, das hat jetzt aber auch sehr wenig mit einem modernen Lehrerbild zu tun, denke ich beim Umrunden meiner Schäfchen. Der moderne Lehrer – was soll der nicht alles sein? Prozessbegleiter … Lernberater … Moderator … Vermittler von Fach-Medien-Sozialkompetenz …

Und ich bin schon froh, dass nach zweieinhalb Jahren här-
testen Trainings tatsächlich immer dieselben Schüler meiner
Klasse morgens nicht allzu unpünktlich aufschlagen, sich und
mich freundlich begrüßen und dann als Krönung – wie heute –
einen gelben oder blauen Marker hervorzuzaubern, um die
geforderte Aufgabe, nämlich das Unterstreichen von wichtigen
Stellen eines Texts, halbwegs bereitwillig auszuführen. (Wenn
nur nicht Nesrin ständig fragen würde: «Woran merke ich
denn, was die wichtigsten Stellen sind?» Wie recht sie hat! Kein
Pädagogik-Guru konnte diese Frage bisher beantworten, geschweige denn ich.)

Ich gebe meine Schäferhundkreiserei auf und setze mich zu
ihr. Sie lächelt mich an und lehnt kurz den Kopf gegen meine
Schulter. «Ich mag Sie voll, Frl. Krise», sagt sie und kaut auf
ihrem Marker herum. «Doch wie geht das mit den Textstellen?», fragt sie mich dann zum hundertsten Mal.

Beziehungsprofi, denke ich, das muss man hier sein, alles
andere ist eigentlich zweitrangig. Lernberater … Pah, ich kann
hier beraten, bis ich schwarz werde. Wenn ich meine Schüler nicht persönlich erwische, läuft gar nichts, nicht mal das
schnöde Markieren von Textstellen.

Viele Stunden später, kurz vor drei, habe ich wieder Unterricht in meiner Klasse. Persönliches Erwischen? Es hat sich
aus-erwischt. Der Schulmorgen ist über uns hinweggerollt.
Ich muss zwei Schüler in Nebenräume setzen. An Erkan ist
kein Rankommen mehr, und Jenny ist hochaggressiv. Sie kann
nur noch rotzfreche Antworten geben, sie haut mir so ein Wort
wie «Kopfficker» um die Ohren. Beziehung? Alle Drähte sind
gekappt.

Aber beim Rausgehen sagt Necla: «Nicht vergessen, Frl.
Krise, die Rose von mir mit nach Hause nehmen!»

Frl. Krise ist spiessig

Die Aufgabe des «anleitenden Lehrers» ist eine ehrenvolle Tätigkeit, die sich jedoch in Lehrerkreisen keiner sonderlichen Beliebtheit erfreut. Man übernimmt dabei die Rundumbetreuung eines Referendars an der Schule – eine unter Umständen zeitraubende und heikle Angelegenheit.

Sandy war klein, quirlig und stolz darauf, Halb-Irin zu sein. In ihrem Fach Englisch schien sie – laut eigenen Angaben – topfit zu sein. Aber in Kunst, dem Fach, in dem ich ihr zur Seite stehen sollte, gab es jede Menge Probleme.

236

Wir setzten uns nachmittags immer wieder zusammen, suchten nach Themen, tüftelten Unterrichtsverläufe aus und bereiteten geeignetes Material auf. Aber sie machte dann oft in den Stunden etwas ganz anderes. Ich kam nicht recht dahinter, ob das absichtlich geschah oder ob sie einfach nicht in der Lage war, ein geplantes Unterrichtsvorhaben umzusetzen.

Um mehr Einblick in die Unterrichtspraxis zu erhalten, sollte Sandy ab und zu mit in meinen Unterricht gehen. Allerdings blätterte sie dann hinten sitzend meist nur gelangweilt in einer englischen Zeitschrift, anstatt sich für die pädagogischen Perlen, die ich freigebig verstreute, zu interessieren.

Einmal lackierte sie sich in meinem Unterricht die Fingernägel. Grün! Als ich sie bat, damit aufzuhören, schließlich würden wir das unseren Schülerinnen auch nicht gestatten, sah sie mich mit großen Augen an. «Natürlich würde ich ihnen das erlauben», sagte sie schnippisch, «jedenfalls in Irland, schließlich ist morgen St. Patrick's Day!» Am nächsten Tag erschien sie mit grün gefärbten Haaren in der Schule, was die Kollegen großzügig übersahen, bei den jüngeren Schülern jedoch für Aufruhr sorgte. Mich ärgerte das alles. Ich investierte nur ungern Zeit und Energie in ein wenig aussichtsreiches Unternehmen – und sagte das auch.

Sandy fand das kleinlich und spießig von mir. «Ich bin eben so», bemerkte sie, «daran kann man nichts ändern, das ist das irische Erbe in mir.»

Sandy eckte auch bei ihrer Fachseminarleiterin an. Zum Eklat kam es während einer der Unterrichtsbesuche, die regelmäßig stattfanden. Sandy tändelte mal wieder unentschlossen durch ihren (von uns eigentlich gut vorbereiteten) Unterricht, bis sie sich schließlich völlig verrannt hatte und nicht mehr weiterwusste.

Draußen auf einem unserer Schulhöfe fand gerade der Abi-Gag statt, ein wildes Event der Abiturienten, an dem etliche Klassen teilnahmen. Leise Musik drang bis zu uns in den Malsaal vor.

«Ach, wir machen ein anderes Mal weiter», sagte Sandy plötzlich zu den Kindern. «Kommt, wir gehen mal raus und gucken, was die da draußen machen, die Abiturienten.» Sprach's, und weg war sie und mit ihr die ganze Klasse.

Die Seminarleiterin und ich blieben zurück und sahen uns völlig konsterniert an.

Sandy verschwand übrigens sehr bald von der Bildfläche, zwar ohne Examen, aber mit dem festen Vorsatz, so schnell wie möglich ins unspießige Irland auszuwandern.

FRÜHLINGSERWACHEN

Der Frühling, der Frühling! Der nervt ganz schön. Meine Schüler schwellen unter seinem Einfluss förmlich auf, sie erglühen und erblühen, dass es fast schon unanständig zu nennen ist. Und sie werden durch diese wahrscheinlich hormongesteuerten Vorgänge noch lauter und ungebärdiger – obwohl ich bis heute glaubte, da wäre keine Steigerung mehr möglich.

Meine Mädels, fast alle mit ein paar Pfündchen Babyspeck zu viel auf Bauch, Beine, Po, schlüpfen aus ihren langen, schlauchartigen Pullis und den winzigen Lederjäckchen und stehen auf einmal in hautengen Leggins und wurstpellenartigen Shirts herum. Ach, was rede ich da! Stehen? Nein, sie rasen kreischend über den ganzen Hof, gefolgt von den Jungen, die auch völlig überdreht sind. Einige haben sich sogar mit dünnen Zweigen bewaffnet und peitschen heftig um sich herum. Ihre ganzen gemeinschaftlichen Körperlichkeiten entladen sich in einem wilden gegenseitigen Schubsen, Balgen, Schlagen und Boxen.

Ich habe keine Aufsicht, will bloß mal kurz über den Hof in ein anderes Lehrerzimmer laufen und werde Zeuge dieser geradezu hemmungslosen Szene. Die Mittagspause ist für die anderen schon vorbei, nur meine Klasse ist draußen. Die Schüler hatten bis jetzt Unterricht.

Frau Schneider, die Aufsicht führt, sitzt leicht verhärmt auf einer Bank, blickt stumm in der Gegend herum und sagt bitterlich zu mir: «Guck dir das an, *deine* Schüler! Schlimmer als die Siebtklässler!»

Ich flüchte. Nach der Pause, in der achten und neunten Stunde, habe ich noch Unterricht bei denen. Das kann ja heiter werden.

Ich gehe schon ein bisschen früher in den vierten Stock hoch, damit in dem kleinen Flur vor unserer Tür nichts passiert. So aufgewühlt wie die sind, ist mit einigem zu rechnen. Aber außer mir ist sowieso niemand oben.

Dann fällt mir etwas ins Auge: Auf der zartgrünen Wand neben der Tür prangen mehrere knallrote Lippenabdrücke. Da hat jemand mindestens ein halbes Dutzend Mal inbrünstig den unebenen Putz geküsst. Jetzt schlägt's ja wohl dreizehn!

Die Sonne scheint in den Klassenraum, es sieht ziemlich unordentlich aus, aber es ist noch gerade erträglich. Ich putze gemütlich die Tafel, genieße eine Minute die Ruhe, und dann bricht es über mich herein. Schreiend wälzt sich der Mob in die Klasse. Alle weisen mir gleichzeitig empört blaue Flecken vor, an Armen, Beinen, Rücken, dicke, fette Hämatome. Aber die können nicht nur von dieser Pause sein. Nein, das ging wohl schon den ganzen Tag so!

Da alle ziemlich gleichmäßig gefleckt sind, sehe ich keinen

Grund zu irgendwelchen Sanktionen, sondern weise nur darauf hin, dass dem Menschen doch im Allgemeinen ein vielfältiges Spektrum an Möglichkeiten des Miteinanderumgehens gegeben ist. (Aber offensichtlich nicht fünfzehnjährigen Schülern im Frühlingserwachen.)

Den Lernerfolg der beiden folgenden Stunden möchte ich in diesem Zusammenhang übrigens unerwähnt lassen.

DAS RENTNERLEBEN

Eine Freistunde und eine kleine Hungerattacke fallen glücklich zusammen, und ich entferne mich aus der Zwangsanstalt, um mir etwas zu essen zu holen. Ich steuere Kaiser's an, denn die bleich aufgebackenen Brötchen vom türkischen Zigarettenladen an der Ecke kriege ich nicht mehr herunter.

Schon beim Praktikum meiner Schüler, als ich mich viel in der Stadt herumtrieb, war mir aufgefallen, dass sich morgens hauptsächlich Rentner in den Geschäften befinden. Und mein kindisches Gemüt – wer weiß warum, vielleicht vom Märzsonnenschein verwirrt – schlägt mir ein kleines Rollenspiel vor: Ich bin jetzt Frührentnerin und gehe zu Kaiser's, um mir etwas zum Frühstück zu kaufen.

Sofort falle ich aus meinem Stechschritt in eine betont langsame Gangart. Schade, jetzt klackern die Absätze nicht mehr so schön aggressiv auf dem Trottoir. Aber ich bin ja Frührentnerin. Ich habe Zeit und trage Gesundheitsschuhe, wegen meiner Ballen links.

Bei den Einkaufswagen vor Kaiser's steht eine kleine Roma und lächelt mich liebreizend an, doch ich lasse mich nicht erweichen. Als Rentner muss man seine paar Kröten zusammenhalten. Ich muss für die Enkelkinder sparen. Bestimmt bekomme ich bald welche.

Der Wagen lässt sich nur schwer schieben und ist auch sehr

groß. Was brauche ich so einen großen Wagen? Die Kinder sind aus dem Haus. Aber er ersetzt mir einen Rollator, auch gut. Danke, Herr Kaiser.

Der Eingang zum Laden ist verstopft. Zwei alte Damen haben es geschafft, ihren Wagen und ihre beiden Leiber gleichzeitig in, unter und zwischen das Drehkreuz zu fädeln. Jetzt stecken sie fest. Ich bringe mich helfend ein, alte Menschen müssen schließlich nett zueinander sein, denn sonst ist es niemand.

240   Im Geschäft greife ich gewohnheitsmäßig nach rechts, dorthin, wo immer der natürlich-trübe Apfelsaft steht, und stoße auf eine Palette Knäckebrot. Die Leute von Kaiser's haben anscheinend nix Gescheiteres in ihrem Laden zu tun, als umzuräumen. Alles ist umgeräumt. *Alles.*

Vallah, ich rege mich auf. Was das? Ich kann mühelos ohne Zettel einkaufen, wenn alles da steht, wo es hingehört. Ich kaufe hier sowieso immer dieselben Sachen, aber jetzt bin ich voll verwirrt, ja, fast ein bisschen dement. Danke, Herr Kaiser! Ich hoffe, wenn Sie mal einkaufen gehen, wahrscheinlich bei Feinkost Käfer oder so, dann dreht man Sie erst zehnmal um die eigene Achse und schubst Sie dann ins Regal. Mal sehen, wie flexibel Sie anschließend noch sind! Verbittert trabe ich weiter. Wo ist denn jetzt der Saft? Meine Stimmung ist verdunkelt. Das ist bei einkaufenden Rentnern gern so.

Ich gehöre zu den jungen Alten, bin also geradezu wie der Blitz unterwegs, jedenfalls gegen etliche Mitrentner. Trotzdem setzt ein junger Mensch von etwa fünfunddreißig Jahren, dessen Zugangsberechtigung für diesen Laden um diese Zeit hier komischerweise niemand kontrolliert, an, mich zu überholen. Blitzartig schlage ich meinen Wagen nach links ein und bremse den Raser aus. Der Jüngling guckt mich fragend an. Ich umkreise umständlich mein Gefährt, um es dann, quer zum Gang geparkt, stehen zu lassen. So viel Zeit muss sein, junger Mann. Schließlich bin ich bei den Brötchen angekommen, und Sie lassen mich jetzt mal schön vor …

Was soll ich essen? Ich grübele hin und her, und die Verkäuferin wird ungeduldig. Es ist unglaublich, wie rücksichtslos die alle sind! Da habe ich damals Deutschland mit bloßen Händen wiederaufgebaut, und die Nutznießer meiner Plackerei gönnen mir nicht einmal die kleinste Überlegung bezüglich der Auswahl meines zweiten Frühstücks.

An der Kasse tue ich, was Rentiere immer tun: Ich zähle das Geld genau ab. 6,37 Euro in Cents und Centpfennigen. Das dauert, aber die Kassiererin ist wegen des vielen Kleingelds froh.

Verträumt schlendere ich aus dem Laden. Der Tag dehnt sich vor mir aus wie eine weite Ebene, deren Ränder bläulich in der Ferne schimmern. Ich erkenne: Das Rentnerleben ist scheißlangweilig.

In der Schule tobt das Leben.

Ich esse mein Brötchen auf dem Hof.

Aynur rennt um mich herum wie ein wildgewordener Handfeger, Necla schreit mir markerschütternd ins Ohr, und Mustafa fuchtelt wie geistesgestört mit einem Zettel vor meiner Nase herum.

Kinder, Kinder, ihr treibt mich noch in die Frühpension!

KEIN PROBLEM

In der siebten Stunde fehlen von den zwölf Leuten meiner Theatergruppe sechs. Sind die uns im Laufe des langen Schultags verloren gegangen, oder kommen die noch? Ich forsche ihrem Verbleib nach und erfahre: Sina wurden wegen übermenschlich krasser Bauchschmerzen und Mir-ist-Schlecht nach Hause geschickt, Alf musste von seinem Vater abgeholt werden, weil er sich im Sportunterricht verletzt hat, und Theo ist ganz offensichtlich abgehauen. Betül, Hanna und Aynur sind auch verschollen. Keiner weiß, wo sie sind, in der Mittagspause waren sie noch da.

Seufzend fange ich an. Bloß womit? Wir quatschen erst mal ein bisschen über unsere Aufführung am Dienstag und loben uns alle gegenseitig, weil es so gut geklappt hat. Nur mit dem Publikum hatten wir Pech …

Nach etwa zehn Minuten öffnet sich die Tür, und Betül, Hanna und Aynur schleichen in die Aula.

«Wir waren noch Frau Roth. 'tschuldigung, Frl. Krise», sagt Aynur. «Wir mussten was klären mit sie!»

Wenn ich auf etwas allergisch reagiere, dann auf den Satz «Wir mussten was klären!». Andauernd müssen unsere Mädchen etwas klären. ANDAUERND!

Diese Klärungen legen sie natürlich bevorzugt in die Unterrichtszeit, während sie die Konflikte gern in die Pausen fallen lassen.

«Wegen der von gestern ihre Schwester?», ruft Gülten.

«Genau wegen sie», bestätigt Aynur und setzt eine kriegerische Miene auf. «Wegen diese behinderte Schlampe aus 8 c!»

«Aynur!» Ich gucke sie streng an.

Aber Aynur lässt sich nicht so ohne weiteres ausbremsen: «Gülten, weißt du, die hat so Brille und trägt rosa Kopftuch mit Leomuster, die Fette!»

«Schluss!», rufe ich. «Was ist das denn für eine Ausdrucksweise? Hallo? Geht's noch?»

«Aboooh, guck ma, Frl. Krise, die ist aber wirklich voll krass behindert, das Mädchen! Ich war Hof mit Betül und Hanna und mach gar nichts, ich schwöre, danach sie kommt und klatscht mir eine. Danach ich sage: ‹Deli misin nesin! Was glaubst du, wer du bist, Hurentochter!› Danach ich wollte sie schlagen. Danach ich habe die gefragt, wie sie heißt, aber sie hat mir nicht gesagt. Danach sie ist Haustür hochgegangen. Danach kam Aufsicht Herr Böck, und wir mussten Frau Roth gehen. Deshalb wir sind spät!»

Ich denke: Na, Frau Roth wird die Sache ja garantiert inhaltlich geklärt haben, aber das mit dieser Sprache geht auch gar nicht!

«So, Aynur, und jetzt erzählst du uns das Ganze bitte noch einmal, aber dieses Mal ohne Beschimpfungen und ohne ein einziges Mal das Wort ‹danach› zu benutzen.»

«Kein Problem», flötet Aynur. Dann holt sie tief Luft und rattert los: «Also, ich war in der Mittagspause mit Betül und Hanna auf dem Hof. Da kam so ein Mädchen aus der 8 c zu mir. Sie kennen die bestimmt, sie ist etwas dicker und trägt meistens ein rosa Kopftuch. Dann hat sie mir eine runtergehauen, und daraufhin habe ich sie gefragt, wie ihr Name sei. Aber sie hat mir nicht geantwortet. Ich wollte sie dann auch schlagen. Aber das hat Herr Böck verhindert. Anschließend ist sie ins Haus gegangen. Zum Schluss mussten wir alle zu Frau Roth. Und deshalb sind wir zu spät gekommen. Entschuldigen Sie bitte, Frl. Krise.»

«Na bitte», sage ich zufrieden, «geht doch!»

«Tschüüüüüch!», ruft Aynur. «Abooooh! Aber jetzt ich fühle mich, als hätte ich Wörterbuch verschluckt, vallah, ich schwör!»

DA STAUNT DER MÄNNE

Lässig lasse ich das Einwickelpapier zu Boden segeln, ehe ich ins Auto einsteige und mir das Hustenbonbon in den Mund schiebe. Männe, der mir gerade in einem seltenen Fall von außerehelicher Ritterlichkeit die Tür aufhält, sagt erstaunt und ein bisschen empört: «Seit wann schmeißt du denn deinen Abfall hier einfach hin?»

Abfall? Wovon spricht der Mann? Ich gucke ihn mit großen Rehaugen an.

«Was Abfall?», frage ich.

«Hier!» Männe fuchtelt mir mit einem grünen Papierchen vor der Nase herum.

«War ich nicht», behaupte ich vorsichtshalber.

«Nee … Oder?!» Männe kriegt sich nicht mehr ein. «Das hast du doch hier gerade vor meinen Augen hingeschmissen!»

«Niemals», sage ich im Brustton der Überzeugung.

Männe schüttelt den Kopf und steigt auch ins Auto ein. Das Bonbonpapier platziert er vorsichtig in der Ablage des Cockpits.

«Also bitte! Ich stand doch genau daneben», insistiert er und sieht mich an wie ein seltenes Insekt.

«Kannst du das beweisen?», frage ich kühl und lege mir den Sicherheitsgurt um.

Männe starrt stumm durch die Windschutzscheibe auf die Mülltonnen, die sich im Hinterhof gleich neben unserem Parkplatz befinden. Da taucht unser Hauswart auf. Er humpelt in Richtung Flaschencontainer und wirft drei Pullen hinein, die wie Schnapsflaschen aussehen.

«Der säuft sich was zusammen, der alte Hurensohn», bemerke ich diagnostisch wertvoll und ignoriere Männe, der plötzlich tief ein- und ausatmet.

«Du meinst wohl, der ist alkoholkrank.» Männe spricht unnatürlich leise und stiert immer noch vor sich hin. Dann meint er nachdenklich: «Du hast dich verändert, Frl. Krise, seit du an dieser Schule bist.»

«Wie jetzt?», frage ich. Der Mann ist so komisch heute.

Vielleicht hat er Wechseljahre? Ich habe davon in der *Apotheken Umschau* gelesen – das kann zu Wesensveränderungen führen. Besorgt mustere ich ihn von der Seite.

«Ach nichts», sagt Männe und fährt endlich los.

Zwei Tage später treffe ich mich mit Frau Freitag in meinem Schulkiez. Bester Stimmung, aber völlig erfolglos durchforsten wir einen kleinen Flohmarkt und biegen dann zu unserem Stammcafé ab. Frau Freitag hat sich wie immer bei mir eingehängt und dirigiert mich mit sanftem Druck durch die Menschenmassen.

Ein hochgewachsener älterer Mann, auf eine Krücke gestützt, kommt genau auf uns zu. Die zweite Krücke trägt er wie ein Bajonett vor sich her und verschafft sich so etwas freien Raum. Er sieht verwahrlost aus und scheint irgendwas Ungesundes konsumiert zu haben, denn er pöbelt die Passanten an, die verschreckt vor ihm zurückweichen. Jetzt nimmt er uns ins Visier und legt sofort los: «Ihr Lesben! Haut ab, ihr beschissenen Lesben, Lesben sollte man alle …!»

«Halt's Mund, Wichser», sage ich bestimmt, und Frau Freitag setzt noch mit einem drohendem «Deine Mutter …!» nach. Der Mann verschwindet in der Menge. Wir kriegen den voll krassen Lachanfall.

«Männe meint, wir hätten uns verändert», globalisiere ich den Spruch meines Mannes.

«Wie kommt er denn darauf?», ächzt Frau Freitag und hält sich den Bauch fest.

WIR SIND UNTERWEGS

Neben meinem Rechner liegt ein ausgeblichenes fleckiges Blatt Papier. Darauf schrieb ich am ersten Schultag des siebten Schuljahrs, also vor gut zweieinhalb Jahren, handschriftlich alle Vornamen meiner neuen Schüler. Zu jedem Namen notierte ich auch seine deutsche Bedeutung. Da wimmelte es nur so von Kriegern, Hoffnungen, letzten Soldaten und Herrschern, aber auch die Sonne, der Regen, wilde Rosen und das Leben verirrten sich in meine Klasse.

Meinen Schülern gefiel, dass ich mir diese Mühe gemacht hatte. Besonders Nesrin. Letzte Woche sagte sie träumerisch: «Wissen Sie noch, Frl. Krise, wie Sie damals unsere Namen in Deutsch übersetzt haben?» Jugendliche reden ja von der nahen Vergangenheit gern so, als ob sie schon mindestens dreißig Jahre zurückläge … Und die anderen Mädchen schrien auf der Stelle alle ihre deutschen Namen durcheinander.

Daraufhin habe ich letzte Woche diesen ollen Zettel mit in

die Klassenarbeitsstunde genommen. Aber nicht nur wegen der Namen, sondern auch weil ich jeden Neuzugang auf diesem Zettel vermerkt und die Abgänge durchgestrichen habe.

Dieses Blatt ist inzwischen so etwas wie eine flüchtige Chronik der Klasse.

Azzize und Nesrin reißen mir das Blatt gleich aus der Hand. Die beiden können kaum fassen, was sie da sehen.

«Unmenschlich, krass!», sagt Azzize, und Nesrin schreit auf: «Vallah, voll viele!»

Los geht es zu Beginn der siebten Klasse mit zweiundzwanzig Mädchen und Jungen.

Schon nach drei Wochen geben wir zwei Jungen an Parallelklassen ab, unsere Klasse erweist sich nämlich als extrem schwierig. Im Laufe des Schuljahrs verlassen uns noch drei Schüler, die in Spezialschulen besser aufgehoben sind.

Ein Schüler wird in eine Parallelklasse als Strafmaßnahme umgesetzt.

Am Ende des siebten Schuljahrs werden sieben Kinder nicht versetzt, aber sie bleiben alle in unserer Klasse. Zwei nicht versetzte Jungen kommen aus dem achten Jahrgang dazu und noch zwei Mädchen aus anderen Schulen.

Jetzt haben wir zwanzig Schüler.

Im achten Schuljahr werden wir mit einer neuen Schülerin beglückt, die uns sehr nachhaltig beschäftigen wird. Nach einigen Monaten geht sie in ein Schulprojekt.

Die Lage ist trostlos; wir sind auf dem Tiefpunkt. Karl und ich denken ans Aufgeben. Die Klasse wird dann im zweiten Halbjahr in fast allen Fächern geteilt, wir versuchen unterschiedlichste Modelle und sind wegen etlicher Schüler in engem Kontakt mit Gott weiß wie vielen Behörden und Ämtern.

Am Ende bleiben neun Schüler sitzen, manche jetzt schon zum zweiten Mal. Zwei dieser sitzengebliebenen Schüler gehen in die tiefere Klassenstufe. Drei andere in Schulprojekte beziehungsweise andere Schulen. Wir bekommen vier neue Schüler. Mit neunzehn Schülern gehen wir ins neunte Schuljahr. (Immer noch skandalös wenige, aber wir werden verschont, um die Klassensituation zu entlasten. Die anderen Klassen sind dafür proppenvoll.)

In der Neunten kehrt einer unserer Schüler aus dem Schulprojekt zurück. Einer der neuen Schüler verlässt uns wieder, dafür stoßen im Februar zwei Schüler aus der zehnten Klasse zu uns, die bei uns ihre letzte Chance erhalten sollen. Einer geht seit letzter Woche in eine andere Schule. Im Moment haben wir also zwanzig Schüler in unserer Klasse. Von diesen zwanzig Schülern waren dreizehn am Aufnahmetag im siebten Schuljahr dabei.

«Ist mir gar nicht so aufgefallen, dass soooooooo viele weg sind und so viele neu sind», sagt Aynur und schüttelt den Kopf. «Dieser Fikri, der war doch bloß paar Wochen da, oder? Und Ömür, weißt du noch? Diese komische Cindy!»

«Huh, Cindy, die war voll der Spast!» Ömür schüttelt sich. «Und erst mal Eren! Der hat aber voll abgenommen, ich habe ihn im Bus gesehen!»

«Voll viele!», staunt Nesrin wieder und blickt sich um. Stolz wie ein Veteran stellt sie fest: «Ich war von Anfang hier!»

«Ich auch!», sage ich und versuche ebenfalls wie ein Veteran zu gucken, aber wie ein verwundeter Veteran.

Nesrin drückt mich und tätschelt mir den Rücken.

«Hör mal, Nesrin», rufe ich, «ich bin übrigens kein Welpe oder so was. Ich bin deine *Lehrerin*!»

«Was Welpe?», fragt Nesrin. «Frl. Krise, aber wir haben uns voll verbessert, wa?»

Ich klopfe leicht auf mein Notenheft und ziehe eine Augenbraue hoch (was mir leider immer noch misslingt).

«Abooooh, nich die Noten vielleicht!» Nesrin schüttelt den Kopf. «Aber sonst so! Und Sie sind auch viel netter geworden. In der siebten Klasse waren Sie voll eklisch, ich schwör!»

Ich muss mir das Lachen verkneifen. «Doch, Nesrin, ihr habt euch wirklich voll verändert im letzten halben Jahr. Ihr seid richtig nett geworden, aber manchmal könnt ich gewisse Damen auf den Mond schießen, vallah!» Dabei zeige ich auf Esra, die gerade höchst unauffällig damit begonnen hat, sich schwungvoll die langen Haare zu bürsten.

... UND SCHREIBE DIR EINEN LIEBESBRIEF

«Ich möchte Ihnen Bitten das Sie das Geld zurück weisen.»

«Ich habe eine Verkäuferin gefragt, ob ich sie mit der Waschmaschine waschen könnte.»

Meine Schüler bepfeifen sich über diese und ähnlich geglückte Sätze. Sie sind gerade dabei, ihre Texte gegenseitig zu korrigieren. Sie sollten alle ein Reklamationsschreiben verfassen. So richtig auf weißem Papier, mit den korrekten Zeilenabständen und allem Drum und Dran.

Das war der geforderte Inhalt (hier nur stichwortartig): Teuren Pullover in anderer Stadt gekauft, selbiger laut Verkäuferin auf jeden Fall in der Waschmaschine waschbar (trotz Etikett «Handwäsche»), Pullover nach Maschinenwäsche natürlich verfilzt und eingelaufen, Geld zurück oder Ersatz ...

Die fertigen Briefe sehen optisch schon ziemlich professionell aus, aber inhaltlich klemmt es noch gewaltig.

«Meinen Sie, die Frau im Geschäft würde auch lachen über den Brief, ich meine der Brief mit *sie* in der Waschmaschine?», fragt Gülten.

«Wahrscheinlich», sage ich. «Aber kaum jemand kann solche Briefe gut schreiben. Deshalb üben wir das ja auch.»

«Ähh ... wegen hochachtungsvoll und so», konstatiert Emre. «In Privatbrief kann ich aber nicht ‹hochachtungsvoll› schreiben, sondern ‹mit freundliche Grüße›, wa?»

«Mit freundlicheN GrüßeN, Emre ... und KüsseN, falls du an deine Freundin schreibst!»

«Niemals», sagt Emre. «Hab ich noch nie gemacht! Ich meine, Brief geschrieben an meine Freundin.»

«Schade, da würde die sich bestimmt freuen.»

Emre guckt mich zweifelnd an.

«Haben Sie schon mal Liebesbrief geschrieben, Frl. Krise?»

Natürlich hören jetzt alle gespannt zu. Für Schüler ist und bleibt es ja ein unfassbares Mirakulum, dass Lehrer angeblich auch so etwas wie ein Liebesleben haben sollen.

«Ich hatte als Schülerin einen Freund, der im Internat war. Wir konnten uns nur am Wochenende treffen. Also haben wir uns fast jeden Tag einen Brief geschrieben», erzähle ich bereitwillig.

«Warum nich E-Mail?», fragt Necla leicht angewidert.

«Gab's noch nicht. Facebook ebenso nicht, übrigens. Überhaupt keine Computer und auch keine Handys.»

«Abooooo, voll krass!»

Meine Schüler sehen mich mal wieder an, als wäre ich ein schlecht erhaltenes Fossil. Wie ich damals überhaupt nur einen einzigen Tag mit all diesen Defiziten überleben konnte, ist ihnen völlig schleierhaft.

«Wie viele Briefe waren das?», will Azzize wissen.

«Ganz schön viele, bestimmt zwei Schuhkartons voll.»

«Tschüüüch! Haben Sie die Briefe noch?», fragt Nesrin, die unverbesserliche Romantikerin.

«Die Briefe von meinem Freund? Nein, die habe ich vor ein paar Jahren verbrannt.»

«Warum das denn?» Nesrin ist voll entrüstet.

«Ich weiß auch nicht. Ich glaube, ich wollte nicht, dass die mal jemand liest, wenn ich tot bin oder so.»

«Ja, ja, Frl. Krise, wer weiß, was da alles drinstand!» Emre grinst mich wissend an.

«Schluss jetzt!», rufe ich. «Wir sind doch nicht hier, um über meine Liebesbriefe zu plaudern. Wir sind beim Thema offizieller Brief. Ihr bringt mich noch ganz aus dem Konzept!»

Nach der Stunde sagt Necla zu mir: «Frl. Krise, wie hieß Ihr Freund?»

«Necla!»

«Sagen Sie doch mal, bitte!»

«Holger.»

«Was das für ein Name! Hat der auch *Ihre* Briefe verbrannt?»

«Keine Ahnung, Necla. Ich habe keinen Kontakt mehr zu ihm.»

«Ist echt voll gemein von Ihnen mit dem Verbrennen!», findet Necla jetzt und sieht mich feindselig an. Fehlte nur, dass sie gleich noch «der arme Holger» sagt.

Das hat man nun davon, wenn man Schülern Storys aus der Jugend erzählt.

VERBOTENE LIEBE

Ehrlich gesagt, eigentlich ist jede Schule eine einzige große Dating-Agentur. Der Unterricht spielt nur eine nachgeordnete Rolle. Die Schüler produzieren Hormone ohne Ende, und die Lehrerschaft bemerkt in der permanent jugendlichen Gesellschaft kaum, dass sie altert. Gemeinsam versüßt man sich den harten Schulalltag durch einen flirtigen Ton. So gut es tut, wenn der trockene Unterricht eine Spur Leichtigkeit erhält, so schnell ist da manchmal ein schmaler Grat überschritten …

Eine meiner Töchter war Schülerin an meiner zweiten Dienststelle, der Franca-Magnani-Gesamtschule. Sie ging in die Oberstufe, ich arbeitete in der Mittelstufe, und wir hatten vormittags fast nichts miteinander zu tun.

Aber nachmittags, da saßen wir mit ihren Freundinnen bei uns zu Hause am Küchentisch. Wir redeten über die Schule, und ich wurde zur Geheimnisträgerin ernannt, jedenfalls gelegentlich. Es ging um die Affären. Jan aus der Zehnten und Silke aus der Dreizehnten – skandalös; Sina und Kaan, die sich immerzu stritten; Kasper und Tom – zumindest munkelte man das; und last but not least *Herr Biehlke und Pssstpssstpssst? Ich hatte mich wohl verhört! Schließlich war Herr Biehlke ungefähr in meinem Alter, also Ende vierzig. Bei dem lief was? Und Pssstpssstpssst? Wer war das? Eine Schülerin offensichtlich. Ich spitzte die Ohren. Aber die Mädchen hielten in diesem Fall dicht. Wer Pssstpsstpssst war, erfuhr ich nicht! Erst Jahre später, als Herr Biehlke und Pssstpsstpssst heirateten, fiel es mir wie Schuppen von den Augen.*

Dagegen waren die Damen großzügig mit ihren Informationen, wenn es um die kleinen Techtelmechtel der Mitschülerinnen mit den Referendaren ging. Das war zwar auch ganz spannend, aber längst nicht so brisant. Die Schülerinnen waren über achtzehn, die Referendare Mitte bis Ende zwanzig, was sollte man groß dazu sagen? Korrekt fand ich diese Geschichten nicht, aber mich fragte sowieso niemand.

Die heißesten Informationen erhielt ich von ganz anderer Seite.

Es war die Lovestory von Kollegin Beate, einer drallen Mitdreißigerin, die mich eines Tages in einen Nebenraum und ins Vertrauen zog.

Sie hatte sich verliebt.

«Aha. In wen?»

«In Alexander aus meiner zehnten Klasse.»

«Das gibt es nicht!»

«Doch!»

Beate weinte und lachte, sie schwankte zwischen Verzückung und Verzweiflung. Sie war verheiratet, hatte eine kleine Tochter und fühlte sich auf einmal wie ein dummer Teenager mit Schmetterlingen im Bauch.

Ich empfahl ihr dringend, die Finger von dem Jungen zu lassen, und sie schwor heilige Eide und Verzicht.

Aber wie das so ist mit der Liebe, sie schwelte und glimmte und glühte – und Beate nahm ab, kaufte sich neue Klamotten, wurde immer nervöser. Ihre Ehe kriselte.

«*Du machst dich unglücklich, Beate*», warnte ich sie. «*Willst du wegen so einer Verknalltheit alles aufs Spiel setzen?*»

Der Unterricht in ihrer Klasse setzte ihr schwer zu. Wenn sie etwas an die Tafel schreiben musste, wurde ihr unter den Augen des Angebeteten schwindelig. Und sollte sie ihm nun einen Fingerzeig für die Deutscharbeit geben oder nicht? Er war so schwach in diesem Fach! Ich schlug die Hände über dem Kopf zusammen: «Auf keinen Fall! Wenn das rauskommt, bist du geliefert!»

252 Nachmittags traf sie sich mit ihm. Sie fuhren im Auto ruhelos hin und her, redeten um den heißen Brei herum und knutschten dann wie die Verrückten. Zum Letzten wäre es noch nicht gekommen, beteuerte Beate.

«Der Junge ist minderjährig und dein Schüler! Beate, das ist bestimmt strafbar! Die versetzen oder entlassen dich!» Ich mochte gar nichts mehr hören. Das konnte doch nur im Desaster enden.

Dann wurde es Sommer, und Beates Klasse war feierlich verabschiedet. Alexander wollte erst einmal kein Abi bei uns machen, lieber ging er für ein Jahr in die Staaten. Beate fuhr mit ihrer kleinen Familie ans Meer und kehrte mit ein paar Kilos mehr auf den Rippen zurück. Ihr Mann zog zu Hause aus, und sie erwog einen Berufswechsel. Das Lehrerinnendasein erschien ihr in jeder Hinsicht zu stressig.

Der Spuk war vorüber.

Und ich verlor meinen Job als Liebesberaterin. Gott sei Dank.

SCHÜLERRECHTE

«Warum lassen Sie uns nicht einfach früher gehen?» Meine Zehntklässler gucken mich voller Unverständnis an. «Es fehlt doch eh die Hälfte!»

«Miriam, kann dein Vater seinen Arbeitsplatz einfach verlassen, wenn er keine Lust mehr hat?», frage ich.

Miriam zuckt mit den Schultern. «Weiß nicht», sagt sie. «Der arbeitet nur schwarz.»

Volltreffer.

Ich nehme Alper ins Visier.

«Ja, 'türlich», sagt der, «mein Vater hat eigenes Taxi.»

Das war offensichtlich der falsche Argumentationsstrang.

«Ich *darf* nicht früher Schluss machen», sage ich. «Eure und meine gemeinsame Arbeitszeit geht bis 16 Uhr. Punkt. Ende der Diskussion.»

«Aber das merkt doch keiner!» Miriam gibt so schnell nicht auf. 253

Ich lache höhnisch auf. Die beste Methode, sich allen im Haus eindrücklich in Erinnerung zu bringen, ist es, eine Klasse – ach, was sag ich, zwei, drei Schüler reichen schon – früher gehen zu lassen. Sie werden aus dem Klassenraum treten und sofort anfangen, sich lauthals zu streiten, zu beschimpfen, zu singen, die Treppe runterzupoltern und an alle Türen zu klopfen. (Im besten Fall! Im schlechtesten reißen sie die Türen auf – nur mal nachsehen, ob die Freundin auch schon fertig hat.)

«Ihr habt ein Recht auf fünfundvierzig Minuten Unterricht», sage ich und weiß schon, jetzt kommt ein großmütiges «Ach, darauf können wir heute mal ausnahmsweise verzichten!».

ERWISCHT!

In meiner Ausbildungsschule, der Gesamtschule-Süd, hatte Herr Knurrhahn irgendeine Funktion in der Schulleitung, und Frau Spieß war die Oberputzfrau – oder kam es mir vielleicht auch nur so vor? Jedenfalls hatte ich als kleine Referendarin Angst vor ihnen, denn sie standen in der Schulhierarchie Lichtjahre weit über mir. Eigentlich hatte jeder an dieser Schule mehr zu sagen als ich. Jeder! Ich glaube, sogar jeder Schüler.

Frau Spieß lungerte gern in den Fluren vor den Klassenräumen herum und kontrollierte, ob wir nicht etwa zu früh Schluss machten und ob alle Stühle hochgestellt waren. Vielleicht trieben sie auch ganz andere Gründe dafür an, vielleicht hatte ich auch nur aus lauter Unsicherheit ein bisschen Verfolgungswahn. Ich vermute aber heute noch, dass sie, wenn etwas nicht in Ordnung war, sofort zu Herrn Knurrhahn ging und petzte.

Einmal wollte ich eine Klasse fünf Minuten vor dem Klingeln gehen lassen, aber wir rannten schon in der Klassentür in Herrn Knurrhahn und die fies grinsende Spieß hinein, die uns in heimtückischer Absicht aufgelauert hatten.

Herr Knurrhahn hatte so eine sympathische Art, einen mit leicht blutunterlaufenen Augen anzusehen und betont leise zu sprechen. «Frl. Krise», flüsterte er. Er konnte es sich leisten zu flüstern, alle Schüler wurden sofort mucksmäuschenstill, wenn sie ihn nur sahen. «Frl. Krise, darf ich Sie darauf aufmerksam machen, dass Ihre Schüler ein Recht auf fünfundvierzig Minuten Unterricht haben?»

Betreten schlichen die Schüler und ich zurück in die Klasse und harrten dort schweigend aus, bis es klingelte. Dann gingen wir ganz bescheiden und leise raus.

Der Flur war leer.

MIT CHIC UND BAUCH

Emre hetzt in der letzten Sekunde vor dem Klingeln in die Klasse und baut sich vor mir auf.

«Was das? Weißes Hemd!», sage ich. «Warum so fein heute?»

«Ich und Ömür gehen heute zum ersten Mal Praktikum», erklärt Emre. «Eigentlich sollten wir erst Freitag anfangen, aber die Frau hat heute Morgen bei mir angerufen und gesagt, wir sollen heute kommen mit feines Hemd und Hose.»

«Wo ist überhaupt Ömür?»

«Frl. Krise, der kommt bisschen später. Der muss sich auch schick anziehen. Aber passt ihm nichts. Er hat zugenommen.»

Ich seufze. Probleme haben die!

Ich versuche anzufangen, wir haben Deutsch in der ersten und zweiten Stunde, aber Emre findet sich noch nicht genug gewürdigt.

«Wie sehe ich aus? Frl. Krise? Schön, wa? Aber ich hatte nicht schwarze Hose. Meinen Sie, das ist schlimm?»

«Du siehst sehr gut aus, Emre», sage ich. «Sehr erwachsen!»

Das stimmt auch. Und er sieht nicht nur so aus, er ist es auch. Emre ist ein Jahr älter als die meisten anderen aus der Klasse. Er hat eine Freundin und einen Plan, wie sein Leben weitergehen soll. Außerdem ist er nicht nur groß, schlank und hübsch, sondern ausnehmend nett und höflich. Nur seine Noten … Dabei ist er ziemlich fleißig.

«Wir sind doch im Hotel», erklärt er mir weiter, «aber ich habe keine schwarze Hose, aber Gürtel ist neu!»

Ich nicke und öffne den Mund, um meine übliche Morgenbegrüßung abzulassen. Da stürzt Ömür zur Tür herein. Er schnauft und pellt sich rasch seine enge schwarze Jacke vom Leib. Seine Ane verwöhnt ihn wohl zu sehr.

«Hatte nichts zum Anziehen», keucht er. «Wegen Praktikum! 'tschuldigung, ging nich schneller!»

Immerhin trägt er eine schwarze Hose und ein gestreiftes Hemd. Das Hemd ist ein bisschen zu klein.

«Mach mal sofort den obersten Knopf auf, Omür», sage ich. «Ich kriege ja schon Erstickung, wenn ich sehe, wie das Hemd den Hals einschnürt.»

Emre lacht und hilft seinem Mitschüler fachmännisch, die beiden obersten Knöpfe zu öffnen.

«Sehr gut», sage ich. «So sieht das gleich viel besser aus.»

Leider ist das Hemd auch am Bauch sehr eng, aber Ömür vertraut darauf, dass es sich im Verlaufe des Morgens noch weitet.

Hoffentlich halten die Knöpfe durch, denke ich und rufe laut: «So, Leute, jetzt geht's aber los!»

«Frl. Krise, ich wollte Smoking anziehen, aber meine Beine gingen nicht mehr in Hose», unterbricht mich Ömür.

Alle Mädchen schreien: «Smoking!»

Wir klären das auf: Es handelt sich wohl nur um einen dunklen Anzug, der ihm vor einem Jahr noch passte.

Ömür klopft auf seinen Bauch. «Habe ich zugenommen», stellt er fest. «Dabei habe ich gestern nur halbe Pizza und Spaghetti gegessen.»

«Viel zu viel», sagt Nesrin, die auch nicht gerade die Dünnste ist.

«Aber ich habe doch Sport gemacht, gestern», verteidigt sich Ömür.

«Na ja», meint Emre. «Sport …»

Ich fange jetzt an, diese Jungs halten den Betrieb heute echt auf.

Emre hatte sich um das Praktikum bemüht und Ömür mitgeschleppt. Ich hatte allen Schülern die Flyer des Schnupperpraktikum-Projekts gegeben, aber meine Herrschaften glauben sich ja noch Lichtjahre entfernt von der Berufswahl. Jetzt sind alle ein bisschen neidisch, besonders weil die beiden in den nächsten fünf Wochen wegen der kleinen Praktika früher gehen dürfen. Um 14 Uhr müssen sie heute los, wir anderen haben bis 15 Uhr Unterricht.

Ich denke: Das größte Problem wird sein, das weiße Hemd heil über den Morgen zu bringen. Und ich erstarre, als ich sehe, dass sich Emre bei Pausenbeginn lässig eine Milchschnitte in die Brusttasche steckt. Verpackt natürlich, aber trotzdem!

«Mach das nicht so!», rufe ich panisch, aber Emre winkt mir ganz überlegen zu und verschwindet in Richtung Schulhof.

Ömür entdeckt in der dritten Stunde, dass er das Schreiben, auf dem die Praktikumstage testiert werden sollen, zu Hause liegenließ. Vallah, wegen der Anprobiererei! Ich schicke ihn los, um das Blatt zu holen. Was bleibt mir übrig.

Nach der großen Mittagspause dürfen die beiden endlich starten. Sie sind ein bisschen aufgeregt.

«Wir sollen heute Englisch reden», sagt Ömür und reißt seine runden braunen Augen auf.

«*Oh my god!*», antworte ich passend. «Na, wird schon schiefgehen!

«Sehen wir gut aus?» Ömur zuppelt an seinem Hemd herum. Alle Knöpfe sitzen erstaunlicherweise noch an Ort und Stelle, und Emres Hemd ist fleckenlos rein.

«Jetzt schiebt endlich ab. Ihr seht super aus. Blamiert uns nicht, und viel Spaß!» 257

Weg sind sie.

Wir haben noch Ethik.

Am liebsten hätte ich mit ihnen getauscht.

MIT FISCHERHEMD UND BAUCH

«Fischerhemden! Und dafür den ganzen Aufriss mit euren feinen Hemden?»

Ömür nickt. «Ja, wa? Waren so blau mit weißen Streifen!»

Ich muss mir das Lachen verkneifen. Ömür und Emre in Friesenhemden im Hotel! Das hätte ich zu gern gesehen.

«Ja», sagt Emre düster. «Mussten wir anziehen, und rote Halstücher, so kleine schwule! Mussten wir alle anziehen, so wie Personal eben.»

«Habt ihr ein Foto gemacht?», frage ich hoffnungsvoll.

Natürlich nicht.

Eigentlich fängt gerade die Deutschstunde an. Alle sitzen auf ihren Plätzen und hören zu. Es ist verdächtig still, und selbst bei den schwulen Halstüchern kommt kein Kommentar.

«Und was habt ihr den ganzen Nachmittag lang gemacht?», frage ich.

«Wir haben erst Bischofshüte und Kerzenleuchter gefaltet.»

Ich verstehe nur Bahnhof.

«Servietten», klärt Ömür mich auf. «Servietten gefaltet, aus Stoff, war voll schwer!»

«Wir zeigen Ihnen!», sagt Emre, und ich reiche jedem ein Tempotuch, denn eine Serviette ist gerade nicht zur Hand. Schon gar nicht eine Stoffserviette!

Während die beiden vor sich hin basteln, erzählen sie, dass sie zu viert waren.

«Ein Mädchen hat sich hingesetzt beim Falten, weil sie war müde, danach die Frau hat gesagt, das geht gar nicht», berichtet Emre, und Ömür fügt hinzu: «War voll anstrengend, mir tat Rücken weh, mein Bauch zieht mich so nach vorne!»

Ich betrachte die fertigen Taschentuchkunstwerke. Unglaublich! Dass die das hinkriegen.

«Und dann?», frage ich.

«Dann haben wir Tische bedeckt, für Essen am nächsten Tag», sagt Ömür.

«Gedeckt», korrigiere ich.

«Sag ich doch so! Musste man jedenfalls ganz genau machen beim Tische gedecken!»

«Beim Tischdecken.»

«Ich denke, gedecken?», fragt Emre.

Ich bin einen Moment verwirrt. Aber ehe ich mich besinnen kann, kommt schon der nächste Knaller:

«Frl. Krise! Wir gehen nächste Woche Pressekonferenz!» Emre guckt mich stolz an. «Ich muss sprechen, und Ömür geht Publikum.»

«Neben Frau Merkel», ergänzt Ömür. (Frau Merkel ist, glaube ich, Ömürs Traumfrau; er spricht täglich über sie.)

«Wie jetzt? Pressekonferenz?» Aynur kann sich nun nicht mehr zurückhalten.

«Ja, die Leute von dem Praktikumsprojekt machen Pressekonferenz mit Fernsehen!», erzählt Emre. «Wir gehen nächste Woche zwei Stunden vorher hin und üben.»

«Wow!» Ich bin ernsthaft beeindruckt. «Dann habt ihr ja wohl gestern einen superguten Eindruck gemacht.»

«Sie beschäftigen sich nur mit Emre und Ömür!», beklagt sich Gülten weinerlich. «Und wir? Außerdem haben wir jetzt Deutsch!»

«Auch noch eifersüchtig», sage ich. «Macht doch ebenfalls mal so was Schönes, dann frage ich euch auch.»

«Phhhhh, ist doch nichts Besonderes», lässt Nesrin verlauten und wendet sich ab.

Emre und Ömür grinsen mich an. Ich grinse zurück.

«Na, dann nehmt mal alle die Hausaufgaben raus.»

«Welche Hausaufgaben?», fragt Nesrin.

«GUTEN TAG, FRAU MERKEL!»

«Frau Merkel hat *diese* Hand geschüttelt», ruft Ömür schon von weitem und hält sein rechtes Patschepfötchen hoch in die Luft. Emre, der neben ihm geht, nickt.

Die beiden werden von einigen Schülern unserer Klasse zu unserem Treffpunkt im Park geleitet – ja, sie werden regelrecht eskortiert. Schließlich kommen sie wirklich und wahrhaftig von einer echten Pressekonferenz.

Wir warten schon seit Stunden auf sie, es ist fast Mittag.

Wir haben heute Wandertag und sind seit neun Uhr hier draußen. Die Sonne scheint zwar, aber ein ekelhafter Wind pustet über die Wiesen. Wir haben schon massenhaft alle Sorten Chips, mehrere Prinzenrollen, Kuchen, Plätzchen, selbstgebackenes türkisches süßes beziehungsweise herzhaftes Gebäck und Gummitiere jeglicher Couleur verspeist – und mir ist ein bisschen schlecht.

«Nein», sage ich. «Frau Merkel! Niemals!»

«Doch jetzt, ehrlich!» Emre und Ömür strahlen. Emre zeigt uns das Programm. Zwischen lauter Doktoren und Managern und Geschäftsführern steht sein Name: «Emre Yildirim, Schüler».

«Du warst der einzige Schüler auf dem Podium?», fragt Karl ungläubig.

«Ja!» Emre nickt stolz.

«Ich war Publikum!», berichtet Ömür. «Waren voll viele von Presse da und so, und Frau Merkel und noch mehr Politiker!»

«Nein, das glaube ich nicht.» Ich bin misstrauisch. Frau Merkel! Als hätte die nix anderes zu tun, als unseren Schülern die Hand zu schütteln.

«Was hatte sie an?», frage ich und komme mir sehr schlau vor.

Ömür und Emre sind ratlos. «So was Rotes, glaube ich», sagt Ömür unschlüssig.

«Ach, Frl. Krise, so was sehen die Jungen doch nicht!», ruft Aynur. «Los, erzähl, Emre!»

Emre berichtet, dass er «übelst» aufgeregt war, bevor es anfing, dass er dann aber «übelst» viel geredet hätte.

«Was denn eigentlich?», fragt Hassan mit gerunzelter Stirn.

«Na, alles», sagt Emre. «Wie es so ist. Mit Schule und Beruf. Und dass man als Jugendlicher mit Migrationshintergrund schlechter angesehen ist und schwerer Stelle findet und dass viele Schüler nicht wissen, was sie wollen, und wenn man Fremdwörter benutzt in der Schule, wird man ausgelacht, weil das ist nicht cool. Aber man muss seinen Weg gehen! Ich hatte mich ja angemeldet bei dem Projekt und Ömür auch, und die anderen von unserer Klasse haben das nicht gemacht. Und der eine Herr, der Dr. Stark, hat gesagt, dass ich recht habe. Und dann haben sie mich gefragt, was sie machen können, damit sich mehr Jugendliche interessieren, so wie wir, und ich habe ihm Vorschläge gemacht.»

Ich bin beeindruckt.

«Ich habe gesagt, bei den Deutschen sagen die Eltern den Kindern, wie alles geht, und bei uns sagen die Kinder das den Eltern. Ist alles schwerer für uns, Stelle finden und so. »

«So schlaue Sachen! Und so viel hast du geredet?» Ich staune.

«Ja, übelst viel, ich war ja der einzigste Schüler!»

«Ich hab mich auch gewundert!» Ömür wundert sich immer noch. «Voll viel, und er hat gar keine Grammatikfehler gemacht. Okay, ich weiß nich», fügt er ehrlich hinzu.

«Nachher hab ich mich noch voll lange mit so Politikern unterhalten, mit dem Bürgermeister und noch einem», berichtet Emre. «Und ich habe den auch gesagt, dass uns die Klassenlehrer voll viel helfen und dass sie uns so viel erzählen von ihr Leben und wie alles geht – und dass Frl. Krise ist wie unsere zweite Mutter!»

«Das hast du nicht gesagt!», rufe ich geschockt. Karl grinst. «Aber wie war das jetzt mit Frau Merkel?» Ich bin immer noch nicht sicher, dass die wirklich anwesend war.

«Echt jetzt! Sie kam später und hatte voll viele Bodyguards und war nur ganz kurz da. Aber sie hat uns die Hand gegeben!»

Und das passiert ausgerechnet Ömür, der doch andauernd von Frau Merkel spricht! Er hebt, wie zum Beweis, wieder seine Hand hoch. Dummerweise sind die Gen-Spuren unserer Kanzlerin nicht mit bloßem Auge zu sehen.

Alle anderen Schüler haben sich inzwischen verkrümelt. So lange Berichte sind nicht ihr Ding.

«Morgen steht es in der Zeitung», sagt Emre. «Ich kriege E-Mail, wo überall, ich bringe mit!»

«Mensch, Karl», sage ich und setze mich an den abgefressenen, nassen Parktisch auf die olle Bank. Der Wind pfeift mir um die Ohren. Ich habe mir schon Tempotuchfetzen in die Ohren gestopft. Ein Ball knallt gefährlich nahe an uns vorbei. Die Plastikbecher sind inzwischen samt Inhalt umgekippt, und einige fliegen im hohen Bogen weg. «Wer hätte das gedacht? Dass es einmal so weit kommen würde! Wir beide sitzen hier den ganzen Morgen in diesem abgeranzten Park, und unsere Schüler verlustieren sich mit Frau Merkel auf Presse-konferenzen.»

Karl kann nicht mehr antworten, er rennt gerade los. Einer muss die Becher ja wieder aufheben.

SCHÜLERWORT UND LEHRERKULI

262 Was so alles in der letzten Woche gesagt und geschrieben wurde …

Im achten Schuljahr geht es in Deutsch um die Rechtschreibung. In einer Übung kommt das Wort «Kreißsaal» vor. Gül weist mich darauf hin, dass das doch wohl falsch geschrieben sei: mit ß!

«Nein, das ist richtig so», sage ich und frage alle: «Kreißsaal! Wer geht denn in einen Kreißsaal?»

Schweigen.

Nur Jana meldet sich. «Frau Merkel», behauptet sie.

Ich muss einen kleinen Lachanfall unterdrücken.

«Wie kommst du denn ausgerechnet auf die?»

«Die ist doch immer in so einem großen runden Saal mit den anderen Politikern», meint Jana ernsthaft.

Biologie: Ich nehme Erkan dran, der schon wieder völlig übermüdet seinen Kopf auf dem Tisch abgelegt hat.

Erkan entrüstet sich: «Woher soll *ich* das wissen? Ich höre nicht mal zu!»

Kunstunterricht: Ich frage Marvin aus der zehnten Klasse nach seinem Bild. Marvin weiß nicht, wo es ist.

«Hast du es mir abgegeben?», frage ich nach.

Marvin weiß es nicht.

«Oder hast du es mit nach Hause genommen?»

Marvin weiß es nicht.

«Hast du es vielleicht aus Versehen in den Trockenständer gelegt?», überlege ich laut. (Es handelt sich um eine Kreidezeichnung!)

Marvin sieht mich leicht geschockt an.

«Was Ständer?», sagt er. «Ich hatte nix Unanständiges gemalt!»

Vertretungsunterricht in der Sieben, Englisch. Die Schüler sollen Begriffe aus dem Wörterbuch heraussuchen, die sie brauchen oder interessieren.

«Frl. Krise, der Patrick neben mir sucht nur versaute Ausdrücke raus», petzt die kleine Eda.

Ich gucke auf sein Blatt: «Holunder – *elder*» steht da ganz harmlos.

«Na, das ist ja ein ganz schlimmer Ausdruck», sage ich. «Holunder, das ist doch ein Busch!»

Patrick sieht mich an wie die Kuh, wenn's donnert.

«Was hast du denn gesucht, Patrick?», frage ich.

Patrick schluckt und sagt: «Ich wollte … ähem … äh … ähem … nachgucken: ‹Einen runterholen› … dann hab ich aber bloß dies Holrunder gefunden.»

DIE GUTE ALTE ZEIT

Nach der Mittagspause ist Klassenstunde. Karl hat eine Überraschung vorbereitet. Er befördert mit Mustafa den DVD-Player aus dem Kunstsaal in den Klassenraum. Dann sehen wir uns die Überraschung an. Karl hat aus seinen Fotos vom Wandertag eine kleine Show mit allerlei Effekten und Musik gezaubert. Alle sind schwer begeistert und wollen die Show noch mal und noch mal und noch mal sehen. Auf einmal sind diese pubertären Widerborstlinge nette, fröhliche Kinder.

«Voll schöööööööööön!» ist einheiliger Tenor.

Genau solche Fotos werden sie sich in ein paar Jahren anschauen, denke ich, und von den herrlichen Schulzeiten schwärmen, von einst, als die Welt noch in Ordnung war ... Wie meine ehemaligen Schüler, die andauernd uralte Schulfotos auf Facebook posten und wehmütige Kommentare dazu schreiben, à la:

«Ach, die schöne Zeit damals!»

«Einfach Traum, wisst ihr noch?»

«Wir drei! Unsere beste Zeit!»

«So king wird es nie wieder.»

Das sind Originalzitate dieser uralten Vierundzwanzigjährigen! Bei dem Gedanken rührt es mich schon ein bisschen. Immer ist man so hin- und hergerissen zwischen Zuneigung und Verärgerung, denke ich, wenn unsere Kinder doch nur etwas stabiler wären.

Dann eine Stunde Ethik. Die Stimmung bleibt milde, der Fotozauber wirkt noch ein bisschen nach.

Danke, Karl!

MEDIENZAUBER

«Ich setze heute im Unterricht Medchjen ein», nuschelte mein Bio-Kollege Weigel des Öfteren, und auf die entgeisterte Frage neuer Kollegen, was er mit denen zu tun gedächte und ob er keine Jungen in seinem Kurs hätte, schnauzte er: «MEDIEN! Nicht Mädchen.»

Medien! Moderner Unterricht schreit einfach nach Medien. Das lernte ich schon als Referendarin. Es stimmt, Medien machen sich sehr gut, auch in Prüfungsstunden; sie waren und sind aber ein Garant für Stress.

Das fing damals beim Overheadprojektor an, was anderes gab es ja kaum. Zuerst einmal musste man überhaupt so ein Gerät auftreiben, denn diese Wunderwerke der Technik standen bei-

leibe nicht in jedem Raum. Wenn man Pech hatte, war sowieso die Leuchtbirne kaputt, oder, noch schlimmer, sie knallte mitten im Unterricht durch. Selbstverständlich hatte man dann keine Ersatzbirne zur Hand, und der Hausmeister war krank.

Gleich danach kam das Filmezeigen. Der Projektor war ein riesiges Ungetüm, in den man den Film umständlich über eine Unzahl von Rollen und Schlitzen einfädeln musste. Um dieses Gerät bedienen zu dürfen, machte jeder Referendar extra einen «Filmschein» in der Filmbildstelle. Dort holte man sich auch nachmittags, wenn man gerade mal nicht in den Kopiershop hastete oder die Bastelläden wegen eines Einkaufs für den Kunstunterricht durchforstete, die monströsen Filmrollen ab.

Während die Schüler unter Getöse den Raum verdunkelten, versuchte ich in fliegender Hast, den Film einzufädeln. Denn es war so sicher wie das Amen in der Kirche, dass irgendein Spaßvogel in dem Moment, in dem alle Rollläden unten ankamen, sämtliche Lichter löschen würde. Im Laufe der Zeit lernte ich es, den Film komplett im Dunkeln einzulegen, was mir aber weder die besondere Bewunderung meiner undankbaren Schülerschaft noch eine Gehaltserhöhung einbrachte.

Die ausgeliehenen Filme durfte man nur in zurückgespultem Zustand zurückgeben. Das diente uns zum Vorwand, den Film am Ende der Stunde noch einmal in rasender Geschwindigkeit rückwärts abzuspielen. Ein Küken, das zurück ins Ei taumelte, Seelöwen, denen die Fische aus dem Maul sprangen oder Pinguine, die rückwärts aus dem Meer auf die Klippen hopsten – ach, es gab einfach nichts Schöneres. Die Schüler liebten es.

Dagegen sieht jeder supermoderne medienpädagogische Auftritt heute direkt blass aus.

MEINE ARMEN OHREN

«Verkäuferin ist doch besser als Einzelhandelsdingsfrau, oder, Frl. Krise?»

«Soll ich Hotelfachmann?»

«Ich will Koch! Nein, Bäcker! Nein, beides!»

Mir klingeln voll die Ohren!

Wir haben erneut Flyer von dem Schnupperpraxis-Projekt bekommen, an dem Emre und Ömür teilgenommen haben, und alle wollen jetzt mitmachen. Sie schreien vor Begeisterung und grabschen mir die postkartenartigen Zettel aus den Händen. Nur Erkan will keinen Flyer. «Ich mache Realschulprüfung», sagt er, «dann werd ich was anderes!»

«Hallo? Du bist erst im achten Schuljahr», erinnere ich ihn. Er ist sitzengeblieben, wollte aber unsere Klasse nicht verlassen und hat inzwischen komplett verdrängt, dass er noch ein Jahr zurückhängt.

«Wie jetzt?» Erkan sieht mich verdattert an. «Sitzengeblieben? Iiiiich?»

Oh, heilige Vergesslichkeit! Ich will ihm das nicht mehr erklären, Aynur übernimmt das. Sie kann das gut, denn sie ist in derselben Situation.

Emre gibt inzwischen nach allen Seiten hin gute Ratschläge. Er ist voll der Praktikumsprofi, und als er eine unbedeutende Frage von Gülten nicht gleich beantworten kann, zückt er geschäftsmäßig sein Handy.

«Nur mal Vanessa anrufen und fragen», sagt er und schielt zu mir.

Vanessa ist eine der Leiterinnen des Projekts, und Emre ist mit ihr bereits auf Du und Du. Das mit dem Anrufen verhindere ich allerdings im letzten Moment. So weit kommt's noch, dass wegen jedem Pipifax im Unterricht telefoniert wird. Wenn ich das erst mal einem Schüler erlaubt habe, kann ich gleich zu Beginn des Unterrichts Handys mit Flatrate austeilen.

266

Die Mädchen sind völlig durch den Wind. Sie quietschen in den höchsten Tönen. Warum eigentlich?

«Gehst du auch Bäcker, Hanna?», schreit Gülten quer durch die Klasse, und Hanna brüllt zurück: «Nein, Koch, aber wenn *du* Bäcker gehst, geh ich auch Bäcker!»

«Geht lieber mit Koch!», mischt sich Aynur lautstark ein, die von Erkan abgelassen hat. («Du Spast! Weißt du nicht mehr, wie du durch Nachprüfung gefallen bist? Hässlichkeit!») Und schon wollen alle drei Koch gehen.

Es kommt mir fast so vor, als ob ich kleinen Kindern zusähe, die gleich einen Kinder-Kaufladen eröffnen werden und vorher noch ein bisschen mit der Puppenküche spielen wollen. Ausbildungsreif? Oje! In einem Jahr sollen die so weit sein! Dieser Gedanke überfällt mich immer wieder. Ich setze mich ans Pult und vergrabe mein Haupt in den Händen. Wie sollen wir das bloß schaffen?

«Voll laut, wa?», sagt Ömür mitfühlend, und: «Kriegen Sie eigentlich keine Kopfschmerzen bei dem Krach?»

«Nee», antworte ich kriegerisch, «zum Glück höre ich nicht mehr viel.»

Dann verschaffe ich mir Ruhe. So geht das ja überhaupt nicht! Und eigentlich hätten wir jetzt Ethik!

«Frl. Krise, ich will doch Polizei werden», lamentiert Gülten. «Haben Sie nicht Zettel für Polizei?»

Ich verweise auf einen Veranstaltungshinweis im Internet für eventuelle Polizei-Interessenten, aber Gülten hört schon gar nicht mehr zu.

«Können wir Freitag Abschied feiern, Jenny geht doch andere Schule?», fragt sie.

Jetzt beginnt das Geschrei gleich wieder.

«Ja! Feiern!»

«Jenny, wo gehst du?»

«Wir bringen Essen mit!», usw. usw.

Das Thema Praktikum ist auf der Stelle tot. Was soll ich sagen? Die Ethikstunde bleibt bis zum Ende gänzlich unethisch.

Wenigstens meine Deutschstunde will ich jetzt noch retten. Und siehe da! Obwohl wir die neunte Stunde haben, klappt es auch ganz gut. Allerdings machen sich langsam Müdigkeitserscheinungen breit. Sam gähnt herzzerreißend und legt sich schon mal ein bisschen auf dem Tisch ab. Esra hat etwas im Auge und muss «Klo gehen». Hanna hat mal wieder keine Arbeitsunterlagen dabei, und Musti kämpft sich durch irgendwelche ominösen Blätterberge. Aber die anderen arbeiten tapfer mit. Wir kommen voran.

268 Gülten guckt zwischendurch aus dem Fenster und beginnt dann mit dem falschen Text.

«Mensch, Gülten», sage ich entkräftet, «wir sind doch schon weiter gearbeitet!»

Alle kreischen auf. «Voll falsch! Wir sind weiter gearbeitet!»

Man ist entzückt. Frl. Krise spricht «voll falsch» Deutsch! Jäckpott! Mit dieser Entwicklung kann man als Schüler doch wirklich zufrieden sein.

«Ja, ich kann auch nicht mehr», sage ich schwächlich. «Ihr seid so was von anstrengend, und außerdem, wenn ich den ganzen Tag falsches Deutsch höre ...»

«Macht nichts», ruft Nesrin generös. «Ist voll süß das!»

«Lass ma Schluss machen!» Emre klappt seine Mappe zu. «Mein Gehirn wackelt schon!»

Sieben Minuten vor vier. Wir räumen noch ein bisschen auf, stellen die Stühle hoch und trudeln aus der Klasse.

«Bis morgen!», schreit mir Nesrin auf der Treppe ins Ohr und fällt mir abschiednehmend um den Hals.

«Frl. Krise, Sie sind voll unsere Ghetto-Oma, voll süß, ich schwöre! Vallah!»

Sind Ghetto-Omas eigentlich alle taub? Gut, dass es bald Osterferien gibt ...

DAS VOLLE PROGRAMM

Mal wieder in der achten Stunde Ethik. Höchststrafe, so spät. In diesem Fach sind wir nicht gerade sehr philosophisch (Rahmenplan – du kennst meine Klasse nicht!), sondern behandeln ganz und gar handfeste Themen. Erst neulich ging es zum Beispiel um Recht und Gesetz und unter anderem auch um Selbstjustiz.

Als Erstes gebe ich eine kleine persönliche Erklärung ab, denn ich habe das dringende Bedürfnis, mich zu der Kommandoaktion der Amis gestern zu äußern. Irgendwie kollidiert das doch mit allem, was man den Schülern in Ethik vermitteln will. Sinngemäß sage ich, dass Osama bin Laden ein schlechter Mensch und Massenmörder war, dass ich diese Tötung durch ein Abknallkommando aber trotzdem nicht richtig fände. Man hätte ihn vor ein Gericht stellen müssen!

Alle hören schweigend zu. Ja, wirklich! Schweigend.

Dann sagt Nesrin: «Mein Vater hat mir gestern Abend erzählt, der hat unseren Glauben beschmutzt. Wir Muslime dürfen nicht töten!»

Ömür meint: «Was wollen Sie, Frl. Krise? Ist doch besser, dass die Amerikaner ihn erschossen haben. Er wusste ja nicht, dass er erschossen wird, da ist Erschießen menschlicher als lange auf Todesstrafe warten.»

Aynur ist wie ich der Ansicht, er hätte eigentlich vor ein Gericht gehört, aber so wäre es doch auch ganz praktisch. Außerdem, ich wüsste wohl nicht, dass das alles ein Fake gewesen wäre? Schließlich gäbe es keine Fotos! «Oder haben Sie Fotos gesehen?», fragt sie inquisitorisch.

Ehe ich antworten kann, legt Esra ihren Taschenspiegel mal ausnahmsweise beiseite und verteidigt mich: «Lass ma jetzt! Frl. Krise ist immer korrekt. Der ist bestimmt tot, wenn sie sagt. Aber der interessiert mich überhaupt nicht!»

Alle nicken. Ich habe irgendwie das Gefühl, es ist ihnen peinlich, dass so ein Mensch sich wie sie Muslim genannt hat. Mal lieber nicht mehr davon reden.

Gut, wir verlassen also vorerst dieses unsichere Terrain – um uns in den nächsten Treibsand zu begeben. Denn in der angeknabberten Ethikstunde geht es nun um ein uraltes Rollenspiel: Vier Schüler finden auf der Straße eine Geldbörse. Inhalt: 500 Euro, keine Ausweispapiere. Was tun?

Nesrin, Fuat, Hassan und Gamze spielen die Situation vor, und sie diskutieren laut, lange und heftig vor der Klasse. Dann geben sie einmütig bekannt: Sie teilen das Geld durch vier (das dürfte mathematisch noch ein Problem werden), schließlich wisse man nicht, wem es gehört hat, und niemand, auch die Polizei nicht, wird je herauskriegen, wer der ursprüngliche Besitzer sei.

Nur Nesrin hat ein bisschen Skrupel. «Ich nehm mein Geld und bring ihn zur Moschee und spende ihn», sagt sie und grinst verlegen.

«Voll dumm!», ruft Fuat.

Weiter kommen wir nicht. Mist! Es klingelt.

Morgen haben wir schon wieder Ethik. Vallah! Manchmal wünschte ich mir, ich dürfte Mathe und Latein unterrichten.

Ostern ist vorbei

FLASHBACK

«Emre ist krank.»

«Turgut ist wieder da!»

«Frl. Krise, Ihre Haare sehen heute Jäckpott aus!»

«Können wir Hof in Deutsch gehen?»

«Fällt Bio aus, Frl. Krise?»

Mehrere Schüler fallen gleichzeitig über mich her, als ich mich in der ersten großen Pause zur Aufsicht auf dem Hof zeige. Ich nicke freundlich nach allen Seiten und trinke erst mal einen Schluck Cola, denn beantworten kann man all das so schnell und gleichzeitig eh nicht. Doch da dringt langsam ein Satz in meine Gehirnwindungen! Was sagte da gerade jemand? Doch nicht etwa: «Turgut ist wieder da!»

Und schon habe ich einen mega-mies krassen Adrenalin-stoß.

Turgut ist seit etwa vier Wochen zum zweiten Mal im Probe-unterricht einer Projektschule, weil es bei uns nicht mehr vor und zurück ging: zweimal nacheinander in der gleichen Klassenstufe sitzengeblieben, verhaltensauffällig und renitent, keine Aussicht mehr auf einen Schulabschluss. Mit und manchmal auch gegen Sozialarbeiter und Jugendamt hatten wir es geschafft, ihn wieder an eine Projektschule zu bringen, wo er nun endgültig versuchen sollte, mit viel Praxis und wenig Theorie doch noch zu einem Schulabschluss zu kommen.

Das Adrenalin lässt mich schnell reagieren, ich drehe mich wie ein geölter Blitz um meine eigenen Achse – und DA! Da steht er. Nein! Meine Gesichtszüge entgleisen.

Ich gebe zu, ich habe nicht pädagogisch wertvoll reagiert.

Turgut grinst und sagt: «Sie haben mich rausgeschmissen, die Hur… rhöm! Ich habe geschwänzt. Kann ich was dafür? Ich habe geschlafen Montag, weil ich spät Bett war!»

«Welcher Montag?»

«Montag nach erste Mai, ich war noch unterwegs lange!»

«Ach sooooo … Und wann noch?»

«Letzter Freitag. War nicht meine Schuld! Guck mal, Frl. Krise, meine Eltern sind Türkei. Hat mich keiner geweckt. Kann ich doch nicht dafür, vallah!»

Alles klar.

Dass er noch ein paar Male mehr gefehlt hat, stellt sich dann bei dem Gespräch heraus, dass ich nach dem Unterricht mit seinem Lehrer führe. Der sagte: «Leider übernimmt er keinerlei Verantwortung für sich, und die Eltern sind ja auch nicht gerade kooperativ. Er ist nicht rausgeschmissen worden, sondern erst mal suspendiert. Wie müssen uns mit dem Jugendamt und seinem Sozialarbeiter beraten.»

Na schön, dass es diesmal nicht *ich* bin, die so böse Sätze sagt. Der Sozialarbeiter kann jetzt mit der anderen Schule schimpfen. Die sind anscheinend genau so vernagelt wie wir. Wie auch immer, das kann bös enden. Für Turgut sowieso, aber ebenfalls für unsere Klasse, der die turgutlose Zeit sehr gut getan hat. Von meinen Nerven will ich gar nicht sprechen.

Meine gute Laune ist jedenfalls im Keller, und die beiden nächsten Bio-Stunden, an denen er teilnimmt, verbessern sie nicht. «Bin Laden lebt!», schreit er zum Beispiel mitten in eine Stillarbeitsphase hinein. Sehr hilfreich.

Nach Bio ist er plötzlich verschwunden.

Dafür sind die anderen ganz liebreizend.

Kleines dickes Ömür sagt, als wir über Hausstauballergien sprechen, verträumt: «Frl. Krise, ich bin aus Sternenstaub! Wir alle, oder?» Und er setzt noch eins drauf: «Ich bin unsichtbar!»

Wir streiten das vehement ab. Sternenstaub, na ja … Aber unsichtbar? Wie kommt der jetzt darauf?

Er verbessert sich: «Ich wollte sagen, unsicher.»

Necla erzählt zur Pollenallergie, dass sie seit dem Wochenende ganz verklebte Augen habe, sie vermute, es sei wahrscheinlich eine «Blindenhautentzündung».

So schwankte ich heute wie so oft zwischen Lachen und Weinen. Gibt es hier eigentlich etwa immer noch jemanden, der behauptet, das Lehrerdasein sei langweilig?

ÖP ÖP ÖP ÖP

«Öp öp öp öp …!», singt Nesrin und rollt hormonübersteuert mit den Augen. «Küss mich …»

Tarkan! Ihr Lieblingssänger. Ich kann das Lied auch schon bald mitsingen, aber doch bitte nicht mitten im Unterricht.

«Voll king, wa, Frl. Krise!», sagt Nesrin und fängt gleich wieder an zu trällern.

Wir sind gerade in der Theaterprobe, und die Singerei passt gar nicht. Wir überlegen nämlich, wie unser angefangenes selbstgeschriebenes Stück, eine Mischung aus Arabqueen und Cinderella, weitergehen könnte. Aber das interessiert heute keinen so richtig. Das schöne Wetter gaukelt meinen Lieben vor, wir hätten den letzten Schultag vor den Sommerferien, und ich fühle mich ehrlich gesagt selbst ein bisschen wie im Ferienmodus.

«Öp öp öp öp …!», singt jetzt auch noch Mehmet und kommt mit seinem Gesicht Nesrins Wange bedenklich nahe. Seine Augen hat er zugekniffen, weil er weiß, das könnte gefährlich ausgehen.

Nesrin fackelt nicht lange. «IIIIIIHHHHHHHH», schreit sie. «Frl. Krise, sagen Sie mal diesen behinderten Jungen, ich klatsch ihn gleich!»

Mehmet reißt die Augen auf, fährt zurück und faucht: «Hässlichkeit! Dich will doch sowieso keiner!»

«Ich finde, ihr passt voll gut zusammen», schmeichele ich. «Ihr solltet unbedingt heiraten.» Das ist die einzige und wirksamste Methode, die beiden jetzt friedlich auseinanderzubringen.

«Niemals!», kreischt Nesrin, und Mehmet schüttelt sich angeekelt.

«Ich heirate, wenn ich neunzehn bin», sagt er. «Aber die nich! Ich heirate mit drei Frauen!»

Ja, prima! An der Stelle weiß ich: Jetzt habe ich verloren. Arabcinderella adjüs!

Aynur hat schon ihr verächtlichstes Gesicht aufgesetzt. Ihre rechte Augenbraue hat sie so weit hochgezogen, dass sie fast den Haaransatz berührt. (Ich möchte das auch können! Das sieht so herrlich prollig aus!)

«Du!», keift sie. «Drei Frauen! Warum nicht gleich vier? Sind vier erlaubt!»

«Nee, drei», beharrt Mehmet.

«Das gibt's doch gar nicht mehr», sage ich, immer noch in der Hoffnung, die Damen und Herren von diesem hochspannenden Thema wegzubekommen.

«Wohl!», schreit Merve. «Mein Onkel hat drei Frauen!»

«Echt jetzt?» Mehmet sieht ein bisschen beunruhigt aus.

«Mal ganz ehrlich! Welche Frau lässt sich das gefallen?», fragt Aynur. «Liebt er alle drei?»

«Nein.» Merve ist ganz betrübt. «Er vernachlässigt die erste!»

«Voll gemein!» Die Mädchen sind sich einig. «Die Arme!»

«Ja, heirate mit drei Frauen», giftet jetzt Sara und funkelt Mehmet wild an. «Du wirst schon sehen, was du davon hast!»

«Genau», werfe ich ein. «Am besten Aynur, Nesrin und Merve, dann hast du es jedenfalls immer schön ruhig und friedlich zu Hause.»

«Niemals!» Nesrin ist ernsthaft empört. «Dieser Junge ist voll behindert, vallah!»

«Mein Opa hatte auch drei Frauen», bemerkt jetzt Lukas, der neu bei uns ist.

Alle starren ihn entgeistert an

«*Dein* Opa? Niemals!» Aynur ist sich ganz sicher.

«Doch!» Lukas grinst zufrieden. «Aber nacheinander.»

«Ach sooooo!»

Plötzlich ist die Luft aus dem Gespräch.

«Wenn ich mich mit meine Frauen nicht vertrage, scheide ich mich.» Mehmet versucht es noch einmal.

«Dann machst du voll haram!», schnauzt Aynur ihn an und wendet sich ab. 275

Ich sage: «Genau. Und außerdem – lasst uns mal lieber hier an unserem Stück weitermachen.»

«Öp öp öp öp …», singt Nesrin.

«BITTE ALLE HANDYS ABGEBEN!»

«Ich hab mich voll schnell beeilt», schnauft Ömür und schmeißt sich auf seinen Stuhl.

Da tut er auch gut daran, denn heute schreiben wir die Vergleichsarbeit. «Wer sich verspätet, darf nicht mitschreiben und bekommt eine Sechs!», habe ich gestern verkündet und im Stillen gedacht: Huh, jetzt haben die aber alle Angst!

Und tatsächlich! Alle sind da, und alle sind pünktlich. Ich bin tief beeindruckt. Das hatten wir noch nie! Nur Azzize fehlt, die ist aber wirklich krank und wird nachschreiben müssen.

Die Tische stehen einzeln, auf jedem Tisch liegt ein Duden, und die Fenster sind weit geöffnet. Noch scheint die Sonne herein. Alle suchen sich einen Platz und installieren sich. Cola-Flasche hinstellen, Schoki auspacken, ins Brot beißen, Jacke über den Stuhl hängen. Die Stimmung ist knisternd, so kurz vor dem Startschuss.

«Bitte alle Handys abgeben!», rufe ich da betont beiläufig in die Runde.

Das schlägt ein wie eine Bombe!

Schockstarre!

Achtzehn Augenpaare sind auf mich genagelt.

«Handys abgeben?»

«Warum das?»

«Niemals!»

«Tut mir leid, ist Vorschrift», sage ich sehr offiziell und deute auf eine große flache Ablage auf dem Pult. «Hier bitte reinlegen, die Handys!»

Handys abgeben – meine Kinderchen müssen sich erst an diesen ungeheuerlichen Gedanken gewöhnen. Handys abgeben – das geht gar nicht, das ist … wie … wie … wie nackig ausziehen, wie Nabelschnur durchschneiden von allem, was das Leben ausmacht!

Sehr zögernd kommen sie nach vorne und legen ihre Mobiltelefone fein nebeneinander in die Ablage. Aus Solidarität lege ich meins dazu. Natürlich hat es keinen Touchscreen, leider, und ich blicke neidisch auf die Handys meiner armen Schüler, die sich keine Schulbücher kaufen können – und wenn man die Handys sieht, weiß man auch, warum.

«Voll alt», sagt Hassan und zeigt auf mein bescheidenes kleines zweijähriges Gerät. «Voll die Telefonzelle, mit so was geh ich kämpfen … nein … Spaaaaaß, Frl. Krise!»

Nun drängeln sich alle ums Pult. Die Handys werden begutachtet und verglichen, man kennt sie zwar, aber so nett nebeneinander sieht man sie schließlich nicht alle Tage.

«Welches ist das schönste, Frl. Krise?», fragt Hanna, und ich zeige auf ein rosafarbenes Teil. «Meins!», ruft Hanna erfreut. «Das wussten Sie, oder?»

«Niemals», lüge ich.

Die Vergleichsarbeit? Ist gerade aus den Köpfen entschwunden. Fröhlich und stolz begutachten sie ihre Schätze, irgendwie süß. Mal wieder ganz im Hier und Jetzt!

«Ganz schön teuer, alle zusammen», stellt Fuat fest.

«Schluss jetzt!», rufe ich und klatsche in die Hände. «Leute, wir müssen anfangen, bitte alle hinsetzen.»

Zögernd trotten sie – wie aus einem schönen Traum erwacht – auf ihre Plätze. Die Tür geht auf, und Karl guckt herein. Er hebt die Hände und zeigt an, dass er allen die Daumen drückt.

«Voll süß!», sagt Gamze gerührt.

Dann geht's los. Hundert Minuten. Ganz still und konzentriert werden die Bögen ausgefüllt. Die Arbeit ist leicht, und wenn sie schwer wäre, wäre es auch egal, weil es nur ein Probelauf ist. Erst im nächsten Jahr wird sie bedeutsam werden. Diesmal gilt sie nur so viel wie eine Klassenarbeit. Aber daran denkt (außer Erkan, der nicht alles ausfüllt – mal wieder zu mühsam) anscheinend niemand.

Aynur gibt als Erste und Emre als Letzter ab. Hinterher sind alle aufgekratzt und überdreht. Sie haben jetzt FREIFREIFREI und ziehen fröhlich von dannen. Chillen und shoppen, das hat man sich wohl verdient!

Nächstes Jahr um diese Zeit …

Ich seufze und gehe langsam die Treppe runter zum Lehrerzimmer. Nächstes Jahr um diese Zeit wird es dann wirklich ernst.

DAS TAMAGOTCHI

Das Tamagotchi, ein virtuelles Küken, war in gewisser Weise so etwas wie das Handy der neunziger Jahre. Telefonieren konnte man zwar nicht damit, aber auf andere Art und Weise hervorragend den Unterricht stören.

Das dumme japanische Tier, das in einem eiförmigen Elektrospielzeug wohnte, musste von seinem Besitzer nach dem Schlüpfen liebevoll und zeitaufwendig aufgezogen werden. Es wusste natürlich nichts vom geregelten Arbeits- und Pausenrhythmus einer mitteleuropäischen Schule und verlangte bevorzugt mitten im Unterricht nach Fressen, Trinken oder Zuwendung, und zwar lauthals. Wurde ihm dies alles verweigert, begann es zu kränkeln, und im schlimmsten Fall verschied es auf der Stelle. Die Kinder, die das Wesen schon tagelang liebevoll bemuttert hatten, waren entsetzt, traurig oder wütend. Es flossen Tränen, und der Unterricht lag brach.

Ein Versuch, die Tamagotchis zu verbieten, scheiterte. Immer wieder piepste es hier und dort. Bis – jedenfalls in meiner Klasse – Wanda auf den Plan trat.

Wanda, eine besonders engagierte und pfiffige Tamagotchi-Mama, suchte sich kurzerhand eine Nanny.

«Frl. Krise, mein Opa bringt mich jetzt immer und holt mich ab», vertraute sie mir an.

«Warum das denn?», fragte ich. «Du wohnst doch nur um die Ecke.»

Wanda strahlte und zeigte mir ihr gutgenährtes Tamagotchi-Kind.

«Wegen dem!», sagte sie. «Eigentlich bringt mein Opa mich auch nicht. Wir treffen uns nur vor der Schule. Dann nimmt er mein Tamagotchi und passt vormittags drauf auf. Und mittags gibt er es mir wieder.»

Es kam, wie es kommen musste: Am Ende hatte der Opa die Tamagotchis der halben Klasse in Pflege. Ich sehe ihn noch vor der Schule stehen – der Gute! Er sah ein bisschen albern aus mit all den Plastikeiern, die an bunten Kordeln um seinen Hals hingen.

FREE MAJA!

In meiner Vom-Hölzchen-zum-Stöckchen-Bio-Stunde geht es um den Bau von Blütenpflanzen. Das ist eine kleine Wiederholung – eigentlich nähern wir uns unauffällig, auf Schleichwegen, schwierigeren Themen wie der Photosynthese, aber wir drifteten mal wieder ganz schön ab.

Als Erstes erzählt uns Ömür, dass er am Donnerstag im Praktikum – diesmal im Baumarkt – ein «Territorium» gebaut hätte. Natürlich weiß niemand, was das ist. Ich auch nicht. «Ein Aquarium ohne Wasser», erläutert Ömür.

Dann will Azzize wissen, ob es Blumen wirklich guttue, wenn man mit ihnen spräche, ihre behinderte Mutter mache das, worauf Erkan bekennt, öfter mit seinem Computer zu reden. «Fick dein Gehirn», sagt er zum Beispiel netterweise zu ihm, wenn etwas nicht klappt.

«Ich habe als kleines Kind immer mit der Wand gesprochen, wenn ich im Bett lag», fängt Gamze an, wird aber von mir rüde abgewürgt. Zwei Minuten schweigt sie beleidigt.

«Wir haben im Kindergarten immer Haferflocken gegessen, voll lecker, gibt's die noch, Frl. Krise?», ruft Necla, die gerade ein bisschen im Bio-Buch blättert und deren Blick auf eine Seite mit Getreidepflanzen gefallen ist.

«Was das, Haferflocken?», wollten nun die anderen wissen, und ich erkläre es rasch (inklusive Einkaufstipps), denn das ist die schnellste Methode, zurück zum Thema Blütenpflanzen zu kommen.

Uff, kaum da gelandet, erwähnt Erkan, dass er keinen Honig mehr isst, weil er das eklig findet, dass die Bienen den Honig sammeln und dann auskotzen, bevor er endgültig ins Glas gelangt. Necla schreit empört auf, hat sie doch erst heute Morgen mit gutem Appetit ein leckeres Honigbrot verspeist.

Ich weise meine gedächtnisschwachen Schüler darauf hin, dass wir das ganz genau vor etwa zwei Jahren durchgenommen hätten, aber die Erinnerung ist ein flüchtig Ding.

«Da!», schreit Gamze. «Eine Biene!»

Die Biene ist zwar eine Wespe, aber sie ist gefangen. In unserem Doppelfenster kriecht sie ermattet auf und ab und sucht einen Ausgang. Sofort verwandeln sich meine hartherzigen Ghetto-Pflanzen in mitleidige Kinder.

«Oh, die arme Biene. Wir müssen sie retten!»

Leider hat sich die Biene in ein Fensterabteil verzogen, das wir nicht öffnen können, deshalb geht das nicht ohne weiteres.

«Jetzt lasst die Biene», sage ich kaltherzig. «Die ist sowieso hin!»

«Voll gemein, das will nun eine Bio-Lehrerin sein», empört sich Ömür und bewaffnet sich mit einem langen Holzlineal, um das arme Tier damit herauszuangeln.

280 «Damit zerquetscht du sie bloß», rufe ich. Aber auf mich hört sowieso niemand, denn die Lebensretter sind nun voll in Aktion. Die Biene fürchtet zu Recht um ihr Leben und verzieht sich in eine Ecke, wo man nicht hinkommt.

«Jetzt setzt euch sofort hin», sage ich streng. «Das Fenster ist ja offen. Wenn sie das merkt, wird sie schon rauskrabbeln.»

Alle gehen murrend auf ihre Plätze. Da sieht man's wieder mal, Lehrer sind nicht nur Spaßbremsen, sondern auch noch Tierquäler.

Niemand passt auf oder arbeitet mit, denn alle beobachten die dusselige Wespe, die lieber in selbstmörderischer Absicht in die falsche Richtung strebt. Jeder Stellungswechsel wird mit aufmunternden Rufen kommentiert, und ich bin echt froh, als das Tier nach geraumer Zeit den Ausgang findet. Sie krault aufs Fensterbrett und plumpst über die Kante in den Abgrund. Alle schreien auf.

Ist das jetzt das Ende? Biene – ach nee, Wespe – stürzt sich in den Tod? Der Bio-Raum liegt schließlich im Hochparterre.

«Sie lebt noch!», ruft Fuat, der bis zum Bauchnabel aus dem Fenster hängt.

Langsam kehrt Ruhe ein. Andere Themen besetzen das Feld.

In der großen Pause sagt Nesrin zu mir: «Frl. Krise, die arme Biene. Sie ist doch tot.»

«Ach ja?», antworte ich eher desinteressiert.

«Ja!» Nesrin guckt mich wild an. «Wenn ich höre, dass Sie mal tot sind, sage ich auch ‹Ach ja?›.»

«Mm ...» Ich muss lachen.

«Selbst schuld!», schnauzt Nesrin, dreht sich um und stapft davon.

DER LETZTE ROMANTIKER

«Wir sind genau seit einem Jahr und zwei Tagen zusammen», sagt Emre und rührt langsam mit dem Pinsel in seinem Deck- 281 farbkasten herum.

«Wer?», frage ich überflüssigerweise, denn ich weiß es genau. Aber ich bin begierig nach neuen Details dieser traumhaften Liebesgeschichte.

«Na, meine Freundin und ich. Ich weiß sogar noch die Uhrzeit ... 16.52.» Emre malt liebevoll ein grünes Kästchen aus.

«Echt? Und was war da? Hast du sie da zum ersten Mal gesehen?»

«Nee!» Emre lässt uns zappeln.

«Da hat er sie gefragt, ob sie ein Stück Knoblauchwurst will», berichtet uns Ömür, der genau Bescheid weiß, besonders wenn's ums Essen geht.

«Was Knoblauchwurst! Was redest du, Fresssack?» Emre boxt Ömür auf den Arm, beinahe kippt dabei sein Wassernapf um.

«Das war doch meine erste Freundin, die mit der Knoblauchwurst!»

Wir anderen sehen uns ratlos an. Emre und ein Mädchen und Knoblauchwurst?

«Ja, das Mädchen habe ich in Markthalle gesehen, und da gab's umsonst so Knoblauchwurst. Da hab ich sie gefragt, ob sie welche will.»

«Hat sie ja gesagt?», will Hanna wissen.

«Das ist doch völlig egal», unterbreche ich. «Schnee von

gestern. Ich will das mit Emres jetziger Freundin wissen, mit Merve oder wie sie heißt.»

«Melek!», sagt Emre und malt nun bedächtig ein rotes Kästchen aus. Wir arbeiten gerade an einem monumentalen Bild nach Gerhard Richters Fenster im Kölner Dom. «Also, wir waren Ruderboot auf dem See, und mitten auf dem See hab ich gefragt, ob sie mit mir gehen will. Um 16.52! Sie hat aber nicht gleich ja gesagt. Erst ein Tag später.»

«Sie hatte voll Angst, dass du sie ins Wasser schmeißt, wenn sie nein sagt», behauptet Gamze und isst unauffällig ein bisschen trockene Chinasuppe.

«Weg mit dem ekelhaften Gekrümel!», herrsche ich sie an, aber sie stopft sich schnell noch den Rest in den Mund.

«Voll süüüüüüß!» Nesrin ist hin und weg. «Auf einem Boot!»

«Ja, genau wie auf der *Titanic*.» Ich bin ein bisschen herzlos.

«Und jetzt am Samstag habe ich Boot gemietet für 350 Euro», erzählt Emre beiläufig und wäscht seinen Pinsel sorgfältig aus, bevor er ihn in die gelbe Farbe taucht.

«Nein!»

Wir sind entgeistert. 350 Euro! Spinnt der?

«Was das? Ein U-Boot oder was?» Aynur kommt extra von hinten zu uns nach vorne.

«Quatsch. Was redest du! Das ist so Motorboot. Wir halten dann an einer Stelle, und dann kommen so Kerzen rund um uns aus dem Wasser raus … Vallah, ich weiß auch nicht, wie das geht.» Emre guckt etwas ratlos.

Wir sind platt. Wir wissen, Emre verwöhnt seine Melek. Neulich hat sie sich für 200 Euro Klamotten kaufen dürfen, und zum Geburtstag hat er ihr eine Goldkette geschenkt. Dafür arbeitet er aber auch jedes Wochenende an einem Gemüsestand. Aber das jetzt schlägt alles.

«Voll süüüüüüß … Kerzen aus dem Wasser!» Nesrin kriegt sich nicht mehr ein. Die Jungen schweigen, und die Mädchen gucken verzückt.

«Sag mal, Emre, kann das sein, dass du voll romantisch bist?», frage ich.

Er seufzt und nickt. «Ja! Meine große Schwester wollte mich schon schlagen. Sie ist voll eifersüchtig», gesteht er bescheiden. «Sie hat mir gemeint, bestimmt wird sie niemals so ein romantischen Mann bekommen, der ihr so tolle Sachen macht!»

«Das befürchte ich auch.»

«Hat Ihr Mann schon mal so was für Ihnen gemacht?», fragt Nesrin.

«So was nicht», sage ich, «der ist nicht so romantisch. Aber ich auch nicht, eigentlich …!»

Nesrin quiekt empört. Nicht-romantisch-Sein geht ja wohl gar nicht! Sie guckt mich ein bisschen mitleidig an. Armes Frl. Krise!

Da klingelt es. Wir fahren hoch. Mist, wieder mal nicht auf die Uhr geachtet! Emre aber auch immer mit seinen Storys! Wir müssen in Windeseile aufräumen, das heißt hauptsächlich ich, weil ich ja noch alles in den Vorbereitungsraum bringen und dort in den Schränken verstauen muss. Abgehetzt und verspätet komme ich in den nächsten Unterricht.

Geh mir weg mit Romantik!

BEI MALERS

Ich bin mit der Hälfte der Klasse um kurz nach acht auf dem Schulhof verabredet. Alle sind pünktlich da – außer Leila, die kommt vorsichtshalber gar nicht. Und Erkan, der eigentlich zur Gruppe der Konditoren gehört, steht komischerweise auch bei uns.

«Ich war spät», sagt er wenig schuldbewusst. «Die Konditors waren schon weg. Ist es okay, wenn ich mit zu Malers gehe, wa?» Die Konditors sind schon vor acht mit Karl abmarschiert, die haben einen weiten Weg; die Malerinnung dagegen liegt in der Nähe der Schule.

Wir wollen eine Woche lang Handwerksinnungen besuchen, und eine Koordinatorin des Projekts, sie heißt Frau Stein, begleitet uns. Sie wird auch die Besuche im Unterricht nachbereiten. Man muss wirklich sagen, unsere Schüler haben jede Chance, sich gründlich über verschiedene Handwerksberufe zu informieren. Aber sie finden das reichlich überflüssig. Wer will schon Bäcker, Maler, Friseur oder Tischler werden? Ihnen schwebt Hebamme, Modedesignerin oder «Polizei» vor, vallah, am besten gleich Chef eines eigenen Restaurants oder so. Auf jeden Fall nicht Knecht!

Ich frage mich auch langsam, weshalb wir nicht Uni gehen oder Fachhochschule …

Frau Stein stellt schnell fest, dass meine Schüler und ich ein gutes Verhältnis haben.

«Das merkt man gleich», sagt sie und findet das schön.

«Ja, schon», antworte ich, um ein wenig ihre Euphorie zu dämpfen. «Allerdings sagt das ja noch nichts darüber aus, wie sie arbeiten.»

Frau Stein winkt ab. «Ach, wenn man die richtig anspricht, machen die das super, werden Sie sehen!»

«Wer sind Sie?», fragt Aynur und ist auch schon wieder weg, als Frau Stein es ihr erzählen will. Frau Stein guckt ein bisschen kariert.

Nach einem kurzen theoretischen Vortrag über die Tätigkeitsfelder eines Malers und die Basics der Ausbildung wird praktisch gearbeitet. Der Meister, der uns verarztet, gibt sich echt Mühe, aber er muss alles dreimal erzählen. Meine Leute sind irgendwie zappelig und abgelenkt. Die fremde Umgebung ist fast zu viel für sie.

«Pass doch mal bitte auf», sagt Frau Stein zu Aynur, die pampig antwortet: «Was wollen Sie? *Sie* sind nicht meine Lehrerin! *Sie* haben mir gar nichts zu sagen!»

«Das Wort Respekt kennst du wohl nicht?», fragt der Meister, übrigens ein ganz cooler sportlicher älterer Typ mit Glatze und Armband.

Aynur hebt zu einer langen Erklärung an, dass sie das Wort sehr wohl kenne, aber sie reagiere ja bloß darauf, dass *ihr* kein Respekt entgegengebracht werde, und wenn man sie … dann …

Frau Stein seufzt, und der Meister guckt ein bisschen genervt.

Wir schneiden gerade mit sauscharfen Cuttern Schablonen aus, und alle bis auf Hanna und Aynur arbeiten ganz vorsichtig und aufmerksam. Es wäre wirklich ganz friedlich, wenn Aynur einfach mal ihren Mund halten würde. Aber sie plappert ohne Punkt und Komma, erzählt nun, wen sie gestern noch in ihrem Lieblings-Einkaufscenter getroffen habe, wer von wem blöde angemacht wurde und wie und wem sie beinahe eine geklatscht hätte, weil … Es nimmt kein Ende. Hanna lacht schrill, und ich sage mühsam beherrscht: «Aynur, wir können uns bei deinem Gequatsche überhaupt nicht konzentrieren. Bitte, sei jetzt mal zehn Minuten ruhig!»

Aynur fühlt sich verfolgt. «Vallah, immer ich! Erst die Frau, dann Sie! Die anderen reden auch, kann man nicht mal was sagen? Voll gemein.»

Sie ist nicht zu stoppen. In letzter Zeit ist mir schon häufiger aufgefallen, dass sie so viel redet. Es ist einfach nicht zum Aushalten. Man kann nur hoffen, dass diese Laberstörung hormonell bedingt ist und nicht genetisch.

Frau Stein flüstert mir zu, sie überlege in solchen Situationen, wo die Grenze sei, so jemanden rauszustellen. Im Klartext will sie mir bestimmt sagen: «Raus mit ihr!» Das finde ich aber nicht, immerhin arbeitet Aynur bei all dem Gequassel noch.

«Machen wir nicht mal Pause?»

Hanna!

«Ja, ich hab Hunger, ich muss was essen», souffliert ihr Aynur.

«Nein», sagt der Meister freundlich. «Zweieinhalb Stunden ohne Pause, das werdet ihr wohl durchstehen.»

«Voll gemein!» Die Leier geht schon wieder los, und erst ein wilder Blick von mir lässt sie einen kurzen Moment verstummen.

Trotzdem beißt Aynur zwei Minuten später in ihr Butterbrot. Provokant, denn Frau Stein steht genau neben ihr.

«Aynur!», sage ich. «Wir sind in einer Werkstatt, hier wird nicht gegessen!»

«Alle essen doch!», nuschelt Aynur mit vollem Mund und zeigt auf Hanna, die auch kaut.

Der Meister schüttelt den Kopf und geht raus.

Ich halte beiden Grazien eine Standpauke, von wegen, wir sind hier Gast und es gibt Regeln und dass es mir peinlich ist und so weiter und so weiter. Aynur und Hanna rollen gestresst die Augen. Lehrer sind echt anstrengend.

Frau Stein hat inzwischen alles aufgeschrieben, sie will in Einzelgesprächen noch mal das notwendige Verhalten in Bezug auf die Ausbildungssituation thematisieren. Ich weiß jetzt schon, Aynur wird sich an nichts erinnern und schreien: «Voll übertrieben, was fällt Ihnen ein! Immer ich!»

Schließlich hat jeder sein Bild fertig. Sie haben grundiert, gemalt, gestupst und komplizierte Schablonen ausgeschnitten. Die Bilder sehen ziemlich professionell aus. Wir loben die Gruppe und besonders Azzize und Erkan. Zufriedenheit und Stolz machen sich breit. Die Bilder werden vorsichtig eingepackt und mit nach Hause genommen, ist doch klar!

Nur Aynur mosert schon wieder: «Vallah, mein Bild sieht voll scheiße aus, was soll ich damit, mein Messer war auch voll schlecht. Ich wollte auch gar nicht Rot … hat gar kein Spaß gemacht …»

Der Meister gibt mir zum Abschied die Hand. «Nicht ganz einfach, Ihre Truppe», sagt er. «Ausbildungsfähig sind die meisten ja noch nicht. Dabei hätten sie nächstes Jahr gute Chancen, wir suchen dringend Nachwuchs.»

Karl erzählt mir später in der Schule, der Konditor hätte das Gleiche gesagt. Dabei zeigt er mir kleine Marzipanteile, die er geknetet hat. Einen Dackel, eine Ente, einen Hasen und eine Rose. Voll süß!

«Ohhhhh!» Ich bin voll neidisch! «Ich will auch Konditor!»

Aber morgen gehen wir Elektro. Und wenn Aynur nicht spurt, fliegt sie raus, ich schwör's.

EIN MEISTER UNTER STROM

Der Meister verbreitet ungemütliche Stimmung. Er ist klein, untersetzt, spricht ein bisschen sächsisch und steht kurz vor der Rente. Er siezt die Schüler und wirkt, obwohl er noch gar nichts gemacht hat, voll autoritär. Alle setzen sich schweigend hin. Der Meister rügt als Erstes Gamze (Kaugummi), dann Ali (Käppi) und schließlich Aynur, weil sie auf ihrem Stuhl sitzt «wie auf einem Barhocker». Aynur hampelt auf dem Drehstuhl herum und regt sich auf: «Was Barhocker? Ist voll der komische Stuhl hier, kann man nicht drauf sitzen, vallah!»

Der Meister guckt sie strafend an: «Ich rate Ihnen und überhaupt allen, jetzt und besonders später einem Meister nicht zu widersprechen. Er ist Ihr Chef! Sie arbeiten für ihn, damit er einen Benz fahren kann. Wenn Sie das nicht akzeptieren, können Sie gleich Hartz IV beantragen. Tipp von mir: Machen Sie einfach auch Ihren Meister, dann sind Sie der Chef.» Er erzählt noch, dass er Meister und zweifacher Ingenieur sei – schließlich wolle man sich doch was leisten im Leben. Dann hält er einen längeren und schwerverständlichen Vortrag über den Beruf des Elektronikers für Energie- und Gebäudetechnik, so heißt ein Elektriker nämlich heute. Alle schnarchen so langsam ab, ich sehe es an den leeren Augen, und mir wird auch ganz schwummerig.

Der Meister stellt zum Abschluss noch ein paar Fragen. Nur Aynur meldet sich. Aynur ist ja nicht blöd, sie kann gut reden und sich in Szene setzen, wenn sie will. Sie will – warum auch immer –, und beginnt ein bisschen mit dem Meister zu flirten. (Ich weiß gar nicht, ob ich schon mal geschrieben habe, dass Aynur übertrieben hübsch ist? Wirklich!) Schon nach drei Minuten ist der Meister ganz entzückt von ihr, und ich beginne mich zu ärgern. Aynur! Sich hier so zu produzieren. Heiße Luft, mehr nicht. Na, vielleicht besser so als das Gequatsche von gestern, denke ich.

Die praktische Arbeit beginnt. Ein Stromkreis soll zusammengebastelt werden, ein Schalter, eine Lampe, eine Stromquelle hängen an einem Drahtgitter und sollen mit reichlich Kabel verbunden werden. Oh Himmel, so einfach geht das nicht!

Man muss zuhören, aufpassen, was der Meister vormacht, das richtige Werkzeug erwischen und möglichst alles eins zu eins umsetzen. Voll kompliziert. Der Seitenschneider ist laut Azzize «voll schwach», und die kleinen Schräubchen an den Schaltern sind «voll asozial», weil sie sich so schlecht drehen lassen. Alle kämpfen mit der Tücke des Objekts, und ich beglückwünsche mich im Stillen dazu, dass ich heute nicht wie gestern mitarbeite, sondern «beobachte». (Frau Stein fehlt übrigens, sie hat bestimmt die Nase voll von uns.) Einige ackern sich ganz nett durch ihre Aufgabe, andere sitzen teilnahmslos auf ihren Plätzen und warten darauf, dass die Lichtquelle von alleine aufleuchtet. Zum Beispiel Aynur und Gamze.

Der Meister naht. Er zeigt den beiden Damen nochmals, was sie machen müssen, und bastelt den Stromkreis bei der Gelegenheit rasch zusammen. Aynur guckt mich triumphierend an und setzt sich gemütlich zu Ali, der mit den kleinen Lüsterklemmen kämpft. Sie will ihm «helfen». Ich könnte platzen.

«Sehr sozial. Die macht ihren Weg», meint der Meister anerkennend. «Die ist selbständig!» Er zeigt auf Aynur.

«Ja, die kann gut reden», sage ich verdrossen, «aber sonst ist da nicht viel dahinter!» Und denke: Oller Schmecklecker – wie man so einen im Rheinland nennt.

«Aber die Jungs da, die haben, glaube ich, Probleme», stellt er nun fest. Er meint Emre und Ömür, die sich ganz alleine durch ihre Kabel wurschteln.

Ich bin entrüstet. «Das sind die Fleißigsten aus meiner Klasse, auf die lasse ich nichts kommen!»

Der Meister schlendert zu ihnen hin und guckt sich die Chose an. «Gute Arbeit», lobt er dann. «Bisschen langsam, aber genau.» Ich bin versöhnt.

So geht das zweieinhalb Stunden lang. Ich gähne unauffällig und sehne mich nach den Konditoren, Bäckern, Friseuren, Malern und meinetwegen Tischlern. Also, eins weiß ich, Elektro ist kein Beruf für mich.

Genau das sagt Hanna auch bei der Schlussrunde.

«Da hast du ja heute etwas erreicht, wenn du das erkannt hast», bemerkt der Meister, den ich inzwischen ganz okay finde. (Er hat eben zu mir gesagt: «Ganz nette Truppe, das!») «Allerdings heißt es nicht ‹Elektro›», fährt er fort und guckt sich suchend um. «Wer weiß noch mal die genaue Berufsbezeichnung?»

Alle verfallen in tiefes Brüten. Ich weiß es auch nicht mehr so ganz genau. Zum Glück meldet sich Aynur.

«Elektroniker für … äh …», stottert sie, «äh … Elektroniker für Energie und Sanitär!»

Die Gesichtszüge des Meisters entgleisen.

Geschieht ihm ganz recht, denke ich schadenfroh.

Und morgen?

Wir gehen Metall!

Wird bestimmt auch voll schön.

HAPPY METAL

«Ich werde Metall», sagt Omür und beißt in sein dickes Fladenbrot. «Oder Konditor!»

Dass er so begeistert ist, liegt aber nur am Meister. Der ist nämlich von der ersten bis zur letzten Minute supernett. Er findet es nicht schlimm, dass wir verspätet kommen – diesmal waren nur zwei meiner Schüler pünktlich –, und versucht sogar unsere Namen zu behalten. Nur beim Blick auf die Schuhe der Mädchen runzelt er die Stirn. Ballerinas! Ich habe dummerweise auch welche an. Alle grinsen, und ich schäme mich. «Festes Schuhwerk» stand auf dem Begleitschreiben. Könnte ja mal eine Feile oder so was drauffallen!

Der Meister erklärt alles mit einer Engelsgeduld, aber immer nur zwei Leuten. Die müssen dann «Meister» spielen und das Wissen an die anderen weitergeben. Es klappt sogar halbwegs.

Wir bauen ein treppenartiges Objekt, dass man als CD-Regal oder so benutzen kann.

Voll cool. Ich mache natürlich wieder mit und stelle fest, Metall ist anstrengend. Feilen, bohren, abkantieren (macht man das nicht sonst mit Wein?), nieten – alles mit Armschmalz und grauenhaftem Lärm. (Übrigens erfahre ich später von Karl, dass es abkanten heißt.)

Der Meister lobt den Teamgeist der Meinen überschwänglich und erzählt mir, dass die letzte Klasse, die er hatte, wesentlich anstrengender war. Ein Kollege von ihm guckt kurz rein und stellt ebenfalls nach wenigen Sekunden fest: «Toll, die sind ja eine Erholung gegen die Schüler von gestern!» Er nickt mir anerkennend zu. Ach, das tut gut, mal gelobt zu werden.

Sogar Aynur und Hanna reißen sich zusammen; außerdem haben sie so viel zu tun, dass es kaum Zeit zum Quatschen und Blödsinnmachen gibt. Der gute Meister lächelt sogar verzeihend, als Gamze sich auf den Boden und Aynur auf die Werkbank setzt. Ist ja schließlich auch voll ermüdend, länger als zehn Minuten zu stehen, vallah!

«Wie lange arbeitet denn wohl die Menschheit schon mit Metall?», fragt der Meister in die Runde.

«Hundert Jahre?» Gamze bestätigt damit mal wieder meine These, dass Jugendliche, genau wie Gott, einfach kein Zeitgefühl haben. «Ein Tag ist bei Gott und Gamze wie tausend Jahre, und tausend Jahre wie ein Tag», heißt es doch schon in der Bibel. (In Frau Freitags Klasse dachte ein Mädchen, den Fernseher gäbe es bereits seit 10 000 Jahren.)

Wir sind zwanzig Minuten früher fertig als geplant und müssen nicht einmal aufräumen, sondern werden mit guten Wünschen entlassen. Herrlich.

Dummerweise bin ich sofort freiwillig in die Schule gefahren und habe stundenlang mit Frau Herz die Bilder für unsere neue Mensa gerahmt. Frau Herz war übrigens mit ihrer Klasse bei den Glasern und fand es dort voll langweilig. Ich dagegen schwärme von unserem Metall-Meister und zertrümmere dabei gleich das Glas des ersten Rahmens. Die Rahmen sind ganz neu, riesengroß und ziemlich teuer.

Frau Herz sieht mich missbilligend an. «Ich fürchte, du bist auch noch nicht ausbildungsfähig, Frl. Krise!», sagt sie dann und drückt mir einen Besen in die Hand.

WIR GEHEN MÜZE

«Das kann ich auch!» Nesrin guckt mit Verachtung auf die Werke des modernen Künstlers, dessen Ausstellung wir besuchen. Große Bilder mit locker hingeworfenen, sehr bunten Figuren (aber jeder Strich sitzt da, wo er hingehört!) – voll einfach, kann doch jeder!

«Was ist das für Kunst?», fragt Aynur. «Da malt Frl. Krise ja sogar besser!»

Die beiden Museumspädagogen geben sich alle Mühe. Sie versuchen auf unsere Schüler einzugehen, aber sie treffen nicht ganz die Ebene. Außerdem reden sie zu lange und mit zu vielen Fremdwörtern. Trotzdem geht die Führung ganz gut über die Bühne. Zwar sind einige demonstrativ offen gelangweilt und desinteressiert, dafür diskutieren die anderen um so lauter – und niemand fällt aus der Rolle.

Am Ende hocken alle vor einem großen Bildschirm und sehen sich Filmmaterial von und über unseren Künstler an.

Vallah, der ist schwul und hatte sogar mal ein Kleid an! Voll krank das! Außerdem rennt er durch die Stadt und hat sehr komische Leute bei sich. Wie die aussehen! Zwei Männer küssen sich! Voll haram. Die sind auch schwul, die Spasten, und bestimmt auch voll Künstler.

«Aber solche Leute sieht man doch in unserem Bezirk andauernd», werfe ich ein.

Niemals! Und dann schmeißt sich der eine Spast auf den Boden, pervers, der andere springt in einem Abrisshaus herum, echt krass, und klatscht Farbe an die Hauswand. Tschüüüüsch! Voll verrückt, voll die Künstlers! Was die machen, nicht normal, die sind behindert, ich schwör!

Plötzlich bleibt eine Besucherin neben uns stehen, sie ist vielleicht Mitte vierzig, groß, schlank, gut angezogen und sieht mich aggressiv an. Ich fühle mich gar nicht gemeint und blicke harmlos zurück.

«Erziehen Sie mal Ihre Schüler zu weltoffenen Menschen!», schnauzt sie mich an.

Mir fällt alles aus dem Gesicht. Was denkt die eigentlich, was ich den lieben langen Tag so mache?

«Deshalb sind die Schüler ja auch hier», erwidert die Museumsfrau taktisch klug. Ich schiebe mich vorsichtshalber zwischen die Frau und meine Schüler, die aufgeschreckt sind und sich und mich und die Frau anstarren. Zum Glück haben sie nicht kapiert, was die gesagt hat, und Gott sei Dank geht die nun auch mit wackelndem Kopf weiter. Sogar von hinten strahlt sie noch Empörung aus.

Das ist das Problem, denke ich, wie soll man Schüler weltoffen erziehen, wenn man überall aneckt? Deshalb gehen wir eher ungern aus der Schule raus, weil es eigentlich immer Ärger und Stress mit denen gibt, die nicht besonders weltoffen *auf uns* reagieren.

Dann entern wir die Werkstatt und werden selbst aktiv, im Stil des Malers. Voll einfach, sollte man meinen, aber dem ist nicht so. Locker-flockig zu Musik einen Menschen in einer bestimmten Pose aufs Papier zu «werfen» ist ganz schön schwer. Außerdem auch noch im Stehen! Das geht gar nicht. Voll die Zumutung.

Alle stöhnen und klagen. Rücken, Fuß, Kopf, Bauch, Knie – alles schmerzt schon nach zehn Minuten, und das stört die künstlerische Gestaltungsbereitschaft erheblich.

Irgendwann brechen die Museumspädagogen ein und erlauben, dass Stühle an die Tische gestellt werden.

Die gemalten Ergebnisse sind gar nicht sooo übel. Die Pädagogen sind hellauf begeistert.

Karl und ich bleiben in unserer Begeisterung deutlich zurückhaltender, denn wir beobachten, wie mit der zunehmenden gewünschten Lockerheit im Ellenbogen- und Handgelenk auch eine weniger gewünschte Lockerung der Sitten einhergeht. Man bedient sich zum Beispiel unauffällig an den offenen Regalen und fesselt mal kurz Hanna mit Kabelbindern, schreit sich mit vielen «Vallahs» und «Hässlichkeiten» an und hört den beiden Museumspädagogen in keiner Weise mehr zu.

Ich erlaube mir einzugreifen und stelle kurzfristig wieder eine halbwegs normale Situation her. Aber die Luft ist raus. Wir machen Schluss, etwas zu früh, aber besser so, finden die Pädagogen. Na ja …

In der Schlussrunde kommt dann alles vor, von «Hat voll Spaß gemacht» bis «Hat mich nicht interessiert». Ali sagt: «Immer noch besser als Schule», und zwinkert mir zu.

Als alle weg sind, gucken die beiden Museumsleute Karl und mich entgeistert an. Seit sechs Jahren machen sie den Job, aber so eine Klasse hätten sie bisher noch nicht gehabt.

«Mit solchen Klassen geht man normalerweise nicht Museum, äh, ins Museum», erkläre ich. «Wir haben uns auch erst jetzt getraut, nachdem die wirklich schwierigen Schüler nicht mehr in unserer Klasse sind. Und es war ja immer noch grenzwertig.»

Die beiden schütteln den Kopf, nein, wirklich, eine fremde Welt!

Die Meister hatten dieses Problem nicht, denke ich, die kennen diese Klientel.

294   Aber eins steht fest: Jetzt heißt es dranbleiben. Wo ist der Theaterkalender, wer veranstaltete noch mal diesen Lyrikwettbewerb? Und wann und wo gibt's den nächsten Kunst-Workshop?

VOLL KLEINE REFLEXION

«Ich soll euch etwas von den Museumspädagogen ausrichten», sage ich, und Necla ruft:

«Wie *die* aussahen!»

Beifälliges Gemurmel und Genicke.

«Darum geht's nicht», stelle ich fest. «Wollt ihr nicht hören, was die über euch gesagt haben?»

Doch, das will man schon, und ich erzähle, dass ich ausdrücklich weitergeben soll, dass sie sehr angetan waren von dem Interesse bei der Führung. «Ich fand das auch toll», lobe ich, «jedenfalls bei den meisten. Allerdings waren die Museumsleute etwas verstört darüber, dass ihr nach ein paar Minuten nicht mehr stehen konntet. Und dann diese ganzen Ausdrücke, die kannten sie auch nicht, und die waren geschockt, dass ihr so miteinander umgeht.»

«Vallah, wo leben die?» Fuat wundert sich.

«Wir waren doch nicht besonders schlimm», findet Hanna, die sich beim Herumzicken besonders hervorgetan hatte.

«Und wie *die* aussahen», wiederholt Necla empört. «Frl. Krise, sagen Sie mal selbst, wie die Frau aussah! Diese Frisur! So ... so ... Plastikhaare! So ... so ... kräuselig, und die Zähne voll gelb! Die soll mal ruhig sein!» Aynur schüttelt sich.

Ehrlich gesagt, ich musste ihr im Stillen recht geben. Die Frau sah schlimm aus.

Aber hier geht's ja nichts ums Aussehen, sondern ums Benehmen in der Öffentlichkeit. Also versuche ich zu erklären, dass ein ungepflegtes Aussehen beruflich schaden kann, dass aber ein unmögliches Verhalten auf jeden Fall schwerer wiegt als gelbe Zähne und eine Sturmfrisur.

Nein, damit kann ich gar nicht landen. Alle schreien durcheinander, und dann fällt Nesrin auch das noch ein: «Und diese komige Frau, die Sie angeschrien hat! Nach der Führung! Beim Fernsehen! Was wollte die eigentlich von Sie?» Sie guckt mich unschuldsvoll an.

Ich seufze. «Von Ihnen, Nesrin! Der hat nicht gefallen, wie ihr über die Künstler geredet habt. So: ‹Voll behindert! Wie der aussieht!› Und dass ihr euch über das Schwulsein so bepfiffen habt. Die fand das ... äh ... Sie meinte, Schüler aus einer Großstadt müssten weltoffener sein. Also ... ich meine ...» Das ist aber jetzt auch schwer zu erklären.

«Die meint, wir sind wie Landeier, wa? Ist die behindert!» Hassan regt sich auf.

«Ganz unrecht hat sie da nicht», sage ich. «Aber ich fand es total unmöglich, wie die das rübergebracht hat.»

«Voll Spast, die Frau! Warum haben Sie uns nicht gesagt! Ich hätte sie ...» Hassan ballt die Fäuste. «Wir sind Bodyguard, Frl. Krise!»

Die Jungen sind kriegerisch aufgesprungen, und die Mädchen schnattern aufgeregt durcheinander.

«Nee, danke», winke ich ab. «Aber ich hätte sie noch mal ansprechen sollen. Leider war sie gleich weg.»

«Aber Sie halten zu uns, wa, Frl. Krise?» Nesrin sieht mich an wie ein Dackel.

«Ja, natürlich. Aber ein gewisses Benehmen würde mir das in Zukunft sehr erleichtern.» (Von einer gewissen Toleranz auf allen Seiten ganz zu schweigen.)

«Das nächste Mal benehmen wir uns voll gut!», ruft Hanna. «Wir können nächste Woche wieder gehen, dann zeigen wir …»

«Jaaaaa, bitte, wir können Dienstag gehen!» Ömür ist erneut aufgesprungen, nachdem er sich wieder gesetzt hatte. «Da fällt Sport aus!»

«Nichts da», rufe ich. «Ihr könnt auch sehr gut besseres Benehmen erst einmal hier üben!»

«War voll aber schön die Woche», seufzt Nesrin. «Nur die Museumsfrau! War die hässlig!»

«KRIEGEN WIR HITZEFREI?»

Sommer in der Schule sollte gesetzlich verboten werden. Schon beim Betreten des Schulhofs um 7.45 Uhr rufen mir zwei Schüler entgegen: «Frl. Krise, kriegen wir hitzefrei? HITZEFREI?» Diese Frage sollte mir im Laufe des Morgens noch öfter gestellt werden. Um genau zu sein, war es heute die bei weitem am häufigsten gestellte Frage.

Ja, wir bekamen hitzefrei, und zwar nach der sechsten Stunde. Wir Lehrer haben uns gefreut, weil die Renovierung eines Lehrerzimmers gerade abgeschlossen ist und unsere neuen Möbel geliefert wurden. Da konnten wir uns gleich nach Schulschluss zanken, wer jetzt neben wem sitzt und wer nicht mehr da sitzt, wo er vorher saß, weil jetzt weniger Platz vorhanden ist. Und wir konnten alles ausmisten und einräumen und uns ein bisschen streiten, ob es schöner ist als früher oder nicht. Ich musste leider weg, weil ich noch einen Termin hatte, und hoffte, dass ich morgen wie immer neben Frau Herz platziert bin.

Aber bevor wir hitzefrei hatten, war Transpirieren angesagt.

Besonders die Schüler transpirierten. Ach, was sage ich, der Schweiß lief ihnen in Strömen über die jugendliche Haut; im Grunde waren sie gar nicht arbeitsfähig.

Außerdem ist Montag! Und am Wochenende ist wieder so viel passiert! Das muss erst einmal aufgearbeitet werden: Hochzeiten im Familienkreis, ein Baby wurde entführt, ein Mädchen im Schwimmbad vergewaltigt, ein Kind stürzte vom Balkon, und in Japan sprang jemand vor ein Formel-1-Auto. Die Quelle all dieser Scheußlichkeiten ist wie immer Facebook. Was sonst.

«So, jetzt lasst uns mal anfangen», sage ich nach zehn Minuten in einem muttivierenden Tonfall und schwenke meine Bio-Materialien. Ich hatte heimlich gehofft, die fehlenden zehn Schüler würden in der Zwischenzeit noch eintrudeln. Aber da sah ich mich getäuscht.

«Warum haben Sie eigentlich Ihre Sonnenbrille an?», fragt Nesrin.

«Ich habe ein entzündetes Auge», erkläre ich und schiebe die Brille kurz hoch.

«IeeehhhH! Was das?» Nesrin wendet sich schaudernd ab.

«Na, sooo schlimm ist das ja nun auch wieder nicht», sage ich leicht gekränkt und lasse das Gestell wieder auf die Nase zurückplumpsen.

«Aber voll cool, Ihre Brille!» (Necla)

«Ist von Versace, wa?» (Fuat)

«Ja, aber egal, lasst uns mal anfangen!» (Ich)

«Wollen Sie mal meine Sonnenbrille sehen?» (Nesrin)

«Nein, ich will anfangen, teil mal bitte die Blätter hier aus!» (Ich)

«Meine Brille ist von Gucci, war voll teuer!» (Nesrin)

«Zeig mal!» (Necla)

«Meine Mutter hatte auch mal Brille von Versace, ist aber …» (Aynur)

«HimmelherrGottnochmalSchlussjetztichwillanfangen!» (Ich, laut)

«Ja, doch. Frl. Krise, erschrecken Sie uns doch nich so!»
(Aynur)

«Kann man gar nichts mehr sagen hier?» (Nesrin, beleidigt)

«Ja, nein, wir machen jetzt Bio! Ich will nichts anderes mehr
hören, teil mal diese Ahornblätter aus.» (Ich, versöhnlich)

«Warum müssen wir das überhaupt machen? Ist voll langweilig!» (Fuat)

«Mir ist so heiß, kriegen wir heute hitzefrei?» (Erkan)

Derartige Konversationen können wir stundenlang führen.

Ein bisschen Bio haben wir dann auch noch gemacht. Ein
bisschen.

Beim Anblick einer Sonnenblume im Buch hatte Necla eine
Frage: «Frl. Krise, das Braune da bei der Blüte, das wird mal
Sonnenblumenkerne, oder?»

«Ja, genau.»

«Komisch irgendwie. Aber sind noch nicht gesalzen, oder?»
War aber auch echt voll warm heute.

EIN HAARIGES THEMA

So können wir heute nicht proben! Mehrere Mädchen fehlen,
und von unseren drei Jungen ist auch nur einer da. Also setzen
sich die Übriggebliebenen gemütlich auf die Bühne, überlegen zuerst, wie unser Stück weitergehen könnte, und kontrollieren dann, ob ich wohl auch wirklich gerechte Noten gegeben habe.

Alle linsen in mein Notenheft und versuchen noch flott das
Beste herauszuschlagen.

Nur Sara nicht. Die fährt in einem unbeobachteten Moment
mit einer Hand leicht über die Haut meines linken Unter-
schenkels. Ich habe einen Rock an und trage natürlich bei der
Hitze keine Strümpfe.

«Gelasert», stellt sie sachkundig fest.

Alle gucken sie leicht geschockt an, und ich sage völlig perplex: «Also, SARA!»

«Sorry, sorry!» Sara wird ganz rot. «'tschuldigung!»

«Also, das geht aber nun wirklich zu weit!» Ich bin echt verblüfft über so viel Distanzlosigkeit.

«Sorry, Frl. Krise. Ich weiß, das macht man nicht! Aber … aber … Ihre Beine sind gelasert, wa? Voll weich und kein bisschen Haare.»

Jetzt starren alle auf meine Beine. Voll peinlich! Ich ziehe sie unter den Bühnenrand und bin froh, dass sie wenigstens schon etwas braun sind und nicht wie Quarkkeulchen aussehen.

«Ist das teuer? Lasern?», fragt Merve.

«Meine Beine sind nicht gelasert», sage ich mit Nachdruck. «Da wachsen einfach keine Haare drauf!»

«Sie rasieren!», meldet sich jetzt Samir zu Wort. Er muss sich schon im Gesicht rasieren, erzählt er auch gleich ungefragt.

«Nein! Ich mache gar nichts. Auf meinen Beinen wachsen einfach keine Haare. Punkt. Noch nie!»

«Hmm.» Sara runzelt die Stirn. «So blonde Deutsche haben nicht so viele Haare wie wir, vielleicht deshalb.»

«Aber Frl. Krise ist doch nicht blond! Die sieht doch aus wie wir. Ich dachte zuerst, sie ist voll die Türkin, und meine Mutter dachte auch», sagt Necla und nimmt nun meine Arme in Augenschein.

«Da hat sie auch keine Haare!»

Alle starren mich nun ganz genau an. Ist ja unangenehm …

«Zupfen Sie Ihre Augenbrauen?», fragt Sara.

«Kinder, Kinder», sage ich, «das ist doch alles voll uninteressant.»

«Nein, gar nich!» Sara hält ihren Arm neben meinen. «Gucken Sie mal, wie der aussieht!» Viele kleine schwarze Haare wachsen da einträchtig nebeneinander.

«Ist doch nicht schlimm», sagt Samir tröstlich. «Stört gar nicht! Bloß wenn Mädchen so schwarzen Bart haben … Brrrrr!» Er schüttelt sich.

«Haben Sie Bart?» Merve studiert jetzt mein Gesicht.

«Kann man ja mit Faden wegmachen oder mit Wachs oder Karamell!» Necla weiß Bescheid. Ich schweige lieber. Dass ich an dieser Stelle hier und da mit einer Pinzette ein paar Haare entferne, muss ja nun keiner wissen.

Ich klappe mein Notenheft mit einem kleinen Knall zu. «Schön, wenn das hier keinen mehr interessiert, dann sind wir ja mit der Besprechung fertig.»

«Nein, nein … Ich weiß meine Note noch nicht!» Sara wird hektisch.

«Hab ich aber schon gesagt. Aber dich interessierten ja andere Sachen!»

«Frl. Krise! Sie geben mir neun Punkte, okay? Ich hab mich doch bisschen verbessert.»

Ich nicke. Das hatte ich genau so vor, ich wollte ihr neun Punkte geben.

«Guuuut!» Sara strahlt. Dann sagt sie: «Aber Frl. Krise, und Ihre Beine sind echt nicht gelasert? Wissen Sie denn, wie viel das kostet?»

«Tut mir leid, ich habe wirklich keine Ahnung.»

Sara seufzt.

Es klingelt. Wir trudeln aus der Aula. Gemeinsam schleichen wir über den Hof. Es ist so schwül.

«Tschüs, Frl. Krise», ruft Sara. Sie muss in ein anderes Haus als ich. «Bis Freitag! Und noch mal sorry. Und meinen Sie, das ist teuer, Lasern?»

Nun ratet mal, was ich eben bei Google nachgeschlagen habe!

DIE SAUBERMÄNNER

«Wer kehrt mal?» Diese Frage am Ende des Unterrichts löst bei etlichen Schülern meiner Klasse Fluchtinstinkte aus. Besonders die Mädchen machen sich aus dem Staub. Hassan und

Emre dagegen lassen sich gern herab, den Besen zu schwingen. «Voll normal», behauptet Emre, «mein Vater saugt auch zu Hause.»

Azzize ist als einziges Mädchen dageblieben. Sie hockt auf meinem Pult und baumelt mit den Beinen. «Meiner auch», erzählt sie. «Und der kocht sogar! Sie können sich nicht vorstellen, wie gut!»

Ich versuche gerade die Tür des Pults aufzubrechen. Karl hat sie abgeschlossen, und ich habe den Trick nicht raus, das Schloss zu öffnen. Ömür nimmt mir den Schlüssel aus der Hand.

«Ich mach Tür auf, lassen Sie mich mal!» Seufzend geht er in die Knie und friemelt am Schloss herum.

Hoffentlich bricht der mir den Schlüssel nicht ab, denke ich und schließe inzwischen schon mal die Fenster. Es ist 16 Uhr, und wir sind alle irgendwie zu kaputt, um zügig die Klasse zu verlassen.

«Hilfst du deiner Mutter auch im Haushalt?», frage ich Ömür, der kleine stöhnende Geräusche bei seiner Tätigkeit als Panzerknacker von sich gibt. Er lebt ja alleine mit seiner Ane, und ich habe den Verdacht, sie verwöhnt ihn ohne Ende.

«Natürlich! Ich mach alles! Ich kann auch Waschmaschine! Sogar Bank!»

«Früher haben die Männer nichts gemacht», bemerkt Emre und schaufelt selbstzufrieden den aufgefegten Dreck in den Mülleimer, «das ist aber heute nicht mehr so, Frl. Krise!»

«Doch, in Osttürkei! Die brauchen noch tausend Jahre! Aber in Istanbul, da ist alles voll modern! Vallah, Sie können sich nicht vorstellen», sagt Ömür und präsentiert mir galant die geöffnete Tür des Pults.

«Super! Danke!» Endlich komme ich wieder an meine Folien und Stifte ran.

«Macht Ihr Mann auch Haushalt?»

«Ja klar, der ist sowieso viel ordentlicher als ich, und wisst ihr was? Der kann voll gut backen.»

Ömür kichert. «Kuchen oder was?», fragt er.

«Ja, Käsekuchen und Fantakuchen.» Mein Magen knurrt.

«Guck mal, Frl. Krise», mischt sich Azzize ein. «Mein Onkel, also großer Bruder von meiner Mutter, der ist schon alt, über vierzig oder sechzig oder so. Der macht sich manchmal lustig über mein Baba, weil der Küche macht. Aber ist mein Baba egal.»

«Ich find das voll süüüüß, wenn Männer Kinderwagen fahren!» Aynur ist zurückgekommen, weil sie Azzize vermisst. Sie kriegt glänzende Augen beim Gedanken an einen Kinderwagen schiebenden Ehemann …

Hassan, der auch mit fegt und seit neustem eine kleine Schwäche für Aynur zu haben scheint, guckt ein bisschen zweifelnd. Wahrscheinlich dachte er bisher nur in Kategorien wie BMW und Mercedes … Wie viel PS wohl ein Kinderwagen hat?

«Die Männer müssen heute auch im Haushalt helfen! Schließlich wollt ihr doch alle arbeiten», erinnere ich Azzize, die «Polizei» werden möchte.

«Auf jeden! Ich geh arbeiten. Ich will nur zwei Kinder. Ein Junge und ein Mädchen. Die gehen Kindergarten», ruft Azzize, hüpft vom Pult runter und blickt sich kritisch um.

«Schlecht gekehrt!», sagt sie im Kommandoton. «Da hinten liegt noch voll viel!»

«Kehr doch selber!» Hassan stellt den Besen hinter die Tafel und klagt: «Frl. Krise, Mädchen sind voll faul. Aynur macht nie was, und die schmeißt immer alles hinter Regal. Gucken Sie da mal!»

Tatsächlich, da sieht es ja grauenhaft aus! Eine private Müllkippe. Spinnt die?

«Kehr das mal bitte sofort weg, Aynur», befehle ich, aber Madame ist schon über alle Berge. Ich nehme den Besen.

«Ich mach's», sagt Hassan und windet ihn mir aus der Hand. «Mädchen sind ja wohl alle voll dreckisch, vallah!»

Meint der mich jetzt?

DER MUSS NOCH VIEL LERNEN

Unterricht? Was das? Wir haben schon wieder ein Projekt am Hals. Und es geht dabei natürlich abermals um die Berufsorientierung. Ein äußerst wichtiges Thema, ohne Frage. Das Innungsprojekt neulich war ja echt gut, die Meister wussten, wie sie mit unseren Lieben umgehen mussten. Aber dies hier! Bei diesem Projekt kommen Leute in die Schule, die keinerlei pädagogische Ausbildung haben, und die sollen dann mit unseren Schülern arbeiten. Das gelingt ja selbst uns ausgefuchsten Lehrern nicht immer.

Und so ging's heute Morgen los: Ein junger, etwas unscheinbar aussehender Mann wartet im Lehrerzimmer auf mich, schüttelt mir die Hand und sagt, er würde diese Woche meine Klasse betreuen. Herr Hänlein sei sein Name.

Ich versuche ihm schnell noch ein paar Infos über die Schüler zu geben, weil ich weiß, dass das jetzt etwas schwierig werden könnte. Aber Herr Hänlein will das gar nicht hören, er lächelt mich ein bisschen mitleidig an und meint: «Ach, das kriegen wir schon hin.»

Schön, denke ich, ich an deiner Stelle würde solche Hinweise nicht verschmähen. Aber dann mach du mal, ich muss mich ja nicht aufdrängen. Und so setze ich mich neben das Pult.

Es klingelt. Meine Schüler sind ganz friedlich und entspannt, sie haben mich auf der Treppe begrüßt und Herrn Hänlein schräg angeguckt. Kleine Schüler freuen sich über neue Leute, ältere sind da meist eher skeptisch. Außerdem sind sie «geistlich» noch nicht ganz in der Schule angekommen, denn das Wochenende war lang und hart, und es gibt viel zu erzählen …

Herr Hänlein beginnt sich mitten in das Gerede der Schüler vorzustellen. (Ein klassischer Anfängerfehler!) Blöd nur, dass ihn keiner beachtet. Das scheint er aber gar nicht zu bemerken. Er spricht hauptsächlich zu Emre, der sitzt in der ersten Reihe und schaut ihn an. Dann schreibt er seinen Namen an die Tafel. Leider so undeutlich, dass man es nicht lesen kann. Wenigstens haben einige Schüler diese Bewegung mitbekommen und rufen: «Was soll das heißen? Kann man nicht lesen! Was heißt das?»

Herr Hänlein sagt deshalb noch mal seinen Namen.

Hanna lacht und fragt: «Wie Hähnchen?»

«Nein», antwortet Herr Hänlein. «Ihr seht ja, das wird ohne h geschrieben.»

«Hört sich aber so an wie Hähnchen», meint Hanna.

«Heißen Sie Herr Hähnchen?», fragt jetzt Fuat, der ganz genau verstanden hat, wie der Mann heißt.

«Nein, nein, Hänlein heiße ich, nicht Hähnchen.» Herr Hänlein zeigt auf die Tafel.

«Das kann doch kein Mensch lesen!» Das ist Aynur.

Herr Hänlein greift zum Schwamm und wischt seinen Namen aus. Dann schreibt er in Druckbuchstaben noch einmal H ä n l e i n an.

«Hänlein», sagt er. «Hänlein.»

Die Schüler lachen ein bisschen, und ich rolle mit den Augen. Merkt der nicht, dass er bereits in den ersten drei Minuten voll verarscht wird? Das kann ja heiter werden. Schüler können vieles nicht, aber eins können sie alle ausgezeichnet: Sie checken sofort, wer da vorne steht und was bei dem geht und was nicht geht.

Und hier geht eine Menge.

Obwohl ich mich raushalten wollte, entfährt mir ein «Schluss damit! Ihr könnt alle hören und lesen!».

Meine Klasse hat verstanden. Also Themawechsel.

«Was machen wir denn jetzt, Herr Hänlein?», fragt Gamze. «Sollen wir mal so ein Kennenlernspiel machen? Wir könnten uns in den Kreis setzten und …»

«Nein, nein, ihr müsst erst mal die Blätter ausfüllen. Und unterschreiben, ganz wichtig», erklärt Herr Hänlein.

«Aber Sie kennen doch unsere Namen nicht!» Gamze ist hartnäckig. «Lass uns doch mal in den Kreis setzen, da geht das am besten, und …»

Recht hat sie, denke ich. Ohne Namen ist man hilflos. Aber auch das scheint Herr Hänlein nicht zu wissen.

Er teilt Bögen aus, auf denen Name, Alter usw. aufgeschrieben werden sollen. Alle stöhnen. Schreiben! Aber sie machen sich dennoch über die Bögen her und füllen sie ruck, zuck aus. Nur Hanna und Gamze geraten lautstark aneinander.

«Du da, und ... ähm ... hey ... hallo du ... HALLO! Hört ihr mal auf?» Die Damen fühlen sich nicht die Bohne angesprochen.

Herr Hänlein, denke ich, wäre doch schön, wenn Sie jetzt die Namen wüssten. Warum bringt man denen so was nicht bei? Das sind doch Basics, die Leben und Unterricht retten können.

Die Blätter werden nun abgegeben, und Herr Hänlein schwärmt: «Super! Das habt ihr ganz toll gemacht! Sehr gut! Ganz großes LOB!»

«Was will er?» Aynur guckt mich an. «Will er uns verarschen? Was ist daran toll? Namen schreiben! Ganz toll!»

Ich seufze und gucke auf die Uhr. Knapp zwanzig Minuten sind rum. Ich muss zwei Stunden dabeibleiben, ein grässlicher Gedanke.

Herr Hänlein gefällt die allgemeine Unruhe nach dem Abgeben der Blätter nicht. Alle reden miteinander, aber relativ leise. Wenn er jetzt auch sehr, sehr leise sprechen oder aber ganz schweigen würde, hätte er eine gute Chance durchzudringen, denke ich. Aber nein, er erhebt seine Stimme und ruft sehr, sehr laut: «Aus meiner Erfahrung heraus möchte ich euch sagen, dass es in Bewerbungs- und Testverfahren bei Betrieben nicht gut angesehen ist, wenn sich Bewerber so benehmen, dass sie den Eindruck erwecken, dass sie dem Verfahren nicht positiv gegenüberstehen, sondern eher nach außen vermitteln, dass sie nicht in der Lage sind, konzentriert und aufmerksam den Anweisungen der anleitenden Personen, also den Testper...»

«Warum schreien Sie eigentlich so?», unterbricht ihn Gamze.

«Was Testverfahren?», fragt Fuat.

«Aber jetzt machen wir doch mal ein Kennenlernspiel im Kreis, wa, Herr Hänch-lein», ruft Gamze.

Aber Herr Hänlein hat anderes im Sinn.

Zwei Stunden … Irgendwie geht die Zeit vorbei. Karl darf dann mit ihm in unserer Klasse schmoren. In der dritten und vierten Stunde habe ich Unterricht in einer anderen Klasse. Ganz normalen, herrlichen Deutschunterricht. Es geht um Fremdwörter und macht voll Spaß. Mir jedenfalls! Nur bei dem Wort «Projekt» zucke ich unangenehm berührt zusammen.

«WARUM LOCHEN SIE NICHT?»

Wie Schüler lernen, ist ziemlich gut erforscht. Das behaupten zumindest die Autoren unzähliger pädagogischer Artikel und Fachbücher. Mit der Frage, wie und ob Lehrer lernen, hat man sich bisher kaum beschäftigt. Dabei wäre das ein interessantes Forschungsgebiet! Nach meiner Beobachtung sind es nämlich nicht die Professoren, Tutoren oder Seminarleiter, die dem Lehrer das Unterrichten beibringen. Nein, weit gefehlt, das machen echte Experten:

Die Schüler!

Die wissen, wie es geht.

Ungefragt und ohne Gnade geben sie dem Anfänger, aber auch dem gestandenen Lehrer vor, wie Unterricht zu funktionieren hat. Besonders mit methodischen Hinweisen geizen sie nicht:

«Ihre Schrift an der Tafel kann doch kein Mensch lesen!»

«Meine Eltern wollen Sie anrufen? Das nützt sowieso nichts!»

«Machen wir bei Ihnen nie Experimente?»

«Bei dieser Hitze sollte man unbedingt rausgehen!»

Was guter Unterricht ist, wissen sie genau: Sie werden sofort unruhig, wenn eine Phase zu lange dauert. Sollte eine Aufgabenstellung unklar formuliert sein, melden sie sich lautstark zu

Wort, und sie verweigern sich unbarmherzig, falls sie die Gefahr sehen, sich womöglich zu überfordern. Richtig verstanden habe ich das aber erst nach einigen Jahren im Dienst.

Ich übernahm damals ein fünftes Schuljahr, das es ablehnte, meinen bescheidenen Unterricht kritiklos über sich ergehen zu lassen. Offensichtlich waren die Kinder von der Grundschule Besseres gewohnt, und vier Mädchen – Nilgün und Nilüfer, Maria und Vanessa – nahmen energisch meine Fortbildung in die Hand. Ich war zunächst irritiert, begriff aber schnell, dass ihre Tipps Hand und Fuß hatten, und setzte sie, so gut es ging, um.

Im Laufe der Jahre habe ich unzählige Praktikanten und Referendare betreut und durfte diesen magischen Lehrer-Lernprozess immer wieder beobachten. Referendar Jan Heinze war dabei allerdings ein Sonderfall.

«Herr Heinze! Herr Heinze!»

Mein Schüler Ernst Ludwig («Ohne Bindestrich, Frl. Krise!») regte sich auf. Vorwurfsvoll hob er seine Arbeitsblätter in die Höhe und plinkerte durch seine Brille.

«Herr Heinze! Das hab ich Ihnen doch schon so oft gesagt! Warum lochen Sie die nicht?»

Das Kind hatte ja recht. Schließlich kann man ungelochte Blätter nicht abheften. Jetzt mussten erst wieder unsere beiden Locher herumgegeben werden. Diese Art der Tätigkeit können Schüler leider nicht einfach nebenher machen, das wird immer eine Aktion, die zu einer Extraportion Kommunikation verführt und damit zu Unruhe und Verzögerung führt. Herr Heinze schien das nicht zu kapieren. Deshalb war Ernst Ludwig sehr unzufrieden mit ihm. Er hatte ihm schon sehr viele hilfreiche Tipps gegeben, aber Herr Heinze machte kaum Fortschritte.

Ernst Ludwig war ehrgeizig, er wollte lernen und gute Noten bekommen, das war aber bei Herrn Heinzes chaotischem Unterricht kaum möglich. Erst vor kurzem hatte Ernst Ludwig ihm geraten, er sollte die Lösungen der Aufgaben mit dem Overheadprojektor an die Wand werfen, anstatt sie nur vorzulesen – da

höre doch keiner zu! Und nun machte er es heute schon wieder
falsch. Und immer dieser Krach!

«Sprechen Sie nicht so laut, Herr Heinze! Sie müssen nicht
schreien», sagte Ernst Ludwig. «Wenn Sie das tun, werden alle
nur noch lauter.»

Aber Herr Heinze hörte ihn nicht. Es war zu laut.

Ernst Ludwig seufzte. Herr Heinze war ein sehr schwerer Fall.
Beratungsresistent sozusagen.

Mein Schüler wandte sich an mich: «Frl. Krise», sagte er ver-
zweifelt. «Ich verstehe das nicht. Herr Heinze müsste das doch
nur so machen wie Sie oder Herr Wolf. Das hab ich ihm doch
schon so oft gesagt. Aber er nimmt ja nichts an!»

Herr Heinze nahm dann doch noch etwas an. Er brach näm-
lich sein Referendariat ab, und das war gut so.

Fand auch Ernst Ludwig.

ÖMÜRS DICKES PROBLEM

Wir schlurfen durch die schwüle Mittagshitze zu einer techni-
schen Einrichtung, die wir besichtigen sollen. Das ist Teil dieses
neuen Projekts. Was das mit Berufsorientierung zu tun haben
soll, will sich mir nicht ganz erschließen. Ich frage also nach,
und Herr Hänlein lächelt verlegen und erzählt, dass die Werk-
stätten, die wir eigentlich besuchen sollten, gerade nicht zur
Verfügung stehen, wegen Prüfungen.

Aha.

Herr Hänlein kann nichts dafür, er ist ja nicht der Leiter der
ganzen Angelegenheit, und es gefällt ihm auch nicht. Das
macht ihn mir wieder sympathischer. Der Ärmste hat es nicht
leicht, denke ich, nein, ich möchte nicht mit ihm tauschen.

Wir beide sind mit acht meiner Schüler unterwegs. *Acht!*
Nicht zu glauben! Gut, drei sind krankgemeldet. Aber was ist
mit den anderen los?

Ich ärgere mich und sage etwas ungnädig zu Ömür: «Wo warst du denn gestern? So oft kann man doch nicht krank sein!»

«Ich war Krankenhaus!» Ömür sieht mich mit aufgerissenen dunklen Kulleraugen an. «Ich hatte blutigen Durchfall!»

«*Was* hattest du?»

«Ja, blutigen Durchfall, aber ich hatte nicht EHEC!»

«Echt jetzt? Du kannst einen aber erschrecken!»

«Ja, wa?» Ömür ist sehr zufrieden mit der Wirkung seiner Krankengeschichte. «Frl. Krise, und wissen Sie was? Ich komme so rein in Krankenhaus bei'n Arzt, und der guckt mich an und sagt: ‹Du weißt schon, dass du Übergewicht hast? Du musst abnehmen! Unbedingt!› Ich soll dreißig Kilo abnehmen!»

«Dreißig Kilo!» Ich bin entsetzt.

«Dann wiege ich nur noch fünfzig!» Ömür schüttelt den Kopf.

Er ist ziemlich klein, aber dreißig Kilo kommen mir sehr viel vor. Wie soll er das denn schaffen?

«Ich finde, zwanzig sind genug», sagt Ömür. «Und dann kam noch Ärztin, die hat auch gesagt, ich muss abnehmen. Ich hatte doch andere Probleme, aber die haben immer nur von Abnehmen gesprochen.»

«Was hattest du denn nun eigentlich?»

«Das kam von Peperoni, das macht kleine Wunden in Darm. Und die bluten!»

Ich bin beeindruckt.

Wir müssen jetzt ein Stück Straßenbahn fahren und schweigen lieber. Darmprobleme in der Öffentlichkeit – das geht gar nicht.

Emre gibt eine Runde Plätzchen aus, und Ömür trinkt Cola aus der Flasche.

«Ich soll nur noch Cola trinken, wenn ich mit Freunden zusammen bin, hat die Ärztin gesagt», vertraut er mir an. Na toll! Das wäre dann montags bis freitags von 8 bis 16 Uhr.

Beim Umsteigen sage ich: «Du, Ömür, wir können uns das Abnehmen teilen. Du nimmst zwanzig Kilo ab und ich den Rest.» Ömür lacht und findet die Idee voll king.

«Ich habe nämlich schon abgenommen», sage ich, «weil ich seit vorgestern Abend nur weißen Joghurt essen konnte. Und ein paar Erdbeeren.»

«Warum machen Sie so, Frl. Krise?»

Ich erzähle Ömür, dass ich vorgestern Abend Fisch gebraten habe und dazu ein paar Pilze. Das passte zwar nicht besonders zusammen, aber ich war zu faul, um einkaufen zu gehen. Ich aß alles auf und entdeckte dann auf dem leeren Teller in der Sojasauce schwimmend drei kleine gebratene Maden.

«Iiiieeehhh!», schreit Ömür, und Herr Hänlein dreht sich besorgt nach uns um.

«Ja, das war voll eklig», bestätige ich. «Ich konnte danach bloß noch weißen Joghurt essen. Obwohl es ja eigentlich albern ist!»

Ömür hat vollstes Verständnis für mich. Er seufzt und klopft sich auf den Bauch. Der schwabbelt unter dem Poloshirt.

Die Führung dauert über eine Stunde. Wir schwitzen um die Wette, und ich bin genauso glücklich wie die Schüler, als es vorbei ist. Die werden jetzt von mir entlassen und nutzen die Gelegenheit: Schnell zu McDoof, wohin sonst!

«Kommen Sie mit, Frl. Krise?», fragt Emre mich.

«Ich muss zurück in die Schule», seufze ich. «Zeugniskonferenz! Aber danke für die Einladung!»

«Gehst du auch mit?», frage ich Ömür.

Er nickt und nimmt einen Schluck Cola. «Aber ich ess nix.» Ömür sieht ganz unglücklich aus.

Ich habe mir vor der Konferenz noch rasch ein dickes Käsebrötchen gekauft. Ich musste an Ömür denken, schließlich isst der bestimmt auch gerade einen Big Mac.

LIEBLINGSKINDER

Lieblingskinder? Ja, ich gebe zu, so etwas gibt es. Glaubt keinem Lehrer, der das abstreitet!

Sympathie ist ein Vogel, dem du nicht vorschreiben kannst, wohin er fliegt. Und manchmal ist es nicht nur Sympathie, sondern Liebe auf den ersten Blick. Und manchmal wird eine kleine Zuneigung trotz oder wegen der entsetzlichen Probleme, die ein Kind hat, ganz groß.

Lieblingsschüler rühren etwas in uns an. Ömür ist so einer …   311

Oder Michelle und Klaus. An meiner ersten Schule wurde ich die Klassenlehrerin der beiden. Sie waren Schüler einer siebten Hauptschulklasse, die ich übernahm. Klaus war adoptiert und Michelle in derselben Familie Pflegekind. Sie nannten sich Geschwister, aber sie stammten aus verschiedenen Herkunftsfamilien.

Klaus war klein, rundlich und hatte dicke braune Locken. Er wusste nichts Genaues über seine Eltern, außer dass er seine ersten zwei Lebensjahre mit seiner Mutter im Knast verbracht hatte. Ali hieß er mit zweitem Vornamen. Daraus schloss er, dass sein Vater Türke sein müsse.

Michelle, ein hübsches großes, schmales Mädchen mit langen schwarzen Haaren und südländischem Aussehen, wusste, dass ihre Mutter Deutsche war, und brüstete sich damit, dass ihr Vater angeblich aus Puerto Rico stamme.

Die Kinder hingen sehr aneinander, und das war auch nötig, denn es ging ihnen in ihrer «Familie» nicht gut. Im Laufe der Jahre zogen sie mich immer mehr ins Vertrauen, und es war deprimierend zu sehen, wie wenig man in solchen Fällen helfen kann. Nach dem Schulabschluss lief zuerst Klaus, dann auch Michelle fort. Sie tauchten ab. Gelegentlich meldeten sie sich bei mir und ließen mich an ihren kleinen und großen Tragödien teilhaben.

Es geschah all das, was zu früh entwurzelten jungen Menschen geschehen kann. Drogenkonsum, Obdachlosigkeit, Krimi-

nalität, Knast – nichts ließen sie aus. Michelle wurde mit achtzehn schwanger und bekam einen kleinen Jungen. Den gab sie, als er zwei Jahre alt war, in Pflege, riss ihn da aber bald wieder heraus. Später lebte er in wechselnden Heimen und zwischendurch immer mal bei ihr. Die Geschichte wiederholte sich.

Klaus, der mir seine Homosexualität gestand, sie aber erfolgreich vor seiner Schwester verbarg, verschwand für drei Jahre. Er wurde Koch und zog durch die Welt. Einmal besuchte er mich, unter anderem deshalb, weil ich die Einzige war, über die er einen Kontakt zu seiner Schwester herstellen konnte. Eines Tages stand er bei mir im Garten, äußerlich so verändert, dass ich ihn kaum erkannte. Er sah schmal und angegriffen aus, hatte mir eine teure Dose Kaviar mitgebracht und erzählte nur wenig. Dann verschwand er wieder, es gab nur noch ein paar Anrufe, bei den letzten stand er offensichtlich schwer unter Drogen.

Michelle, die darunter sehr litt, dass sie nicht wusste, wo Klaus sich aufhielt, durchlebte verschiedene Beziehungen, machte eine Ausbildung und arbeitete hart. Ja, Arbeit wurde für sie zeitweise fast zu einer Droge. Sie hatte inzwischen ihre Mutter und ihre zahlreichen Halbgeschwister kennengelernt – und war sehr enttäuscht von ihnen. Auch darüber, dass ihr leiblicher Vater nicht aus der Karibik kam, sondern ein Türke war. Nicht einmal die exotische Herkunft blieb ihr.

Klaus tauchte nie wieder auf. Ich glaube inzwischen, dass er tot ist. Seine Spur verliert sich in Berlin, da hat er zuletzt gewohnt. Michelle hofft immer noch. Seit über zehn Jahren.

Mit ihr, die inzwischen weit entfernt von mir lebt, telefoniere ich ab und zu. Sie ist jetzt Ende dreißig und spricht nicht mehr davon, dass sie von mir adoptiert werden möchte. Nur noch davon, dass es außer mir niemanden gibt, der sie seit ihrer Kindheit kennt.

Lieblingskinder.

HÜH UND HOTT!

Am letzten Tag des Projekts mit Herrn Hänlein ahne ich morgens noch nicht, dass ich im Laufe des Tages sehr stolz und sehr wütend auf meine Klasse sein werde – und zwar leider genau in dieser Reihenfolge.

Zunächst soll es zwei Stunden lang darum gehen, was man aus Mimik und Gestik eines Menschen herauslesen kann. Das ist schließlich wichtig für Bewerbungsgespräche. Zwei junge Frauen, Debo und Lea, von Beruf Schauspielerinnen, leiten diesen Projektblock.

In der ersten Pause hechte ich vor meinen Schülern in die Aula. Ich bin ein bisschen besorgt und will kurz mit den beiden sprechen, damit sie sich auf ein eventuelles kleines Chaos einrichten können.

«Meine Klasse muss jeden Moment kommen», sage ich atemlos. «Die freuen sich schon mächtig, aber die sind nicht ganz einfach, wollte ich nur mal sagen.»

Die Miminnen sehen sich an und seufzen tief. «Die Gruppe, die wir gestern hatten, war ganz schlimm. Ihre Parallelklasse! Wir konnten gar nicht alles machen, was wir vorhatten», sagt Debo. Und Lea fügt düster hinzu: «Die haben sich nicht auf die Aufgaben eingelassen. Vielleicht müssen wir das Programm auch komplett ändern.»

Zu spät!

In diesem Moment stürmen meine Lieben herein. Relativ pünktlich und relativ vollständig. Immerhin. Sie beäugen die beiden Damen, und noch ehe die erste blöde Frage à la «Haben Sie einen Freund?» gestellt werden kann, beginnt der Kurs. Super! Gar nicht erst zur Besinnung kommen lassen!

Es geht zunächst ums Begrüßen. Wir stehen im Kreis und probieren verschiedene Arten der Begrüßung aus, die dann alle mit ihren Nachbarn nachmachen müssen.

Wo ist das Problem?

Händeschütteln, Verbeugen, Abklatschen, locker Umarmen –

eine unserer leichtesten Übungen! Doch dann kommt Küsschen rechtslinksrechts. Und Gamze steht neben Herrn Hänlein. Huh!

«Niemals!», schreit sie auf und flüchtet sich neben mich.

Jetzt trifft es Necla. Der leicht verlegen dreinschauende Herr Hänlein weißt nicht recht, was er machen soll, aber er lässt sich tapfer drei schallende Luftküsse von der hysterisch kreischenden Necla geben. Alle liegen am Boden! Vallah, voll Jäckpott, diese Übungen!

314   Die Atmosphäre ist gelöst, und in rasantem Tempo sind auch schon zwei Stunden rum. Ich bin freiwillig hierher mitgegangen Schließlich bin ich Lehrerin für Darstellendes Spiel, und die Klasse, die ich eigentlich jetzt in Deutsch hätte, ist müze gegangen. Von den beiden Schauspielerinnen bin ich wirklich begeistert, und die sind von meiner Klasse begeistert.

«Ganz großes Kino», sagt Lea. «Ihr habt alle mitgemacht. Und so engagiert! Großartig!»

«Paar von uns sind ja auch Darstellendes Spiel», sagt Gamze und zeigt auf mich. «Und wir machen auch immer so Sachen in Deutsch.»

«Das merkt man.»

Beschwingt gehen wir zurück in den Klassenraum. Innerlich trällere ich ein Liedchen, mein Unterricht trägt Früchte. Sie sind klein und ein bisschen sauer vielleicht noch, aber immerhin!

Ich hätte jetzt eine Stunde Aufsicht, aber ich tausche fix mit dem Kollegen, der in meine Klasse soll. Ich will dranbleiben, ich will sie sehen, die herrlichen Bewerbungsgespräche!

Aber man sollte den Tag nicht vor dem Abend loben …

Leider finden alle, dass jetzt Bewerbungsgespräche einüben öd und blöd ist. Keine richtige Mittagspause, aboooo, was soll das?

«Ich denke, ihr wollt heute ein bisschen früher Schluss machen?», frage ich. So hatte es Herr Hänlein gestern mit ihnen ausgemacht.

Motzend geht's rauf in den vierten Stock.

Ich ärgere mich. Diese undankbare Brut! Für wen machen wir das denn? Doch nicht für uns oder die Leiterin des Projekts, die jetzt aufschlägt und mit den Bewerbungsgesprächen beginnt.

Sie macht das total professionell. Aber die Luft ist raus. Völlig. Hanna und Erkan liegen mit den Köpfen auf den Tischen, Emre quatscht mit Azzize, Ömür versucht unauffällig eine Doppelschnitte mit Käse und Salami zu essen, Sam malt geheime Zeichen in ein Heft, Aynur und Necla tauschen Kosmetikartikel unter der Bank aus, Fuat gähnt herzzerreißend, und Hassan kratzt den Lack von seinem Bleistift mit einer kleinen Schere ab. Und im Januar soll's mit den ersten Bewerbungen losgehen. Na, danke schön!

Musti kämpft sich inzwischen durch das Gespräch. Er macht es sehr gut, ich bin erstaunt. Im Unterricht ist er oft so verpeilt, aber hier wirkt er ziemlich erwachsen und so, als ob er wüsste, was er will.

Jetzt ist Fuat dran. Aber eher könnte man den Kölner Dom auf die Rheinwiesen umsetzen, als diesen Sturkopf nach vorne zu bekommen.

«Ich mach das nicht», sagt er, verschränkt die Arme, zieht eine Schnute und schließt die Augen.

Am Ende haben wir nur drei Gespräche gesehen.

Die waren aber äußerst lehrreich, jedenfalls für mich. Sollte ich mich noch mal irgendwo bewerben müssen, weiß ich nun, dass ich meinen Kaugummi rausnehmen muss, mich nicht an prekären Körperteilen kratzen sollte, nicht den Lack von meinen Fingernägeln abknabbern und auf gar keinen Fall sagen darf:

«Berufswunsch? Chef! Ha, ha, ha!»

ZAPPEN GEFÄLLIG?

«Ich will 'ne Fernbedienung fürs Leben ◄◄ Rückwärts ❚❚ Pause ▶ Play ▶▶ Vorwärts!»,

schreibt Azzize auf Facebook.

Eine verrückte Idee eigentlich, so eine Fernbedienung. Allerdings, gäbe es sie, würden unsere Schüler wohl nie mit der Schule fertig werden. Oder viel zu schnell … Oder …?

Eben habe ich die Klassenliste durchgesehen. Die Zeugnisse werden schlecht, jedenfalls die meisten. Viele, sehr viele bleiben sitzen. Auch Erkan. Auch schon wieder. Er ist wahrscheinlich der intelligenteste Junge unserer Klasse. Zumindest war er das einmal, inzwischen hat er das Lernen verlernt.

Wir kommen nicht mehr an ihn heran, seine Eltern sagen das Gleiche. Er lacht abwehrend, wenn wir mit ihm sprechen, und sagt dabei, ja, er wisse, dass alles schieflaufe, aber das könne er leider nicht ändern.

Bei Aynur ist es ganz ähnlich. Sie ist eigentlich ein kluges Mädchen, gibt sich aber unglaublich ignorant, verweigert jede Arbeit und kommt und geht, wie es ihr gefällt. Auch sie erreichen wir im Moment nicht.

Ich bin lange genug im Schuldienst, um zu wissen, dass für beide noch nicht alles verloren ist. Aber den kurzen geraden Weg in die Ausbildung haben sie schon verpasst.

«Echt?», sagte Hanna vorgestern. «Bin ich letztes Jahr sitzengeblieben? Aber jetzt ist doch erst Halbjahr, oder?»

Hanna könnte locker den Realschulabschluss machen. Aber sie arbeitet nur sehr sporadisch mit, dafür beobachtet sie alles, was um sie herum geschieht. Sie kommentiert jede Aktion, fühlt sich ständig angegriffen und «schlägt» hemmungslos zurück.

Diese Zeugnisse, es ist deprimierend.

Es gibt keine Rezepte für solche Jugendliche. Geduld, positive Verstärkung, klare Grenzen, dabei hohe Kompromissbereitschaft, Konsequenz, jedoch nicht um ihrer selbst willen, also Strenge und Großzügigkeit im richtigen Verhältnis und im richtigen Moment, professionelle Distanz und Zugewandtheit und ganz wichtig: Humor! Ohne den geht einem schnell die Puste aus. Nur so kommt man weiter.

Sanktionen? Ja, die vergess ich schon nicht. Aber die große Wende darf man sich von denen auch nicht erwarten.

Unterricht ist immer ein Drahtseilakt. Alles, was den normalen Schulalltag verändert, wirft uns unter Umständen sofort zurück. Projekte mit Fremden, veränderte Zeiten, Wochenenden, hohe Erwartungen in Prüfungszeiten, eine Wespe im Klassenzimmer, umgestellte Stundenpläne, andere Räume, Lehrerwechsel, unausgebildete Lehrkräfte, ein neuer Schüler, Feiertage, Ferien, eine defekte Birne im Projektor, schlechtes Wetter – das sind ja nur einige der Störfaktoren. Täglich gibt es andere und neue. Und was sich alles in den Familien, auf der Straße und an anderen Schauplätzen abspielt, weiß man in der Regel gar nicht.

Wir balancieren. Einen Tag kommen wir gut vorwärts, am nächsten Tag stürzen wir ab.

Ich bitte, das nicht als Gejammer aufzufassen! So ist es nun mal, und wir können es uns nicht aussuchen. Andere Berufe haben auch ihre Schwierigkeiten. Hat nicht schon der olle Jöthe über die Lehrer gesagt: «Das Maultier sucht im Nebel seinen Weg …»?

Letztlich zählt, ob man es geschafft hat, Bindungen aufzubauen.

Bei Erkan ist es schiefgegangen. Der fällt im Augenblick aus allen Haltesystemen – bei Aynur sehe ich es nicht ganz so negativ.

Diese Zeugnisse aber auch!

Was schrieb Azzize noch? «Ich will 'ne Fernbedienung fürs Leben.»

Ich stelle mir vor, ich habe sie, die Fernbedienung. Bei den meisten Kindern aus meiner Klasse würde ich auf «Pause» drücken, sie könnten dann in aller Ruhe nachreifen. Zwei müssten ein ganzes Stück zurück, sie hätten sozusagen erst mal auf Probe als Schüler gelebt und dürften noch mal anfangen, aber jetzt richtig. Bei einem würde ich auf den Vorwärtsknopf drücken: Raus mit ihm aus der Schule, schon morgen, der würde das schaffen.

Vielleicht besser, dass es dieses Ding nicht gibt.

DIE FABELHAFTE WELT DER WALE

Proportional zum Näherkommen der Sommerferien entfernt sich der gemeine Schüler vom Wissenserwerb. Die Noten sind ausgewürfelt, die Zeugniskonferenz ist schon Geschichte, und manche besonders emsige Klassenlehrer haben bereits ihre Zeugnisse ausgedruckt, darunter auch Karl. (Ich habe den besten Co-Lehrer der Welt!) Die Schüler, die das natürlich wissen, fragen sich ernsthaft, weshalb sie überhaupt noch in die Schule kommen müssen. Vallah, voll sinnlos das!

Meine Bio-Gruppe ist regelrecht entrüstet, als ich mich anschicke, an der unübersichtlichen und voll langweiligen Photosynthese weiterzuarbeiten.

«Tschüüüüsch! Was Unterricht? Frl. Krise! Mach mal nich so! Echt jetzt! Nie machen wir mal was Schöööööönes!»

Die Ärmsten! Von Mitleid gerührt, verspreche ich, wenigstens morgen was «Schönes» zu machen, nämlich zwei Stunden Kunst anstatt Deutsch. Schließlich ist Kunst jetzt dreimal nacheinander ausgefallen, und wir wollen unbedingt unsere großen Bilder dieses Schuljahr noch fertig malen. Mit einer halbgaren Sache im nächsten Jahr anfangen? Abooo – das geht gar nicht! Darauf hat keiner Lust, nicht mal ich.

Alle freuen sich, vallah, morgen, voll hollywood! Kunst!

Aber heute! Was ist *heute*?

Ich lasse mich nicht überreden.

Natürlich geraten wir wieder vom Hölzchen aufs Stöckchen, das lässt sich in Bio irgendwie nicht vermeiden. Schon sind wir von den «atmenden Pflanzen» bei den atmenden Tieren gelandet. Bei den Tieren im Wasser, genauer gesagt.

«Was Lungen? Wie ein Mensch? Wale sind doch Fische», sagt Gamze im Brustton der Überzeugung. Himmel, das ist doch Grundschulwissen! Aber Gamze hat's nicht so mit den Naturwissenschaften. (Das Biologischste, das sie heute leistete, war, dass sie sich einen ihrer künstlichen Fingernägel abriss und empört zu mir nach vorne kam, um mir zu zeigen, wie «komig» jetzt der lädierte echte Nagel aussieht: «Soll ich mir da jetzt Nagellack draufmachen oder nicht?»)

Musti belehrt sie, dass Wale Säugetiere sind und immer wieder an die Wasseroberfläche kommen müssen, um zu atmen.

Gamze ist ungläubig. «Frl. Krise, aber die schwimmen doch hinten, oder? Nicht vorne?»

Wir sind verwirrt. Wale? Hinten? Wo hinten?

«Na hinten! Wenn ich ins Wasser gehe, also wenn ich Meer bin, dann gehe ich immer vorne, und der Wal geht hinten.»

Alle nicken ernsthaft, nur ich kichere ein bisschen vor mich hin, weil ich mir vorstelle, wie Herr Wal zuerst mit Badehose am Strand liegt und dann an der vorne planschenden Gamze vorbei nach hinten ins Tiefe schwimmt.

«Du gehst Meer? Kannst du denn schwimmen?», fragt Musti

Gamze klärt ihn darüber auf, dass *sie* eine exzellente Schwimmerin mit Seepferdchen und so sei, die *ihn* ganz bestimmt in Grund und Boden schwimmen könne.

«Kannst *du* überhaupt schwimmen?», fragt sie zurück.

Musti schüttelt den Kopf. «Nö. Aber ich kann ja auch überall *stehen*!»

Musti ist mindestens 1,90 Meter groß, und er scheint zu glauben, dass er damit vor dem Ertrinken gefeit sei.

«Na ja, es soll ja Meere geben, die tiefer sind als eins neunzig», werfe ich ein.

«Genau!» Gamze wirft ihm einen triumphierenden Blick zu! «Sonst könnte der Wal ja nicht schwimmen! Der ist doch voll dick!»

Auf diesem Niveau plätschert die Stunde vor sich hin. Photosynthese ... ach!

Als wir später über den Hof in ein anderes Schulgebäude pilgern und dabei über unsere Ferienpläne sprechen, fragt mich Fuat: «Gehen Sie wieder Frankreich, Frl. Krise?»

Ich nicke.

«Können Sie eigentlich schwimmen?» Gamze, die mir wie üblich nichts zutraut, will das wissen.

«Natürlich», sage ich, «sonst würde ich mich doch gar nicht ins Wasser wagen.»

«Aber gehen Sie bloß nicht so weit nach hinten, Frl. Krise», sagt Gamze und wirft mir einen ängstlichen Blick zu. «Die Wale, Sie wissen schon ...»

Schön, wenn sich die Kinder so um einen sorgen.

VORSÄTZLICHES

«Wollt ihr eigentlich mal Kinder haben?», frage ich meine Klasse in der letzten Stunde.

Kurzes Schweigen. Dann rufen alle durcheinander:

«Ja, wieso?»

«Aber erst später!»

«Aber nur zwei!»

«Nee, lieber nicht!»

«Nicht solche wie wir!» Nesrin hat das gesagt.

«Ach! Wie soll ich das denn verstehen?»

Dabei verstehe ich das natürlich sehr gut. Seit Stunden ärgere ich mich hier schon rum. Null Arbeitshaltung, null Motivation, null, null, null! Dafür jede Menge Rumgezicke und Unlust. Kunst in der ersten und zweiten Stunde ging ja noch, aber in der dritten und vierten Stunde hat mich Frau Schneider dreimal aus meinem Unterricht im achten Schuljahr rausgeholt, weil sich einige aus meiner Klasse komplett danebenbenahmen.

Ich bin ziemlich abgegessen. Schön, es gibt bald Ferien. Keiner hat mehr richtig Bock, aber muss das so ausufern?

Nesrin setzt sich gerade hin und holt tief Luft. «Guck mal, Frl. Krise», sagt sie, «wenn ich Kinder kriege, werden die vielleicht wie ich. Das fänd ich nicht gut!»

«Wie bist du denn?», erkundige ich mich.

Erkan ruft etwas auf Türkisch in die Klasse.

«Sprich Deutsch», fahre ich ihn an.

Gamze übersetzt: «Er hat gesagt: ‹Das muss nicht passieren, meine Mutter ist fett, aber ich bin schlank!›»

Nesrin funkelt ihn böse an, sie ist nämlich nicht gerade die Dünnste.

«Nicht fett! Hab ich nicht gesagt! Übergewichtig habe ich gesagt», versucht sich Erkan herauszureden.

«Du Spast! Wir reden nicht vom Aussehen», faucht Nesrin ihn an. Sie droht ihm mit der Hand und schickt noch einen türkischen Fluch hinterher. Dann wendet sie sich wieder an mich. «Na ja … also, ich … Na, Sie wissen schon, ich und die anderen auch, wir sind nicht so gut in Schule und benehmen uns nicht so gut … also nicht immer! Mein Vater sagt immer: ‹Nesrin, du gehst nicht in die Schule zum Arbeiten, du gehst zum Spielen.› Also, er meint, dass wir Schule nicht ernst nehmen!»

«Ist das so?», frage ich.

«Ja … nein … okay. Wir nehmen es nicht totenernst. Und deshalb weiß ich nicht, ob ich Kinder will.»

«Ich will welche», sagt Erkan. «Zwei. Die schicke ich auf Privatschule!»

Die anderen wenden sich genervt von ihm ab. Was der so alles faselt, wenn der Tag lang ist.

«Mein Vater sagt, er schämt sich für uns», berichtet jetzt Leila. «Er ist noch voll anders als wir. Er lebt noch in anderer Welt. Er ist noch in Türkei auf die Welt gekommen, und seine Eltern sind, vallah, voll streng! Sie können sich nicht vorstellen! Mein Opa! Bei dem darf man gar nichts!»

«Hätten eure Eltern euch denn anders erziehen müssen?»

Nein! Alle schütteln den Kopf und sind sich einig. Die Eltern trifft keine Schuld. Sie haben *alles* richtig gemacht. Keiner lässt etwas auf seine Eltern kommen.

«Eigentlich haben meine Eltern mich gar nich erzogen», sagt Emre. «Ich mach schon ganz lange alles, wie ich will! Ich bin von alleine so geworden.»

«Ich mache feste Regeln bei mein Kind!» Gamze guckt wild entschlossen. «Da muss sie sich dran halten – oder er! Aber ich bin auch mal nett, ich schimpf nicht immer gleich! Mein Kind soll guten Schulabschluss bekommen.»

«Das wünschen sich deine Eltern für dich auch», sage ich.

«Frl. Krise, ich benehm mich jetzt.» Gamze wird ganz weinerlich. «Ich schwöre auf Koran! Nächstes Schuljahr! Sie werden sehen! Ich änder mich voll! Ich will Schulabschluss machen, und mein Vater soll stolz auf mich sein. Und Sie auch!»

«Ich auch! Ich glätte mir nicht mehr die Haare und schminke mich nicht mehr so doll. In der Zeit lerne ich! Nach den Ferien fange ich gleich an! Am ersten Tag! Ich schwör's!» Nesrin legt die Hand auf ihr Herz.

«Vielleicht könnt ihr schon mal ein bisschen zu Übungszwecken *dieses* Jahr damit anfangen», sage ich. «Das war heute wirklich richtig schlimm mit euch. Und bis zu den Ferien haben wir noch jede Menge Unterri…»

«Frl. Krise, müssen wir immer Unterricht machen? Können wir nicht mal rausgehen?» Gamze nun wieder!

«Ja, wir können doch am vorletzten Tag schwimmen gehen, und am letzten Tag machen wir Frühstück, und morgen …» Sie wird direkt kreativ.

«Ach ja! Morgen habe ich euch ja in Vertretung», fällt mir ein. «Die ersten zwei Stunden. Chemie! Frau Meister ist krank, da machen wir Deutsch.»

Lautes Wehgeheul. «Warum haben wir kein Ausfall?»

Ach, die guten Vorsätze! Vor den Zeugnissen ist ihre Halbwertzeit noch viel kürzer als zu Silvester.

FERIEN IM AUSLAND

«Was machst *du* denn in den Ferien?» Meine neue Lieblingsfrage.

Die Antworten sind ein bisschen eintönig.

«Wir gehen Türkei / Libanon.» Oder: «Nix.» Selten mal: «Wissen wir noch nicht.»

Samir aus der Nachbarklasse fliegt nach Istanbul!

«Eine schöne Stadt», lobe ich.

«Mm», sagt Samir. «Nee, gefällt mir nicht.»

«Wieso?», will ich wissen.

«Ja, ist nur schön so für Urlaub, wegen Meer! Aber ist voll laut und so. Hier gefällt's mir besser, ist gechillter.»

Ach.

«Wir gehen Izmir!»

«Wir Ankara!»

Die Kinder freuen sich auf die Cousinen und Cousins, seit dem letzten Urlaub vor zwei oder drei oder vier Jahren sind wieder neue dazugekommen, die sie noch nicht kennen.

Wenn es da bloß nicht so heiß wäre! Puh, nicht zum Aushalten. Aber mit allen Kindern zusammen draußen auf der Terrasse schlafen, weil es auch nachts nicht abkühlt, das macht voll Spaß.

Ein bisschen störend ist, dass sie in der Türkei wie Ausländer angesehen werden. Gut, vielleicht nicht direkt wie Ausländer, aber auch nicht wie richtige Türken.

«Vallah, Frl. Krise, die merken sofort, wo wir herkommen. In Türkei bin ich Alman! Die bescheißen uns genau wie die Touristen auf dem Markt. Ich nehme immer Cousin mit.»

«Und wer fährt in ‹unser Dorf›?»

«Ich!» Nesrin wird schwärmerisch. «Ich freu mich so! Aber ist kein Dorf, Frl. Krise! Ist kleine Stadt!» Sie sucht auf der Karte herum. «Wo ist das bloß?» Sie findet es nicht.

«Ramadan ist dies Jahr in den Ferien! Ist besser in Türkei als hier», berichtet Fuat.

«Der ganze Ramadan?», frage ich hoffnungsvoll.

Leider nein, es geht erst am 1. August los, erfahre ich. Na, dann haben wir wenigstens nach den Ferien noch was davon, nämlich unausgeschlafene, übellaunige, hungrige Schüler.

Aynur hat eine gute Idee: «Fasten Sie mal mit, Frl. Krise, dann merken Sie das nicht so!»

«Okay», sage ich. «Reicht es, wenn ich damit anfange, wenn ihr wieder da seid?»

«Ich fahre nicht weg, ich arbeite», sagt Hassan und guckt markig. «Bei mein Onkel.»

Was und wo bekommen wir nicht heraus, denn Nesrin schreit: «Ich hab's gefunden!» «Unser Dorf» meint sie. Es ist eine mittelgroße Stadt, wie sich herausstellt.

«Aber wir fahren auch in ein richtiges Dorf, voll klein, zu Schwester von meine Mutter! Da ist es voll schön, aber ich will nicht immer da wohnen! Die haben da so komische Klos, und da gibt's voll große Spinnen und Käfer!»

So, jetzt werden erst einmal alle wilden Tiere der Türkei aufgezählt. Schlangen, Skorpione und was weiß ich alles. Afrika ist echt ein Ponyhof gegen die Türkei! Ein Wunder, dass bisher noch die meisten lebend wiedergekommen sind.

«Frl. Krise! Und Sie gehen wieder Frankreich? Haben Sie da jemanden?»

«Nö», sage ich. «Ich habe da keine Tante oder so, falls du das meinst.»

«Ist doch langweilig, immer Frankreich», findet Fuat.

«Immer Türkei ist euch ja auch nicht langweilig.»

«Manchmal ist es langweilig», bestätigt Nesrin. «Vallah, ich freu mich immer, wenn wir da hinfahren, und ich freu mich immer voll, wenn ich zurückkomme. Ich schwör!»

Und genauso soll es ja auch sein.

DAS ENDE NAHT

«Frl. Krise! Kann das sein, dass mein Arsch eingeschlafen ist?» Gülten ist ehrlich empört über dieses nichtsnutzige Körperteil.

«Besser der Arsch als der Kopf», sage ich. «Der wacht auch wieder auf, wenn wir gehen.»

Wir brechen gerade in Richtung Eisdiele auf. Eine Stunde Bio haben wir immerhin schon hinter uns, mit Ordneraufräumen und der Klärung der lebenswichtigen Frage, ob Küssen 325 gesund sei.

Wie wir darauf kamen?

Ich fragte Emre endlich danach, wie eigentlich damals die Geburtstagsüberraschung für seine Freundin ausgegangen sei. Emre geriet daraufhin in Verzückung, konnte uns aber nicht erklären, wie das mit den Kerzen im Wasser funktioniert hat. Nur dass die ein Herz um das Boot gebildet haben, wusste er zu berichten. Waren das nun LED-Lichter oder richtige Kerzen? Tauchten sie aus dem Wasser auf? Welche Farbe hatten sie? Er schüttelte den Kopf. Was hatte seine Freundin an?

«Ein schwarzes Kleid, und die Haare hatte sie zu Locken.» Wenigstens etwas.

Gab es Musik?

«Ja.»

Welche?

Schulterzucken.

«Der hatte was anderes zu tun, als auf solche Dinge aufzupassen, Frl. Krise!», behauptet Gülten.

«Habt ihr euch geküsst?», fragte Nesrin.

Emre guckte verlegen und grinste.

Alles klar.

«Küssen ist aber nur gesund, wenn es länger als eine Minute dauert», steuerte Ömür bei, der bestimmt noch nie ein Mädchen geküsst hat.

«Hä?» Das ist mir neu.

«Wenn sich Lippen berühren, tauscht man so Vitamine aus», erklärte Gülten.

«So 'n Quatsch», kommentierte ich herzlos. «Höchstens Bakterien!»

Die Eisdiele hat noch geschlossen.

«Ich öffne gleich», versichert uns der Eisverkäufer, der sich am Rollo zu schaffen macht. «In fünf Minuten.»

«Gut, wir gehen schnell Zahnarzt», beschließt Gülten und erreicht damit, dass wir alle sofort stehen bleiben.

Zahnarzt?

«Nur um die Ecke», sagt Gülten. «Bitte, ich muss da nach der Schule hin, ich will gucken, wo das ist.»

Gutmütig trudeln wir um die Ecke, finden den Zahnarzt – und leider auch eine Bäckerei. Ömür stürzt gleich rein und kommt mit einer dicken Streuselschnecke wieder raus.

Ich bin empört.

«Nee, Ömür, du kriegst kein Eis von mir», sage ich. «Wenn du jetzt diese fette Schnecke isst, dann ...»

«Ich will auch gar keins», antwortet Ömür kauend.

«Wir kaufen uns sowieso nach der Schule immer Eis, wa, Ömür?» Emre klärt mich auf. «So 'n Sechserpack, für jeden drei!»

«Vallah! In Türkei werd ich ja dann dünner», mümmelt Ömür.

«In der Türkei! Ausgerechnet da! Bei Oma!», entrüste ich mich.

«Ja, da fahre ich immer abends Brot holen, mit mein Onkel!»

«Fahre? Womit?»

«Fahrrad.»

«Wie weit?»

«So fünfhundert Meter!?»

Tut mir leid, ich muss lachen.

«Darf ich dich mal an dieses Foto erinnern, auf Facebook,

aufgenommen letztes Jahr in der Türkei», sage ich. «Du mit vierzehn Burgern!»

«Sieben ich, sieben mein Kuseng!» Ömür schluckt ungerührt den Rest seiner Schnecke runter.

«Meinst du echt, mit fünfhundert Meter Radfahren kriegst du das alles wieder runter?»

Ömür guckt mich leicht verunsichert an. «Zweimal fünfhundert», sagt er leise. «Hin und zurück!»

«Nach den Ferien, Freund!», drohe ich entschlossen. Im Stillen denke ich: Ich muss mir die Mutter bestellen, die AOK alarmieren, ihn zum Arzt schleppen, ihm ein Essens-Abo in der Schule bezahlen. So kann das ja nicht weitergehen!

Auf dem Rückweg von der Eisdiele klaubt mir Gülten etwas aus den Haaren.

«Eine Blume», sagt sie.

«Oh! Was denn für eine?», frage ich.

«Ach, bloß so eine olle Pissnelke.»

Ich seufze tief und beschließe in Zukunft, auch wenn es der letzte Schultag ist, keine Bio-Stunde mehr ausfallen zu lassen.

SCHEIDEN TUT WEH

«Feier bloß nicht in deinem Garten», warnte mich mein Kollege Ulf. «Unserer musste hinterher neu angelegt werden.»

Aber ich war beratungsresistent. Meine Klasse wurde entlassen, die erste Hauptschulklasse, die ich als Klassenlehrerin hatte. Warum nicht bei mir feiern? Das kostete nichts, unser Garten war völlig unempfindlich, wir wollten nur ein kleines Lagerfeuer machen, grillen, ein bisschen tanzen – was sollte da groß passieren? Ich war zwar schon ein paar Jahre im Schuldienst, glaubte aber noch immer an das Gute im Menschen. Außerdem hatte ich eine sehr kleine Klasse, nur vierzehn Schüler – das würde also keine Massenveranstaltung werden. Gut, sie waren in den ver-

gangenen Jahren fast nicht beschulbar, aber gegen Ende verhielten sie sich einigermaßen vernünftig und erwachsen und hatten außerdem hoch und heilig versprochen, sich ordentlich zu benehmen.

Ich stiftete einen Kasten Bier und bereitete einen Nudelsalat zu. Die anderen wollten auch etwas zum Essen mitbringen, besonders die drei türkischstämmigen Mädchen. Auf der Terrasse war eine kleine Bar aufgebaut, hinten im Garten lag Holz für das Feuer bereit.

Aber das Wetter! Mittags war es noch sonnig und warm, aber gegen Abend verdunkelten immer mehr Wolken den Himmel, und der Wind frischte auf. Kaum hatten wir uns alle im Garten versammelt, als es anfing, zu stürmen und zu regnen. Ein Gewitter! Flucht ins Haus! Genau das, wovor ich mich den ganzen Tag gefürchtet hatte. Jetzt war es zu spät. Die Party nahm ihren verhängnisvollen Lauf.

Obwohl nur wenig Bier getrunken wurde, zeigten sich merkwürdigerweise schnell erste Symptome unmäßigen Alkoholgenusses. Der kleine Stefan, an sich das liebste Kind der Klasse, erschien plötzlich volltrunken. Er konnte sich nicht mehr auf den Beinen halten, artikulierte schwer und kippte mit einem Schlag im Wohnzimmer um. Mit viel kaltem Wasser belebten wir ihn wieder. Er lallte etwas, zuckte, setzte sich auf und erbrach sich, leider genau übers Telefon. Dieser Apparat hat dann nie mehr ganz störungsfrei funktioniert. Ich durfte alles aufputzen, denn meine feinen Schüler ekelten sich vor Erbrochenem, und schließlich war es ja auch meine Wohnung. Dann lief ich zur Telefonzelle an der Ecke und rief Stefans Vater an, der wenig begeistert kam, um seinen Sohn abzuholen

«Selbst schuld, wenn er eine halbe Flasche Schnaps auf ex trinkt», nuschelte Silvia, die auch nicht mehr ganz nüchtern wirkte. Ich war geschockt. Wir hatten doch ausdrücklich verabredet, keinen Schnaps zu trinken!

Und nicht zu rauchen! Aber jetzt qualmte es in jeder Ecke.

Ich fürchtete um meinen Besitz, ein Brandloch in der Couch

hatte ich schon entdeckt. Das wollte natürlich keiner gewesen sein.

Gegessen wurde wenig, dafür wild getanzt – und viel rein- und rausgerannt. Da draußen musste es etwas Interessantes geben ... Leider fand ich erst am nächsten Tag mehrere nunmehr leere Schnapsflaschen unter der Treppe zum Eingang.

Die Party verlief noch turbulent, aber viel kürzer als geplant. Sehr bald musste ich wieder zur Telefonzelle sprinten und zwei weitere Väter herbeizitieren. Diese übernahmen ihre betrunkene Nachkommenschaft nur höchst widerwillig – und nicht ohne mich vorwurfsvoll darauf hinzuweisen, dass man als Lehrer doch wohl seinen jugendlichen Gästen nicht gerade harte Spirituosen verabreichen sollte.

Zum Schluss saß ich nur noch mit Hülya, Zarah und Zeynep zusammen in der Küche. Wir hatten ein wenig aufgeräumt und warteten auf Hülyas Bruder, der die drei abholen sollte. Die Mädels waren albern, aber nüchtern, und ich dankte im Stillen dem Islam für sein Alkoholverbot.

Die Wohnung war übrigens in einem beklagenswerten Zustand. Sie musste sozusagen neu angelegt werden.

Ulf hatte recht.

WIR HABEN FERTIG!

Das neunte Schuljahr ist vorbei, heute war der letzte Schultag! In einem Jahr werden sie entlassen. Unglaublich! Aber daran dachte, glaube ich, außer Karl und mir niemand.

Jugendliche leben im Hier und Jetzt. Also schmierte man sich ungerührt leckere Brötchen und aß Kuchen, Tomaten, Chips, Süßigkeiten und Oliven, denn es gab wie immer vor den Zeugnissen erst mal ein stärkendes Frühstück. Das klappt mit unserer verfressenen Klasse voll gut. Nach dem dritten Brötchen hörte ich bei Ömür auf zu zählen – und aß aus Verzweiflung lieber selbst noch ein Stück Kuchen. Sogar die Sitzenbleiber, die alle bei uns bleiben, entwickelten einen gesunden Appetit.

Dann guckten wir uns mal wieder herrliche, mit Musik unterlegte Fotos an (Karls Werk), und ich kriegte einen Tadel, weil ich meine Fotos noch immer nicht bearbeitet hatte. Dafür habe ich, überlegte ich, so viel über euch geschrieben. Vielleicht lese ich die eine oder andere Geschichte nächstes Jahr mal vor.

Die Zeugnisausgabe ging flott über die Bühne, bloß Aynur und Hanna trampelten uns mit ihrem ständigen «Sind wir jetzt endlich fertig?» auf den Nerven herum. Na, ich an eurer Stelle hätte mich nicht darum gerissen, mit diesen Zeugnissen nach Hause zu kommen …

Die Verabschiedung fiel ziemlich dürftig aus.

Ferien! Alle stürzten aus dem Klassenraum.

«Tschüs, Nesrin und Aynur!»

Ein paar Küsschen rechtslinksrechts.

«Ich werd Sie vermissen, Frl. Krise.»

«Ich dich auch, Nesrin.»

Eine flüchtige Umarmung mit Emre und ein Händedruck: «Ömür, mach's gut! Pass auf dich auf!»

«Tschüs, Herr Wolf und Frl. Krise!»

«Schöne Ferien!»

Und schon waren sie über alle Berge.

Karl und ich schlossen ab und trödelten die vier Stockwerke nach unten.

Mann, war das ein anstrengendes Jahr. Aber wir wollten keine Bilanzgespräche mehr führen.

«Wir haben Ferien!»

«Echt?»

«Ich kann's nicht glauben.»

«Morgen geh ich noch mal kurz in die Schule, muss noch ein paar Sachen erledigen.»

«Ich vielleicht auch.»

Ferien!

FERIEN!

In den Sommerferien

FAST SCHLIESST SICH DER KREIS ...

An einem verregneten Tag in den Sommerferien spaziere ich ein bisschen auf meiner Facebook-Seite auf und ab. Meine Schüler posten die üblichen dummen Sprüche, Bilder und Filmchen – die meisten scheinen nichts Sinnvolles zu tun zu haben. Wie ich.

Dann aber stolpere ich über die Nachricht von einem Gerd: «Frl. Krise, ich freue mich, dass ich Sie gefunden habe!»

Gerd? Wer soll das sein? Der Name sagt mir nichts.

Aus Langeweile frage ich nach: «Hallo? Wer bist du?»

Die Antwort kommt prompt: «Gerd Meyer! Frl. Krise, erinnern Sie sich an mich? Gesamtschule-Süd!»

Natürlich! Ich springe auf. Gibt es denn so etwas? Gerd Meyer! Ein Schüler aus der ersten Klasse, die ich nach dem Referendariat als Klassenlehrerin übernahm. Ich erinnere mich ganz gut an ihn – er war ein hübscher blond gelockter Junge und eine Nervensäge dazu. Auf den beiden Fotos, die ich von dieser Klasse habe, steht er immer mit etwas mürrischem Gesicht in der letzten Reihe – einmal im siebten Schuljahr und einmal in der Neunten.

Heute trägt Gerd laut Profilbild eine Brille, er hat statt Locken eine Fast-Glatze, und er lächelt freundlich. Ich kann nachlesen, dass er einen ordentlichen Beruf erlernt hat, Papa ist und immer noch in der Nähe der Gesamtschule-Süd wohnt.

Am Abend chatten wir.

«Ich würde Sie gerne mal treffen, Frl. Krise», schreibt Gerd, «und zwar um mich bei Ihnen zu entschuldigen.»

Entschuldigen? Wofür? Ich weiß nicht, wovon er spricht. Er klärt mich auf, dass er mich im achten Schuljahr zum Weinen gebracht hätte, und das täte ihm heute noch leid.

Das ist mir ein bisschen peinlich, gleichzeitig bin ich gerührt. Ich habe diese Situation offensichtlich erfolgreich verdrängt, aber er hat sie nicht vergessen …

Wir unterhalten uns ein Weilchen. Ich duze Gerd, und er siezt mich. Sehr merkwürdig. Ich biete ihm das Du an, und er willigt ein.

«Fühlt sich komisch an», schreibt er.

Das ist bestimmt seltsam für ihn – chatten mit seiner alten Lehrerin!

Und ich fühle mich auch etwas sonderbar. Ist das denn möglich, dass ich einen heute fast fünfzigjährigen Mann unterrichtet habe?

Am nächsten Tag finde ich auf meiner Pinnwand Neues von Gerd. Er hat sich offensichtlich intensiv auf meiner Seite getummelt und genau die Mitteilungen meiner Schüler studiert.

Doch dabei blieb es nicht, meine jetzigen Schüler sind wachsam …

Gerd: «Oje, Frl. Krise, die Schreibe deiner Schüler ist aber nicht gerade besser als unsere damals! Besonders der Hassan. Aber der hat ja noch die Chance, seiner Rechtschreibung im nächsten Jahr den letzten Schliff zu verleihen :-D» (Samstag, 22.38 Uhr)

Hassan hat ihm sofort geantwortet: «Im Chat bei face und in der Schule sin 2 ganz verschiedene welten glauben sie mir! Sie können mich nicht durch diesem Chat beurteilen ist besser für Sie glauben sie mir ;)» (Samstag, 22.40 Uhr)

Gerd: «Wem erzählst du das? Ich habe auch so meinen Kampf. Habe es aber dank Frl. Krise einigermassen im Griff. Sie hat mich früher nämlich auch zum Schulabschluss gepeitscht.» (Samstag, 22.44 Uhr)

Hassan: «Ist auch richtig so, da brauchen sie sich nicht um

meine rechtschreibung zu kümmern. Und das macht man auch nicht hinter jemanden zu Lästern.» (Samstag, 22.45 Uhr)

Gerd: «Ich meinte das wirklich positiv, mein Freund. Du kannst dich freuen, so eine Lehrerin zu haben.» (Samstag, 23.09 Uhr)

Hassan: «Jo versteh schon kein problem sie is ganz ok.» (Samstag, 23.10 Uhr)

Gerd: «So jetzt werde ich Boxen gucken ...» (Samstag, 23.11 Uhr)

Hassan: «Bald lade ich dich herzlich zu einem Kmapf von mir ein;) ich boxe auch.» (Samstag, 23.12 Uhr)

Ha! Da unterhalten sich meine Schüler von früher und heute miteinander! Der fast Fünfzigjährige mit dem Siebzehnjährigen – und was passiert? Sie geraten sofort aneinander. Jungs eben!

Hauptsache, sie hauen sich nicht. Das ist das Angenehme bei Facebook: Sie sind Hunderte Kilometer voneinander getrennt, da kann nicht viel passieren. Ich kann mich entspannt zurücklehnen, an die guten alten Zeiten denken und sie mit der schönen neuen Welt von heute vergleichen. Gerd aus meiner ersten Klasse und Hassan aus der letzten. Der Kreis schließt sich ...

Aber nein, das ist viel zu pathetisch!

Meine Klasse und ich – wir haben ja noch ein ganzes Schuljahr vor uns!

GLOSSAR (TÜRKISCH / DEUTSCH)

abo	Oha! Ausdruck des Erstaunens
alman	Deutscher
ane	Mutter
baba	Vater, Papa
çüş (sprich: Tschüüüsch)	ein Befehl für Esel / Pferde: Halt, Brrr. Ausdruck des Erstaunens
evet	ja
hayir	nein
haram	religiöses Verbot
öp	Küsse
müze	Museum
vallah	bei Gott (Schwurformel)
Ramadan	Fastenzeit
Zuckerfest	Fest des Fastenbrechens am Ende der Fastenzeit

DANKE

Männe, meine Töchter und meine Freunde – ihr habt seit Jahrzehnten mit Engelsgeduld meine täglichen Schulbulletins ertragen.

335

Freut euch, jetzt dürft ihr sie auch noch lesen!

Daran bist nur du, Frau Freitag, schuld! Du hast mich so lange gepiesackt, bis ich anfing, die Geschichten aufzuschreiben.

Aber am wichtigsten für die Entstehung dieses Buchs wart ihr, meine Schüler! So viele habe ich in den fast vierzig Dienstjahren unterrichten dürfen … Zwar habt ihr mich manchmal an den Rand des Wahnsinns getrieben, aber – und das ist viel wichtiger – ihr habt mich auch immer wieder mit eurer Lebensfreude, eurer Energie und eurem Humor angesteckt.

Danke euch allen!